Muttersprache *plus*

Sprach- und Lesebuch

5

Erarbeitet von
Heike Dreyer, Melanie Glier, Claudia Israel, Brita Kaiser-Deutrich,
Andrea Kruse, Sylvia Masur, Sylke Michaelis, Viola Oehme, Gerda Pietzsch,
Bianca Ploog, Freya Rump, Luzia Scheuringer-Hillus, Birgit Schmidt,
Viola Tomaszek, Hannelore Walther, Kerstin Wilde

Unter Beratung von
Renate Friedrich, Franziska Möder, Viola Oehme

Volk und Wissen

Was weißt du noch aus Klasse 4?

1 Lies die folgenden Texte über zwei Nachbarstaaten Deutschlands.

Polen liegt in Mitteleuropa, östlich von Mecklenburg-Vorpommern, Brandenburg und Sachsen. Es ist etwas kleiner als Deutschland. Die Hauptstadt ist Warschau.
Im Norden des Landes befinden sich lange Sandstrände. Im Süden,
5 an der Grenze zur Slowakei, liegt das Gebirge Hohe Tatra.
Bereits im 10. Jahrhundert schlossen sich verschiedene Volksstämme zusammen und gründeten den Staat Polen. Im 14. Jahrhundert vereinigte sich Polen mit dem benachbarten Litauen.

Es entstand der zu dieser Zeit größte Staat in Europa.
10 Im 18. Jahrhundert teilten die Nachbarstaaten Russland, Preußen und Österreich Polen unter sich auf. Nach dem 1. Weltkrieg wurde Polen eine Republik. Wer eine Reise in die Vergangenheit Polens machen will, sollte unbedingt die Marienburg besuchen.
15 Sie wurde im Mittelalter erbaut und ist bis heute die größte Backsteinburg Europas.

Tschechien liegt in Mitteleuropa, östlich von Sachsen und Bayern. Es ist nur etwas größer als das angrenzende Bayern. Die Landschaft ist vor allem durch sanfte Hügel, Seen, Wälder und Ackerland gekennzeichnet. Drei große Flüsse fließen durch Tschechien:
5 die Elbe, die Oder und die Moldau.
Die Republik Tschechien gibt es erst seit 1993. Schon viel älter als Tschechien selbst ist die Hauptstadt Prag. Vor über 1000 Jahren wurde da, wo das heutige Prag liegt, die Burg »Hradschin« erbaut. Bis heute thront die Prager Burg auf einem Hügel in der Innen-
10 stadt. Neben der Burg gibt es in der tschechischen Hauptstadt

aber noch viele andere alte Gebäude und Kirchen. Deswegen wird Prag auch die »Goldene Stadt« genannt.
In Prag gibt es übrigens sehr viele Orte mit dem
15 Namen *Karl*. Sie wurden alle nach Karl IV. benannt, der im 14. Jahrhundert König von Böhmen war. Am bekanntesten ist die Karlsbrücke. Bereits 1357 ließ Karl IV. die Brücke errichten. Damit ist die Karlsbrücke eine der ältesten Steinbrücken Europas.

2 Überprüfe, welche der folgenden Aussagen richtig ist.

1 Polen grenzt an Brandenburg, Mecklenburg-Vorpommern und Sachsen-Anhalt.
2 Polen grenzt an Mecklenburg, Brandenburg und Sachsen.
3 Polen grenzt an Brandenburg und Mecklenburg-Vorpommern.
4 Polen grenzt an Mecklenburg-Vorpommern, Brandenburg und Sachsen.

3 Stelle Steckbriefe von Polen und Tschechien zusammen.
Übertrage dazu die folgende Tabelle in dein Heft und ergänze sie.

	Polen	Tschechien
Lage in Europa Gründung Hauptstadt Landschaft historische Personen berühmte Bauwerke		

4 Schreibe die Wörter aus der Wortschlange in dein Heft.
Nenne die Wortart, zu der sie gehören.

östlichkleinaltgoldentschechischgroßlanghochberühmtpolnisch

5 Wähle ein passendes Wort und ersetze in den Sätzen die Verben.

unternehmen – fließen – erbaut – liegt

1 Polen ist in Mitteleuropa.
2 Wir machen eine Reise in die Geschichte Polens.
3 Drei große Flüsse sind in Tschechien.
4 Vor über 1000 Jahren wurde die Burg »Hradschin« gemacht.

6 Schreibe die folgenden Wörter in der richtigen Groß- und Kleinschreibung auf.

STRAND SCHNELL SÜDEN LIEGEN FLUSS DREI

VIEL LANDSCHAFT BRÜCKE KLEIN HÜGEL SEE

BESUCHEN WALD

Miteinander sprechen

Begrüßen – sich vorstellen

1 Ben nimmt Dominik mit zum Fußballtraining, wo er niemanden kennt.

→ S.139
Präsentieren (Mimik
und Gestik)

a Lest den Dialog mit verteilten Rollen und spielt ihn vor.
Denkt auch an Betonung, Gestik und Mimik.

Ben	Hallo, Stefan!
Stefan	Hi, Ben!
Ben	Ich habe hier meinen Kumpel aus der Schule mitgebracht.
Stefan	Hi!
Dominik	Hallo! *(Pause)*
Stefan	Wie heißt du denn?
Dominik	Dominik. *(Pause)*
Stefan	Ja und, willst du bei uns mitspielen?
Dominik	Vielleicht.
Stefan	Wie alt bist du denn?
Dominik	Elf.
Stefan	Hast du schon mal irgendwo Fußball gespielt?
Dominik	Nein.
Stefan	Gar nicht?
Dominik	Doch. Bei uns in der Straße. Und in der Schule.
Stefan	Na, dann schauen wir mal. Du kannst ja einfach zwei-, dreimal mittrainieren, dann gucken wir, ob es dir gefällt, okay?
Dominik	Hm.

b Beschreibe, welchen Eindruck diese erste Begegnung zwischen Dominik und Stefan auf dich macht.

c Überlege, was Dominik besser machen könnte.
Was sollte Ben ändern?

→ S.139
Präsentieren (Mimik und Gestik)

2

a Spielt auch den folgenden Dialog mit verteilten Rollen vor. Denkt an Betonung, Gestik und Mimik.

Ben	Hallo, Stefan!
Stefan	Hi, Ben!
Ben	Du, Stefan, das hier ist Dominik, ein Kumpel aus meiner Klasse. Der möchte gern mal mittrainieren.
Stefan	Hallo, Dominik! Na, das ist ja prima, du kannst gern mal reinschauen. Hast du denn schon mal Fußball im Verein gespielt?
Dominik	Hi! Nein, habe ich noch nicht. Aber ich bin natürlich ein großer Fan von Bayern München. Wie die letzten Mittwoch in der Champions League gespielt haben, war wieder mal klasse. Besonders im Angriff sind die echt spitze. Später will ich auch unbedingt ein guter Stürmer werden.
Stefan	Na, von deinen Zukunftsplänen kannst du ja bei Gelegenheit mehr erzählen. Geht euch erst mal umziehen.

b Beschreibe, welchen Eindruck dieser Dialog auf dich macht. Was sollte Dominik ändern?

 Wenn du auf einen dir unbekannten Menschen triffst, **stelle dich** kurz **vor**. Wähle dabei je nach Situation aus, was für dein Gegenüber wichtig ist.

3

a Ordne zu, welche Begrüßung zu welcher Situation passt.

Guten Tag!	Jannik begrüßt seinen Freund Ken an der Bushaltestelle.
Hallo!	Hannes öffnet dem Vater seines Freundes die Tür, als dieser am Abend seinen Sohn abholen will.
Hi!	Piet kommt in das Sekretariat der Schule.
Guten Morgen!	Matilda kommt nach Hause.
Guten Abend!	Jacqueline betritt den Bäckerladen.

b Bestimme, welche Begrüßungen formell, welche familiär oder freundschaftlich sind. Suche weitere Beispiele und notiere sie in einer Tabelle.

Andere vorstellen

1 Am »Tag der offenen Tür« begegnest du mit deiner Mutter dem Schulleiter, der freundlich lächelnd stehen bleibt. Was machst du?

a Wähle eine der Möglichkeiten aus und begründe deine Entscheidung.

1 Ich lächele freundlich zurück, grüße und gehe dann schnell weiter.
2 Ich bleibe stehen, begrüße ihn freundlich und stelle zunächst meiner Mutter den Schulleiter vor und dann dem Schulleiter meine Mutter.
3 Ich bleibe stehen, begrüße den Schulleiter freundlich und stelle ihm zunächst meine Mutter vor und dann meiner Mutter den Schulleiter.

b Lies den folgenden Merkkasten. Begründe, welche der in Aufgabe a genannten Möglichkeiten richtig ist.

SYBIL GRÄFIN SCHÖNFELDT

KNIGGE FÜR DIE NÄCHSTE GENERATION

! Menschen, die sich noch nicht kennen, musst du **einander vorstellen**. Dabei gelten die von Adolf Freiherr von Knigge im 18. Jahrhundert aufgestellten und inzwischen aktualisierten Regeln:
1. Stelle der ältesten Person immer zuerst die jüngeren vor.
2. Bei Gleichaltrigen stelle den Damen zuerst die Herren vor.
3. Verwende zum Vorstellen Formulierungen wie:
   Herr ... / Frau ..., darf ich Ihnen ... vorstellen.
   Maria, ich möchte dir ... vorstellen.
4. Nenne auch die wichtigste Information zu der Person, z.B.:
   Das ist ..., mein Vater / meine Mutter / ein Freund / eine Freundin.

●●● **c** Suche Begründungen für die Regeln 1, 2 und 4 aus dem Merkkasten.

 **2** Am »Tag der offenen Tür« stellt ihr zwei Personen einander vor. Verfasst einen Dialog, wählt reale Personen, z.B. Lehrer und Eltern. Spielt das gegenseitige Vorstellen mit verteilten Rollen. Nutzt die im Merkkasten vorgeschlagenen Formulierungen.

Was habe ich gelernt? **3** Überprüfe, was du über das Vorstellen gelernt hast. Beantworte dazu die folgenden Fragen.

1 Worauf musst du achten, wenn du dich jemandem vorstellst?
2 Worauf musst du achten, wenn du andere einander vorstellst?

Gespräche führen – eine Meinung vertreten

Wünsche und Meinungen äußern

1 Was würdest du gern im Deutschunterricht lernen?

a Schreibe deine Wünsche als Stichworte auf Karteikarten.

b Stellt eure Wünsche den anderen vor.
Heftet die Karteikarten ungeordnet an die Tafel.

c Ordnet die Karteikarten nach Themen und findet Überschriften.

2

a Lies die folgenden Sätze und äußere deine Meinung dazu.

   1 Für das Wochenende sollten Schülerinnen und Schüler Hausaufgaben
   bekommen, damit sie sich nicht langweilen.
   2 Wenn ich mit etwas nicht einverstanden bin oder geärgert werde,
   wehre ich mich mit Gewalt, denn das ist das Einzige,
   was die anderen verstehen.
   3 Wenn ich wütend bin oder mich z. B. über den Lehrer ärgere,
   brülle ich in der Klasse herum, um mich zu beruhigen.
   4 Im Unterricht darf nicht getrunken werden.
   5 Handys dürfen nicht mit in die Schule genommen werden.
   6 Wenn mein Sitznachbar etwas nicht versteht, mache ich einen
   möglichst lauten Spruch, damit er mit den anderen darüber lacht.

> Du kannst zu Aussagen deiner Gesprächspartner deine **Meinung
> äußern**, das heißt, du kannst ihnen zustimmen oder sie ablehnen.
> Du kannst aber auch eine Bedingung für deine Zustimmung nennen
> oder eine andere Lösung vorschlagen (Kompromiss). Du kannst
> folgende Formulierungen nutzen, z. B.:
> **Zustimmung:** *Du hast Recht. Da stimme ich dir zu. Das finde ich auch.*
> **Ablehnung:** *Da kann ich dir nicht Recht geben. In dem Punkt stimme*
>   *ich dir nicht zu. Ich sehe das anders.*
> **Kompromiss:** *Ich bin nur teilweise einverstanden. Ich würde*
>   *zustimmen, wenn … Das ist in Ordnung, wenn …*

b Wähle in Aufgabe 2 a aus, welche Regeln dir für den Unterricht und das Zusammenleben in der Schule sinnvoll und wichtig erscheinen. Schreibe sie in dein Heft.

c Schreibe Änderungsvorschläge zu denjenigen Äußerungen auf, mit denen du nicht einverstanden bist.

Ich würde vorschlagen, dass ...

d Überarbeite diejenigen Äußerungen, denen du nur teilweise zustimmen kannst. Schreibe Kompromissvorschläge auf.

Damit bin ich nur einverstanden, wenn ...
Ich würde zustimmen, wenn ...

 **3** Einigt euch auf fünf gemeinsame Regeln für den Unterricht und das Zusammenleben in der Klasse.
Haltet diese Regeln auf einem Plakat fest.
Gestaltet es anschaulich, indem ihr z. B. unterschiedliche Farben oder Symbole verwendet.

4
a Übertrage die folgende Tabelle in dein Heft. Schreibe die Sätze aus dem Merkkasten auf S. 11 in die richtige Spalte. Ergänze mit eigenen Beispielen.

Zustimmung	Ablehnung	Kompromiss
Du hast Recht. ...	Da kann ich dir nicht Recht geben. ...	Ich bin nur teilweise einverstanden. ...

TIPP
Nutze Aufgabe 4 a und den Merkkasten auf S. 11.

b Setze dich mit den folgenden Meinungen auseinander. Stimme zu, lehne ab oder schlage einen Kompromiss vor. Begründe deine Meinung.

1 Mädchen und Fußball passen nicht zusammen.
2 Für Haustiere braucht man viel Zeit.
3 Tiere gehören nicht in die Wohnung.

Meinungen begründen

1

a Wie viele Stunden siehst du am Tag durchschnittlich fern?
Siehst du gern fern? Wenn ja, warum?
Tausche dich mit den anderen darüber aus.

b In den Medien (z. B. Zeitungen, Zeitschriften, Internet)
kann man immer wieder lesen, dass Kinder zu viel fernsehen.
Was denkst du darüber? Was spricht für das Fernsehen?
Was dagegen?

2 Sabine Müller und ihre Tochter Lara sitzen am Frühstückstisch.

a Lies den folgenden Dialog.

Mutter	*(hält ihrer Tochter die Zeitung vor die Nase, zeigt auf eine Überschrift)* Da, guck mal!
Tochter	Och, Mama, lass mich doch damit in Ruhe!
Mutter	Ich sage das ja schon die ganze Zeit, du siehst zu viel fern. Und jetzt steht es hier schwarz auf weiß: »Fernsehen macht Kinder dumm«! Weißt du was, wir stellen die Flimmerkiste jetzt einfach mal eine Zeit lang auf den Dachboden – fertig!
Tochter	Mama, was soll das denn?
Mutter	Das wird dir mal guttun!
Tochter	Du immer mit deinen blöden Ideen! Dann geh ich eben zu Tanja und guck da!
Mutter	*(streng)* Das machst du nicht!
Tochter	*(laut werdend)* Mache ich wohl! *(rennt raus, knallt die Tür)*

b Spielt den Dialog mit verteilten Rollen vor.

c Überlege, was in dem Gespräch zwischen Mutter und Tochter
schiefläuft. Welche Sätze hemmen das Gespräch?

3

a Nenne Gründe, mit denen die Tochter die Mutter überzeugen könnte.

b Überlege dir Begründungen, mit denen die Mutter die Tochter von
ihrer Meinung abbringen könnte.

> **!** Willst du jemanden von deiner **Meinung** überzeugen, dann musst du deine Sichtweise **begründen**. Bleibe sachlich und nenne Beispiele.
> Verwende Formulierungen wie:
> *Ich bin davon überzeugt,* **weil** ...
> *Ich teile deine Meinung nicht,* **da** ...
> *Ich sehe das so,* **denn** ...

TIPP
Verwende die Formulierungen aus dem Merkkasten.

4 Wie könnte das Streitgespräch zwischen Sabine Müller und ihrer Tochter Lara besser verlaufen?

a Schreibe einen Dialog, in dem Mutter und Tochter ihre Meinungen sachlich begründen, Beispiele nennen und einen Kompromiss finden.

b Stellt euch eure Dialoge gegenseitig vor und besprecht, was ihr noch verbessern könntet.

c Wählt einen der Dialoge aus und spielt ihn der Klasse vor.

5 Wählt eine der folgenden Situationen aus. Verfasst ein gelungenes Streitgespräch, in dem beide Seiten sich gegenseitig aufmerksam zuhören und ihre Meinungen sachlich begründen.

1 Lennarts Mutter ist der Meinung, dass Lennart zu viel Zeit mit Computerspielen verbringt.
2 Antons Vater will, dass Anton wegen seiner schlechten Englischnoten das Handballtraining aufgibt.
3 Aufgrund der hohen Kosten will Frau Wenk ihrer Tochter Josephine das Handy wegnehmen.

Gesprächsregeln einhalten

1 Was seht ihr gern im Fernsehen?
Warum schaut ihr euch diese Sendungen so gern an?

2 Moritz und Tim übernachten am Wochenende bei Jakob.
Sie haben offenbar sehr unterschiedliche Lieblingssendungen.

a Lies den folgenden Dialog.

Jakobs Mutter *(schaut auf die Uhr)* So, ihr drei, ich muss
jetzt noch schnell zu einer Nachbarin. Ihr seid
ja schon groß genug und dürft noch etwas fernsehen.
Wenn ich aber nachher um zehn wiederkomme,
möchte ich, dass ihr im Bett seid, in Ordnung?!

Jakob Na klar, Mama! Tschüs! *(Jakob, Tim und Moritz stecken
ihre Köpfe in die Fernsehzeitschrift)*

Jakob Hey, spitze, gleich kommt »Deutschland sucht
den Superloser« – da freue ich mich schon
die ganze Woche drauf!

Tim Ach nö, darauf hab ich überhaupt keinen Bock,
ich will viel lieber »Wer wird Milliardär?« sehen!
*(nimmt die Fernbedienung zur Hand und will sein Programm
einstellen)*

Moritz Also ich ...

Jakob *(schnappt nach der Fernbedienung)* Halt, warte,
es wird »Deutschland sucht den Superloser« geguckt
und damit basta!

Tim Ach nee, so 'n Mist will ich nicht gucken.
Das ist doch nur für Blödmänner. Da machen wir das Ding
lieber ganz aus. *(überlässt Jakob die Fernbedienung
und geht zum Fernseher, um ihn auszuschalten)*

Jakob Selber Blödmann! – Ey, was ...

Moritz *(gleichzeitig)* Also ich ...

Jakob ... soll denn das jetzt?! *(springt hinter Tim her, versucht,
ihn aufzuhalten. Dabei stolpern sie, fallen gegen den Fernseher,
der kippt um und ... implodiert[1])*

Jakob, Tim Mist!!!

[1] durch Überdruck von
außen eingedrückt und
zerstört

 b Spielt das Streitgespräch zwischen Jakob, Tim und Moritz
mit verteilten Rollen.

3

a Übertrage die folgende Tabelle in dein Heft.
Schreibe in die linke Spalte, was bei dem Gespräch zwischen Moritz, Tim und Jakob misslingt.

schlechtes Gesprächsverhalten	gutes Gesprächsverhalten
Schimpfwörter, z.B. *Blödmann* ...	keine Schimpfwörter verwenden ...

b Wie könnte es besser ablaufen?
Schreibe deine Verbesserungsvorschläge in die rechte Spalte.

c Ergänze die Tabelle durch weitere Beispiele.
Beziehe dazu deine eigenen Erfahrungen ein.

4 Übertrage die folgende Tabelle in dein Heft. Ordne die Äußerungen in die richtige Spalte ein.

1 Wie kann man denn nur auf so eine bescheuerte Idee kommen?
2 Willst du vielleicht als Erste(r) deine Meinung dazu sagen?
3 Das ist ja totaler Quatsch!
4 Das kann man bestimmt auch so machen, aber ich würde lieber ...
5 Ich kann dich gut verstehen, doch ich finde ...
6 Ich sag euch gleich, ich will, dass wir ..., da gibt es gar keine Diskussion, basta!
7 Was denkst du dazu?

guter Beginn einer Diskussion	ermutigende Äußerung	schlechter Beginn einer Diskussion	entmutigende Äußerung
...	...	...	...

> **!** In Gesprächen treffen häufig verschiedene Meinungen aufeinander.
> Um dennoch eine gemeinsame Lösung zu finden, die alle
> zufriedenstellt, solltest du folgende **Gesprächsregeln** beachten:
> - Bringe deine Sichtweise ein und begründe sie sachlich.
> - Lass die anderen zu Wort kommen und unterbrich sie nicht.
> - Höre aufmerksam zu, frage nach und gehe auf das ein.
>   was der andere gesagt hat.
> - Verletze den anderen nicht durch Schimpfwörter oder Vorwürfe.
> - Bleibe freundlich und höflich.
> - Sieh die anderen an.
> - Suche einen Kompromiss.

5

a Schreibt fünf Gesprächsregeln aus dem Merkkasten auf,
die für eure Klasse besonders wichtig sind.

b Stellt die Regeln der Klasse vor. Einigt euch gemeinsam in der Klasse
auf fünf Gesprächsregeln.

c Findet für jede Regel ein anschauliches Symbol und eine Farbe.
Fertigt fünf Karteikarten in den entsprechenden Farben an.
Notiert auf der einen Seite jeweils die Regel, zeichnet auf die andere
Seite das Symbol für die Regel. Wenn jemand gegen eine Regel
verstößt, kann jeder gleich die passende Karte hervorziehen.

6 Überlegt, wie das Gespräch zwischen Jakob, Tim und Moritz
(S. 15, Aufgabe 2 a) besser ablaufen könnte.

a Schreibt gemeinsam ein neues Gespräch.

b Spielt eure Gespräche in der Klasse vor. Besprecht anschließend,
ob die Gesprächsregeln aus dem Merkkasten eingehalten wurden.

Was habe ich gelernt?

7 Überprüfe, was du über Gespräche gelernt hast.
Beantworte dazu die folgenden Fragen.

1 Welche Formulierungen sollte man in Gesprächen vermeiden?
2 Nenne drei für dich besonders wichtige Gesprächsregeln.

Aktiv zuhören

1 Schickt fünf Schülerinnen/Schüler aus dem Klassenzimmer und einigt euch dann auf ein Bild oder Foto.

a Einer von euch beschreibt es dem Ersten, den ihr wieder hereinruft, so genau wie möglich, ohne dass dieser es sehen kann.
Der Erste muss das Bild danach dem Zweiten beschreiben usw., bis der Letzte wieder in der Klasse ist.

b Lest den folgenden Merkkasten und tauscht euch darüber aus, ob ihr aktiv zugehört habt und was am besten geklappt hat.

Um einen Gesprächspartner richtig verstehen zu können, ist aufmerksames und genaues Zuhören wichtig.
Aktiv zuhören heißt:
- den Gesprächspartner anzusehen,
- eine Rückmeldung zu geben (nicken, Kopf schütteln, Stirn runzeln usw.),
- das Gesagte mit eigenen Worten zu wiederholen und
- nachzufragen.

 2 Führt zu einer der folgenden Aussagen ein »Echogespräch« durch.

1 Jungen können nicht zuhören.
2 Mädchen reden immer hinter dem Rücken über andere.
3 Schule ist langweilig.

So könnt ihr mit einem »Echogespräch« das Zuhören üben
- Der erste Redner äußert und begründet seine Meinung.
- Der zweite Redner gibt mit eigenen Worten die Meinung seines Vorredners wieder, bevor er selbst seine Meinung äußert und begründet usw.
- Die Zuhörerinnen/Zuhörer überprüfen, ob der Beitrag des jeweiligen Vorredners richtig wiedergegeben wurde.
- Danach wird das Gespräch bewertet:
  – Haben die Redner einander richtig zugehört?
  – Wer hat seinen Vorredner missverstanden?

In der Gruppe arbeiten

1 Sammle in Stichworten, was dir zum Thema »Gruppenarbeit« einfällt. Nutze dazu die folgenden Fragen.

1 Hast du schon einmal in einer Gruppe gearbeitet?
2 Was hat dir besonders gut daran gefallen, was lief schlecht?
3 Worauf muss man achten?

So könnt ihr Gruppenarbeit durchführen

1. Bildet etwa gleich große Gruppen (ca. 4–6 Personen).
2. Setzt euch so um einen Tisch, dass alle sich sehen und schreiben können. Wenn nötig, müsst ihr die Tische ein wenig verrücken.
3. Vergebt die folgenden Aufgaben, damit die Gruppenarbeit gelingt:
   Jeweils eine Schülerin / ein Schüler muss dafür sorgen, dass
   – in der Gruppe nicht zu laut gesprochen wird,
   – sich alle an der Arbeit beteiligen,
   – Rückfragen mit der Lehrerin / dem Lehrer geklärt werden,
   – die vorgegebene Zeit eingehalten wird und
   – die Arbeitsergebnisse festgehalten werden.
4. Achtet bei der Gruppenarbeit darauf, dass ihr nicht immer dieselben Aufgaben übernehmt.

2 Setzt euch anschließend zusammen und einigt euch gemeinsam auf sechs Arbeits- und Verhaltensregeln. Haltet diese in Form eines Plakats fest. Sucht für jede Regel ein bildliches Symbol zur Veranschaulichung.

Mitteilungen verfassen

Eine Karte schreiben

1 Sicherlich hast du schon einmal Mitteilungen an andere geschrieben.

a Überlege, an wen du aus welchem Anlass wie geschrieben hast.

b Trage zusammen, zu welchen Gelegenheiten E-Mails, SMS, Briefe oder Karten geschrieben werden können.

> **!**
> Es ist wichtig, beim Schreiben bestimmte Regeln einzuhalten.
> Überlege also genau, **an wen** die Mitteilung gerichtet ist,
> aus welchem **Anlass** du schreibst und welches **Ziel** du verfolgst.
> Danach richtet sich:
> - ob du mit der Hand oder mit dem Computer schreibst,
> - ob du eine SMS verschickst,
> - ob du die Person mit *du* oder *Sie* anredest,
> - ob du ausführlich und anschaulich oder kurz und sachlich schreibst,
> - wie du dich ausdrückst.

2 Lies die beiden folgenden Karten. Worin unterscheiden sie sich?

Hallo, liebe Sandra,
viele Grüße aus dem Berliner
Tierpark. Die Zugfahrt war
okay, die Jungs sind voll
cool, auch Herr Kunz.
Schade, dass du krank
bist. Wetter ist prima.
Hab auch schon das
Elefantenbaby gesehen,
es ist sooo niedlich...
Bis später –
Tschüs! Deine Jule

Berlin, 18.02. 20..
Liebe Oma Mary, lieber Opa Werner,
ich lade euch herzlich zu mei-
nem Geburtstag ein.
Wir feiern wieder am 4. März
ab 16:00 Uhr bei uns zu Hause.
Ich habe mir diesmal eine
Überraschung einfallen lassen.
Bitte übernachtet wieder
bei uns, damit wir abends
länger spielen können.
Ich freu mich auf euch.
Liebe Grüße sendet
euer Tom

bitte
frei
machen

3

a Lies die folgende Einladung von Karl. Was sollte er verändern? Begründe deine Meinung.

> Hi Jakob!
>
> Haste Bock auf 'ne Party?
> Wenn ja, komm einfach am 4. mal rum!
> Also überleg's dir gut.
> Ich hoffe du kommst.
>
> Tschau! Karl

! Die äußere Form von **Karten**, die du schreibst, sagt etwas über dich aus. Achte deshalb immer auf ein gut lesbares, sauberes Schriftbild. Auch wenn du Karten am Computer verfasst, musst du sie mit der Hand unterschreiben. Bei Freunden und Verwandten genügt der Vorname, sonst unterschreibt man mit Vor- und Familiennamen.

b Überarbeite Karls Einladung, schreibe sie in dein Heft und gestalte sie passend zum Anlass.

! Beim Schreiben von **Karten** musst du Folgendes beachten:
- Rechts oben stehen Ort und Datum.
- Auf der ersten Zeile links oben steht die Anrede. Sie sollte immer zur angesprochenen Person passen, z. B.:
  Liebe(r) …, Hallo, …,
  Nach der Anrede steht ein Komma.
- Die Schreibung der Anredewörter ist genau geregelt:
  – Freundschaftliche, familiäre Anredewörter für Menschen, die du persönlich kennst, schreibt man klein: *du, dir, dich, dein; ihr, euer.* (Du kannst sie auch großschreiben: *Du, Dir, Dich, Dein; Ihr, Euer.*)
  – Anredewörter für Personen, die du mit *Sie* ansprichst, schreibt man groß: *Sie, Ihnen, Ihr, Ihre, Ihres, Ihrer, Ihrem, Ihren.*
- Am Schluss einer Karte steht eine passende Grußformel, z. B.:
  Herzliche Grüße / Mit liebem Gruß / Bis bald

→ S. 249
Schreibung der
Anredepronomen
im Brief

TIPP
Beachte, wie viel Platz du auf deiner Karte hast.

4 Schreibe nun eine eigene Einladungskarte. Verfasse zunächst einen Entwurf und überarbeite ihn. Gestalte die Karte anschließend.

a Sieh dir den Briefumschlag genau an. Zu welchem der Beispiele in Aufgabe 2 (S. 20) könnte er passen? Begründe deine Meinung.

Abs.:
Tom Weißbach
Sophienstraße 5
12345 Berlin

Familie
Mary und Werner Beier
Beethovenstr. 12 b
01099 Dresden

b Erkläre, wann für eine Karte ein Umschlag benötigt wird.

c Beschrifte nun selbst einen Briefumschlag. Trage deine Adresse als Absender ein, für den Empfänger denke dir eine Adresse aus.

Eine E-Mail schreiben

1 Du weißt bereits, wie du einen Brief schreibst. Eine E-Mail ist auch ein Brief – ein elektronischer, der im Internet verschickt wird.

a Sieh dir die folgende E-Mail an.

An:	sofie.begel@schülerfirma.de
Betreff:	Vorschlag zur Pausenversorgung

Hallo, Sofie,
mir ist noch etwas eingefallen: Wir könnten regelmäßig
Vollkornsnacks zubereiten. Ich würde Frau Meier fragen,
ob wir die Schulküche nutzen dürfen.
Bis morgen! Tschüs
Anne, Kl. 5 a

b Schreibe in dein Heft, welche Angaben die E-Mail enthält.

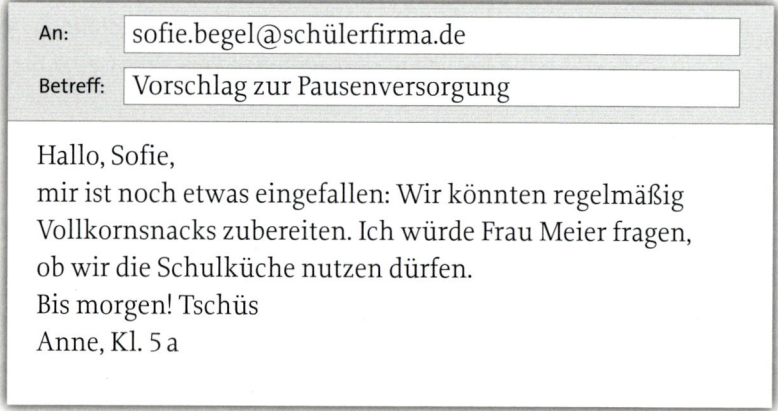

– Empfängerin der E-Mail ist Sofie Begel.
– Ihre E-Mail-Adresse lautet: …
– Inhalt der E-Mail: …

! Zum Schreiben einer **E-Mail** benötigst du
- eine eigene E-Mail-Adresse,
- die E-Mail-Adresse des Empfängers.

c Lies die Betreffzeile der E-Mail auf S. 22. Welche Aufgabe hat sie?

d Formuliere für die folgende E-Mail eine geeignete Betreffzeile.

An:	leon.bachmann@schüler.de
Betreff:	

Lieber Leon,
kann morgen leider nicht beim Training zuschauen, muss
noch Mathe lernen. Entschuldige bitte! Viele Tore wünscht
dein Alex

So kannst du beim Schreiben von E-Mails vorgehen
1. Schreibe ins Adressfeld die E-Mail-Adresse des Empfängers, z. B.: *sofie.begel@schülerfirma.de*.
2. Fülle das Feld »Betreff« aus. Dazu musst du kurz zusammenfassen, worum es in deiner E-Mail geht, z. B.: *Pausenversorgung*.
3. Schreibe dein Anliegen in das Textfeld. Beachte die Regeln für das Briefeschreiben, wie Anrede, Grußformel, sprachliche Gestaltung.
4. Prüfe alles noch einmal und klicke dann auf »Senden«.

TIPP
Denke dir eine E-Mail-Adresse für deinen Schülersprecher aus.

2 Du wirst vom Schülerrat eingeladen, über das Faschingsprogramm zu sprechen, das du organisiert hast. Bestätige dein Kommen mit einer E-Mail an den Schülersprecher deiner Schule.

Was habe ich gelernt?

3 Überprüfe, was du über das Verfassen von Mitteilungen gelernt hast. Beantworte dazu die folgenden Fragen.

1 Was muss ich beim Schreiben einer Karte beachten?
2 Welche Übungstexte konnte ich problemlos schreiben? Warum?
3 Für welche Aufgabe habe ich lange gebraucht? Warum?

Berichten

1

a Lies den folgenden Zeitungsartikel.

> Am Montag, dem 07.01.20.., wurde ein 10-jähriger Junge bei einem Unfall verletzt. Der Schüler überquerte gegen 14:00 Uhr vor einem parkenden Auto in der Höhe der Annenschule die Brauhausstraße. Er beachtete das von links kommende Fahrzeug nicht, sodass es zu einem Zusammenstoß kam. Das Kind wurde zur Behandlung in das städtische Krankenhaus gebracht.

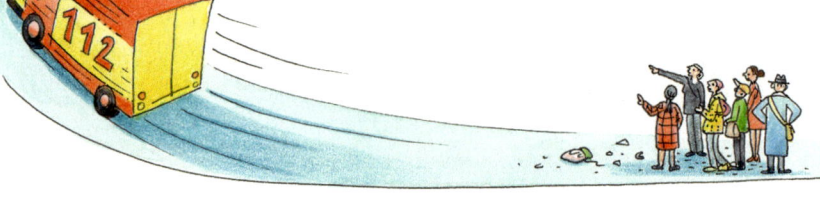

Einen Bericht untersuchen

b Beantworte die folgenden Fragen.

  1 Wer hat den Artikel geschrieben?
  2 Warum hat der Verfasser ihn geschrieben?
  3 An wen ist dieser Zeitungsbericht gerichtet?

c Fasse zusammen, worüber du in diesem Text informiert wirst.

d Suche eine passende Überschrift für den Artikel.

!

> Ein **Bericht** soll Leser oder Hörer möglichst knapp, sachlich und in der richtigen Reihenfolge über ein Ereignis informieren.
> Die Auswahl der Informationen hängt vom Zweck, vom Anlass und vom Empfänger ab.
> In den meisten Berichten werden folgende **W-Fragen** beantwortet:
> - **Was** geschah?
> - **Wann** geschah es?
> - **Wo** geschah es?
> - **Wer** war beteiligt?
> - **Warum** geschah es?
> - **Welche Folgen** ergaben sich?

2 Stelle dir vor, du hast einen Unfall deines Mitschülers Max
auf dem Schulhof beobachtet.
Dein Klassenlehrer, der eine Unfallanzeige schreiben muss,
braucht deine Hilfe.

Über die Aufgabe nachdenken

a Bedenke zuerst genau, wem und zu welchem Zweck
du berichten sollst.

b Überlege danach, wie du dich auf diesen Bericht vorbereiten könntest.
Tausche dich mit den anderen aus.

Den Inhalt planen

c Lies die folgenden Notizen.

> – Ich war so empört über Pauls Verhalten.
>
> – Das Knie wurde dick.
>
> – Ich brachte Max zur Sekretärin.
>
> – Max fiel auf das rechte Knie.
>
> – Es geschah gegen 11:45 Uhr.
>
> – Max weinte sehr, das tat mir so leid.
>
> – Paul stellte Max ein Bein.
>
> – Paul lief einfach weg.
>
> – Nora und Justin halfen Max beim Aufstehen.
>
> – Wir rannten um die Wette.

d Entscheide, welche der Informationen für den Bericht wichtig sind.
Schreibe sie stichpunktartig in einer sinnvollen Reihenfolge auf.
Beachte dabei die *W*-Fragen.

e Kontrolliert eure Stichpunkte noch einmal.
Überprüft mithilfe der *W*-Fragen, ob alle wichtigen Informationen
enthalten sind und ob die Reihenfolge sinnvoll ist.

Den Inhalt gestalten

 f Erprobt eure mündlichen Berichte.
Hört euch gegenseitig genau zu und gebt Hinweise,
was noch verbessert werden könnte.

g Berichte jetzt mündlich vor der Klasse.

❸ Passiert einer Schülerin / einem Schüler in der Schule oder auf dem Weg ein Unfall, dann muss die Schule eine Unfallanzeige aufgeben.

Über die Aufgabe nachdenken

a Sieh dir das Formular einer Unfallanzeige an.

Unfallanzeige für Kinder in Kindergärten, Schüler, Studierende

Name und Anschrift der Einrichtung (Kindergarten, Schule, Hochschule):

Familienname und Vorname des Verletzten:　　　　　　　　　geb. am:　　　　Geschlecht:

Anschrift des Verletzten (PLZ, Wohnort, Straße):　　　　　　Staatsangehörigkeit:

Name und Anschrift des gesetzlichen Vertreters:

Krankenkasse des Verletzten:　　　　　　　pflicht-　freiwillig-　familien-　privatversichert
　　　　　　　　　　　　　　　　　　　　　☐　　　☐　　　☐　　　☐

Wochentag　　　Datum　Jahr　　Uhrzeit des Unfalls
　　　　　　　　　.　.　　　　　　：　　Uhr

Verletzte Körperteile:

Art der Verletzungen:

Zuerst behandelnder Arzt:　　　　　　　　Jetzt behandelnder Arzt:

Krankenhaus, in das der Verletzte aufgenommen wurde:

Unfallstelle (bei Wegeunfällen genaue Ortsangabe):

Unfallhergang:

Zeugen des Unfalls:

Hat der Verletzte wegen des Unfalls den Besuch der o. a. Einrichtung unterbrochen?
Wenn ja, seit wann?　　　　　　　　bis wann?

(Ort, Datum)

Kenntnis genommen

(Sicherheitsbeauftragter)　　　　　　　　(Leiter der Einrichtung)

Den Inhalt planen

b Überlege, welche Angaben du sofort zum Unfall von Max machen kannst und welche deine Lehrerin / dein Lehrer ergänzen muss.

→ S.57 Texte verfassen

Berichte untersuchen

a Lies die beiden folgenden Berichte.

> Am 30.01.20.. ereignete sich gegen 11:45 Uhr auf dem Schulhof der Annenschule ein Unfall, bei dem ein Schüler verletzt wurde. Paul M. stellte Max K. ein Bein, sodass dieser hinfiel. Max K. verletzte sich am Knie, welches gleich dick wurde. Seine beiden Mitschüler, Nora S. und Justin L., die den Unfall beobachteten, brachten Max in das Sekretariat der Schule, wo die Erstversorgung vorgenommen wurde.

> Also, es war in der großen Hofpause. Wir standen an der Bank und haben uns unterhalten. Max, Paul und zwei andere Jungen sind über den Schulhof gerannt. Plötzlich hat Paul Max ein Bein gestellt. Max fiel hin und schrie laut auf. Mir hat das so leidgetan. Paul ist einfach davongerannt. Das war gemein! Mein Freund und ich haben Max beim Aufstehen geholfen und ihn ins Sekretariat gebracht. Unsere Schulsekretärin hat das Knie verbunden und die Mutti von Max angerufen.

b Überlege, wer wem zu welchem Zweck berichtet haben könnte.

c Sieh dir die beiden Texte noch einmal genau an.
Untersuche, wodurch sie sich unterscheiden.

> **!** **Schriftliche Berichte** werden meist im Präteritum verfasst.
> In **mündlichen Berichten** kannst du das Präteritum oder das Perfekt verwenden.

5 Damit alle auf dem Schulhof aufmerksamer sind, sollten auch die anderen Schülerinnen/Schüler über den Unfall informiert werden. Verfasse dafür einen schriftlichen Bericht für die Schulwandzeitung.

Über die Aufgabe nachdenken

a Überlege, für wen und zu welchem Zweck der Bericht geschrieben werden soll.

Den Inhalt planen

b Überprüfe deine Stichpunkte aus Aufgabe 2 d (S.25) und ergänze sie bei Bedarf.

Einen Entwurf schreiben

c Entwirf deinen Bericht für die Schulwandzeitung.
Lass auf deinem Blatt einen breiten Rand frei für Korrekturen.

**Den Textentwurf
überarbeiten**
→ S.58

d Überarbeite deinen Textentwurf. Achte dabei besonders
auf die Verwendung der richtigen Zeitform (Präteritum).
Vermeide Wortwiederholungen, besonders am Satzanfang.

**Die Endfassung
schreiben**

e Schreibe die Endfassung. Überlege, wie du den Text für die Wand-
zeitung gestalten sollst, damit möglichst viele darauf aufmerksam
werden.

6 Die Klasse 5a führte eine Wanderung durch. Ziel war ein beliebtes
Naherholungsgebiet bei Chemnitz – der Totenstein. Es ist die höchste
Erhebung des Rabensteiner Waldes. Vom 30 m hohen Turm hat man
bei schönem und ganz klarem Wetter eine herrliche Aussicht bis nach
Leipzig, Zwickau oder Gera.

a Die Schüler hatten den Auftrag, über diesen Tag einen Bericht
für die Schülerzeitung zu schreiben.
Lies die entstandenen Texte.

Totensteinturm

Vor langer Zeit gab es eine Klasse, die wandern wollte. Es war
damals Herbst. Sie wollte den Totenstein besuchen. Um 9:15 Uhr
trafen sich die Schüler an der Schule, um gemeinsam zum
Bahnhof zu laufen. Mit dem Zug fuhren sie nach Grüna. Dort angekommen, liefen sie durch den Wald und sangen fröhlich ein Lied.
Plötzlich waren Schüler weg. Der Lehrer rief: »Wo seid ihr?« »Wir
sitzen in der Hütte.« Als die Jungen wieder da waren, sind wir zu
einem Turm gelaufen und hochgegangen. Das war ganz schön
gefährlich, weil der Turm so wackelte ...   *Adrian*

Die Klasse 5a traf sich am 20. 11. 20.., 9:15 Uhr, an der Schule.
Gemeinsam gingen wir zum Bahnhof. Der Zug nach Grüna fuhr
9:58 Uhr. Nach ca. 15 Minuten Fahrt kamen wir in Grüna an und
wanderten durch den Rabensteiner Wald. Wir besichtigten zwei
5 Schanzen, machten an einer kleinen Hütte Rast und tollten bei
einer Schneeballschlacht herum. Dann gingen wir zum Totenstein. Das ist die höchste Erhebung im Rabensteiner Wald. Beim
Totenstein befindet sich auch ein 30 m hoher Turm, den wir hoch-
klettern durften. Ein bisschen Angst hatte ich schon, weil es so
10 wackelte. Anschließend konnten wir in der Gaststätte noch etwas
essen oder trinken. Der Wirt war nur wegen uns da ... Schließlich
fuhren wir nach Chemnitz zurück. Es war ein schöner und
erlebnisreicher Tag.   *Nico*

Wir, die Schüler der Klasse 5 a, wanderten am 20. 11. 20.. zum Totenstein bei Chemnitz. Das ist ein beliebtes Naherholungsziel. Wir trafen uns 9:15 Uhr an der Schule und liefen zum Hauptbahnhof. Der Zug fuhr 9:58 Uhr nach Grüna. Dann liefen wir
5 durch den Rabensteiner Wald und sahen uns zwei Schanzen an. Danach haben wir eine Schneeballschlacht gemacht. Dann sind wir auf den Totensteinturm hoch. Er ist 30 m hoch. Danach sind wir wieder alle runter und in eine Gaststätte gegangen. Der Wirt war nur wegen uns da. Und dann sind wir wieder nach Chemnitz
10 gefahren.   *Olivia*

b Untersuche, wodurch sich die Berichte unterscheiden.

c Stelle dir vor, du bist Redakteur der Schülerzeitung. Wähle einen Text für eure Zeitung aus und begründe deine Entscheidung.

7 Vergleiche eine Erzählung mit einem Bericht.

a Übertrage die Tabelle in dein Heft und kreuze richtig an.

Merkmale	Erzählung	Bericht
Der Text ist im Präteritum geschrieben.		
Der Text enthält wörtliche Rede.		
Der Text ist sachlich.		
Der Text ist im Perfekt geschrieben.		
Der Text ist sehr anschaulich.		
Der Text enthält nur wichtige Informationen.		

TIPP
Beachte, für wen und warum du berichtest.

→ **S. 52** Einen Text überarbeiten

b Vergleiche nun die Schülertexte (S. 28, Aufgabe 6 a) mit deiner Tabelle. Bestimme, welcher Text eine Erzählung und welcher ein Bericht ist. Begründe deine Entscheidung.

c Überarbeite Olivias Bericht. Kontrolliere den Satzbau und schreibe den veränderten Text in dein Heft. Achte auf Wortwiederholungen.

● ● ● **d** Schreibe jetzt die Erzählung in einen Bericht um. Verfasse zuerst einen Entwurf und überarbeite ihn anschließend.

Was habe ich gelernt?

8 Überprüfe, was du über das Berichten gelernt hast. Erkläre deinem Lernpartner, worauf man beim Berichten achten muss.

Karlhans Frank

Du und ich

Du bist anders als ich,
ich bin anders als du.
Gehen wir auf-
einander zu,
5 schauen uns an,
erzählen uns dann,
was du gut kannst,
was ich nicht kann,
was ich so treibe,
10 was du so machst,
worüber du weinst,
worüber du lachst,
ob du Angst spürst bei Nacht,
welche Sorgen ich trag,
15 welche Wünsche du hast,
welche Farben ich mag,
was traurig mich stimmt,
was Freude mir bringt,
wie wer was bei euch kocht,
20 wer was wie bei uns singt …
Und plötzlich erkennen wir
– waren wir blind? –,
dass wir innen uns
äußerst ähnlich sind.

1 Vergleiche die Aussage am Anfang des Gedichts mit der Schluss-
aussage.

2 In dem Gedicht lernen sich zwei Menschen anhand von Fragen
kennen.
Schreibe fünf Fragen heraus, die dir besonders wichtig sind.

●●● **3** Stelle deine fünf Fragen Menschen, von denen du wenig weißt.
Überprüfe anhand der Antworten, worin sie dir ähneln.

Hans Manz

Freundschaften

»Könntest du notfalls
das letzte Hemd vom Leib weggeben?
Dich eher in Stücke reißen lassen
als ein Geheimnis verraten?
5 Lieber schwarz werden
als jemanden im Stich lassen?
Pferde stehlen oder durchs Feuer gehen?«
»Ja.«
»Auch für mich?«
10 »Ja.«
»Dann bist du mein Freund.«

»Und du? Könntest du notfalls verzeihen?«
»Es kommt drauf an, was.«
»Dass ich vielleicht einmal nicht das letzte Hemd hergebe,
15 mich nicht immer in Stücke reißen lasse,
ausnahmsweise nicht schwarz werden will,
nicht in jedem Fall Pferde stehle oder durchs Feuer gehe?«
»Ja.«
»Dann bist auch du mein Freund.«

1 Lies das obere Gedicht und finde heraus, was über Freundschaft gesagt wird.

2 Vergleicht eure Ergebnisse. Diskutiert, wie sich eine gute Freundin / ein guter Freund verhalten sollte.

3 Beschreibe, wie in dem Bildgedicht rechts Freundschaft dargestellt wird.

Hans Manz

Fünf Freundinnen

```
B  R  I  G  I  T  T  E
A                    U
R                    G
B        INGE        E
A                    N
R                    I
A  M  B  R  O  S  I  A
```

(Eine steht immer
im Mittelpunkt)

1 Lies die Geschichte und finde heraus, was Benjamin an Josef gefällt.

Gina Ruck-Pauquèt

Freunde

»Wohin willst du?«, fragte der Vater.
Benjamin hielt die Türklinke fest.
»Raus«, sagte er.
»Wohin raus?«, fragte der Vater.
5 »Na so«, sagte Benjamin.
»Und mit wem?«, fragte der Vater.
»Och …«, sagte Benjamin.
»Um es klar auszusprechen«, sagte der Vater, »ich will nicht, dass
du mit diesem Josef rumziehst!«
10 »Warum?«, fragte Benjamin.
»Weil er nicht gut für dich ist«, sagte der Vater.
Benjamin sah den Vater an.
»Du weißt doch selber, dass dieser Josef ein … na, sagen wir, ein
geistig zurückgebliebenes Kind ist«, sagte der Vater.
15 »Der Josef ist aber in Ordnung«, sagte Benjamin.
»Möglich«, sagte der Vater. »Aber was kannst du schon von ihm
lernen?«
»Ich will doch nichts von ihm lernen«, sagte Benjamin.
»Man sollte von jedem, mit dem man umgeht, etwas lernen
20 können«, sagte der Vater.
Benjamin ließ die Türklinke los.
»Ich lerne von ihm, Schiffchen aus Papier zu falten«, sagte er.
»Das konntest du mit vier Jahren schon«, sagte der Vater.
»Ich hatte es aber wieder vergessen«, sagte Benjamin.
25 »Und sonst?«, fragte der Vater. »Was macht ihr sonst?«
»Wir laufen rum«, sagte Benjamin. »Sehen uns alles an und so.«
»Kannst du das nicht auch mit einem anderen Kind zusammen
tun?«
»Doch«, sagte Benjamin. »Aber der Josef sieht mehr«, sagte er
30 dann.
»Was?«, fragte der Vater. »Was sieht der Josef?«
»So Zeugs«, sagte Benjamin. »Blätter und so. Steine. Ganz tolle.
Und er weiß, wo Katzen sind. Und die kommen, wenn er ruft.«
»Hm«, sagte der Vater. »Pass mal auf«, sagte er. »Es ist im Leben
35 wichtig, dass man sich immer nach oben orientiert.«
»Was heißt das«, fragte Benjamin, »sich nach oben orientieren?«

»Das heißt, dass man sich Freunde suchen soll, zu denen man aufblicken kann. Freunde, von denen man etwas lernen kann. Weil sie vielleicht ein bisschen klüger sind als man selber.«

40 Benjamin blieb lange still.

»Aber«, sagte er endlich, »wenn du meinst, dass der Josef dümmer ist als ich, dann ist es doch gut für den Josef, dass er mich hat, nicht wahr?«

2 Erkläre, warum der Vater nicht möchte, dass Benjamin mit Josef befreundet ist.

●●● **3** Benjamin findet es gut für Josef, dass er sein Freund ist.
Wie beurteilst du seine Meinung?

4 Schreibe auf, was dir an deinen Freunden wichtig ist.

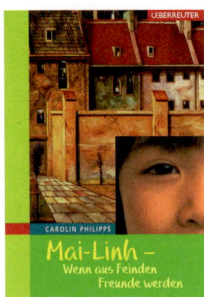

Die zehnjährige Vietnamesin Mai-Linh lebt mit ihrer Familie in Deutschland. Ihre Eltern müssen fast den ganzen Tag in ihrem kleinen Restaurant arbeiten. Deshalb wird Mai-Linh von der Nachbarsfamilie betreut. Sie bekommt dort Essen und geht mit Dennis, dem 13-jährigen Sohn und Schwarm ihrer Freundinnen, zur Schule. Doch bald fangen ein paar Freunde von Dennis an, Mai-Linh zu ärgern.

Carolin Philipps

Mai-Linh. Wenn aus Feinden Freunde werden

Am nächsten Tag trödelte Mai-Linh auf dem Weg zur Schule. Sie wollte so dicht wie möglich bei Dennis bleiben, weil sie Angst hatte, seine Freunde hätten sich schon wieder im Gebüsch versteckt.

5 »Los! Vorwärts!« Dennis puffte sie in den Rücken.
»Geh du vor!«
Dennis zögerte. Aber da Mai-Linh einfach stehen blieb und nicht vorhatte, auch nur einen Schritt weiterzugehen, blieb ihm nichts anderes übrig.

10 »Aber bleib hinter mir. Ich will keinen neuen Stress mit meiner Mutter, wenn ich dich verliere.«
Lars und Sven warteten im Gebüsch, bis Dennis vorbeigegangen war. Dann sprangen sie direkt vor Mai-Linh hervor. Diesmal hatten sie schwarze Teufelsmasken vor dem Gesicht. Mai-Linh erschrak

15 fürchterlich und rannte in den Park hinein.
Hinter sich hörte sie Dennis schimpfen.
»[…] Einfach erschrecken hätte auch gereicht. Wenn wir sie nicht finden, krieg ich ein Problem. Los, alle suchen.«
»Mai-Linh, wo bist du? Komm raus! Das ist kein Spaß mehr!«

20 Das fand Mai-Linh schon lange. Sie lag im Gebüsch und lauschte auf die Stimmen, die sich langsam entfernten, immer weiter in den Park hinein. Dann sprang sie auf und rannte zur Schule.

1 Was passiert auf dem Schulweg? Beschreibe den Ablauf.

2 Warum handelt Dennis so? Sammelt mögliche Gründe.

Fünfzehn Minuten nach Unterrichtsbeginn kam Dennis, ohne anzuklopfen, in die Klasse gerannt. Seine Haare hingen ihm wirr
25 ins Gesicht. Er war verschwitzt.

Die Mädchen kicherten. Das war nicht der coole Dennis, den alle kannten und bewunderten.

»Wo ist sie?«, rief er statt einer Begrüßung. »Habt ihr sie gesehen?« Er schaute sich in der Klasse um.

30 »Dennis!! Würdest du uns mal erklären, was das soll?«

Herr Möller, der Dennis in der Grundschule jahrelang unterrichtet und sich schon damals oft über ihn aufgeregt hatte, war ganz rot im Gesicht angelaufen vor Empörung. »Du kommst mitten in meinen Unterricht geplatzt und ziehst hier eine Show ab …!«, rief
35 er wütend.

Dennis schaute ihn verstört an. »Ich muss sie finden!«

»Vielleicht erklärst du uns wenigstens, wen du suchst.«

»Mai-Linh!«

Jetzt fing die ganze Klasse an zu kichern.

40 »Na, du bist aber schrecklich verliebt, was?«

»Kann nicht mal bis zur Pause warten.«

Andere riefen: »Umdrehen!«

»Du brauchst eine Brille!«

45 Mai-Linh, die gerade an der Tafel etwas vorrechnen sollte, stand verlegen mit der Kreide in der Hand da und wusste nicht, was sie machen sollte.

Endlich entdeckte Dennis sie, kam auf sie
50 zugerannt und schüttelte sie.

»Mach das nicht noch mal, du! Mach das nicht noch mal!«, schrie er.

Herr Möller musste ihn von Mai-Linh wegzerren. »So, mein Lieber, du wirst jetzt schön brav in deine eigene Klasse gehen. Aber glaub
55 nicht, dass damit alles gelaufen ist. Da kannst du dir sicher sein!«

Mit einem wütenden Blick auf Mai-Linh verschwand Dennis aus der Klasse. […]

3 Was passiert in der ersten Stunde? Beschreibe das Verhalten von Dennis.

 4 Tauscht euch über das Verhalten der Klasse und des Lehrers aus.

Mittags zu Hause saß er auf der Treppe, als Mai-Linh ankam. Er hatte extra die sechste Stunde geschwänzt.

60 »Kein Wort zu meiner Mutter!«, sagte er drohend. »Sonst zeigen wir dir mal, wie man kleine Mädchen erschreckt.«
Mai-Linh drehte sich weg und wollte gehen. Dennis packte sie am Arm. »Und noch was. Ich will keinen Reis mehr essen. Du wirst dir Kartoffeln oder Nudeln wünschen! Verstanden?« […] Mai-Linh

65 nickte. […]
Am nächsten Mittag, als sie nach dem Essen die Treppe nach oben in den ersten Stock kam, blieb sie erschrocken stehen. Quer über ihre Wohnungstür hatte jemand in dicken roten Buchstaben »Reisfresser!« geschrieben.

70 Dennis!, dachte Mai-Linh als Erstes. Das konnte nur Dennis sein. Dabei hatte es heute Kartoffeln gegeben. Sogar Pommes, die Dennis besonders gerne mochte.
Und wie versprochen, hatte sie Frau Bennert gesagt, dass sie bei ihr lieber Nudeln und Kartoffeln essen wollte, weil sie Reis ja ohnehin

75 zu Hause bekam.
Sie hatte alles so gemacht, wie er es wollte, und trotzdem war er noch so gemein, dass er die Tür beschmierte. Sie holte tief Luft. Dann schloss sie die Haustür auf und machte sich mit Schwamm und heißem Wasser daran, die roten Buchstaben abzuwischen.

80 Fast zwei Stunden brauchte sie dafür und mit jedem Eimer Wasser, den sie neu anschleppte, hasste sie Dennis mehr.
Sie würde ihm sagen, dass sie alles seiner Mutter oder ihren Eltern erzählen würde, wenn er das noch einmal machte. Und den Dreck könnte er dann allein wegmachen.

85 Aber als er ihr abends im Treppenhaus begegnete, traute sie sich doch nicht, weil er sie so böse anfunkelte, dass ihr die Worte im Hals stecken blieben. Jemand, der so etwas an die Tür schrieb, würde wahrscheinlich auch Schlimmeres mit ihr machen.

5 Vergleiche das Verhalten von Dennis und Mai-Linh.

6 Tauscht euch darüber aus, wie Dennis und Mai-Linh ihre Probleme lösen könnten.

7 Schreibe die Geschichte weiter.

Fabeln lesen und verstehen

1 Die Fabeln von Äsop, einem Sklaven, gehören zu den ältesten.

a Lies die folgende Fabel.

Der Löwe und die Maus

Als der Löwe schlief, lief ihm eine Maus über den Körper. Aufwachend packte er sie und war drauf und dran, sie aufzufressen. Da bat sie ihn, er solle sie doch freilassen: »Wenn du mir das Leben schenkst, werde ich mich dankbar erweisen.« Lachend ließ er sie
5 laufen. Es geschah aber, dass bald darauf die dankbare Maus dem Löwen das Leben rettete. Denn als er von Jägern gefangen und mit einem Seil an einen Baum gebunden wurde, hörte ihn die Maus stöhnen. Sie lief zu ihm, und indem sie das Seil rundherum benagte, befreite sie ihn. »Damals«, sagte sie, »hast du gelacht über
10 mich und nicht erwartet, dass ich es dir vergelten könnte, jetzt weißt du, dass auch Mäuse dankbar sein können!«

b Formuliere in einem Satz, was der Löwe von der Maus lernt.

Eine Fabel nacherzählen

c Lies die Fabel noch einmal. Notiere Stichpunkte zum Inhalt und erzähle die Fabel nach.

→ **S.45** Eine Geschichte nacherzählen

d Begründe, warum dieser Text eine Fabel ist. Nutze den Merkkasten.

> **!** Die **Fabel** (lat. *fabula* – Erzählung) ist ein kurzer erzählender oder gereimter Text. Zu ihren **Merkmalen** zählen:
> - Tiere denken, handeln und sprechen wie Menschen,
> - den Tieren sind bestimmte menschliche Eigenschaften zugeordnet, z.B.: *starker Wolf, listiger Fuchs,*
> - Fabeln enthalten eine Lehre (zentrale Aussage), die aus dem Text erschlossen werden kann oder die sogar genannt wird.
>
> Bekannte Fabeldichter sind Äsop (6. Jh. v. Chr.), Martin Luther (16. Jh.), Jean de La Fontaine (17. Jh.), Gotthold Ephraim Lessing (18. Jh.) und Iwan Krylow (19. Jh.). Zu den bekannten Fabelautoren des 20. Jahrhunderts zählen u.a. Wolfdietrich Schnurre und James Thurber.

**Eine Fabel
untersuchen**

 a   Betrachte das Verhalten der Maus genauer. Welchen Eindruck
hinterlässt sie bei dir? Zeichne die Maus nach deinen Vorstellungen.

b   Einem von beiden Tieren wird eine Wesenseigenschaft zugeschrieben.
Suche die entsprechende Textstelle heraus. Ergänze weitere Adjektive,
um das Tier treffend zu beschreiben.

TIPP
Nutze auch das
Ergebnis der
Aufgabe b.

c   Der Löwe und die Maus – gegensätzlicher kann ein Paar kaum sein.
Suche für beide Tiere aus der Fabel Eigenschaften heraus, die das
verdeutlichen. Stelle deine Ergebnisse in einer Tabelle dar.

 a   Lies die Fabel von Martin Luther (1483–1546) in der Sprache des
16. Jahrhunderts.

Vom Frosch und der Maus

Eine Maus wäre gern über ein Wasser gewest und konnte nicht
und bat einen Frosch um Rath und Hülfe. Der Frosch war ein
Schalk und sprach zur Maus: »Binde deinen Fuß an meinen Fuß, so
will ich schwimmen und dich hinüberziehen.« Da sie aber aufs
5 Wasser kamen, tauchet der Frosch hinunter und wollte die Maus
ertränken. Indem aber die Maus sich wehret und arbeitet, fleuget
eine Weihe[1] daher und erhaschet die Maus, zeucht den Frosch auch
mit heraus und frisset sie beyde.
Lehre: Siehe dich für, mit wem du handelst! Die Welt ist falsch und
10 Untreu voll. Denn welcher Freund den andern vermag, der steckt
ihn in 'n Sack. Doch schlägt Untreu allzeit ihren eigen Herrn, wie
dem Frosch hie geschieht.

[1] mittelgroßer
Greifvogel

 b   Tauscht euch über das Verhalten des Frosches und der Weihe aus.

c   Schreibe dir unbekannte und ungebräuchliche Wörter aus dem Text
von Martin Luther heraus und übersetze sie. Übertrage den Text in
heutiges Deutsch.

gewest – gelangt, ...

 d   Lest euch eure Textfassungen gegenseitig vor und vergleicht sie.

e   Formuliere die Lehre aus dem Text von Martin Luther neu.
Nutze dabei z. B. bekannte Sprichwörter.

4 Wählt einen der im Merkkasten auf S. 37 genannten Fabeldichter aus und informiert euch über dessen Schaffen.

→ S. 128 Informationen sammeln

a Sammelt Informationen zu seinem Lebenslauf und stellt ihn mithilfe eines Plakats vor.

b Tragt eine Fabel des Dichters mit verteilten Rollen vor. Begründet eure Auswahl.

c Formuliert die Lehre der gewählten Fabel in einem Satz.

d Weist an dem ausgewählten Text die Merkmale einer Fabel nach.

Eine Fabel schreiben

5 Deine Klasse möchte für einen Schreibwettbewerb selbst ein Fabelbuch schreiben.

• **Über die Aufgabe nachdenken**

a Überlege, für wen und aus welchem Anlass du eine Fabel schreiben möchtest.

• **Den Inhalt planen**

b Wähle eins der Sprichwörter aus oder suche selbst eins.

> Wer andern eine Grube gräbt, fällt selbst hinein.

> Der Klügere gibt nach.

> Wenn zwei sich streiten, freut sich der Dritte.

c Überlege, welche Tiere mit welchen »menschlichen Eigenschaften« in deine Fabel passen würden.

d Notiere die Handlung in Stichpunkten.

• **Einen Textentwurf schreiben**

e Schreibe einen Textentwurf, lass einen breiten Rand zum Überarbeiten. Verwende wörtliche Rede und formuliere eine Lehre.

• **Den Entwurf überarbeiten**

f Überarbeite deinen Entwurf. Schreibe die Endfassung und gestalte die Fabel mit Zeichnungen.

g Stellt euch eure Fabeln gegenseitig vor und sammelt sie in eurem Fabelbuch.

 **6** Fabeln gibt es auch in gereimter Form.

• Eine Fabel
vortragen

a Lies folgende Fabel von Jean de La Fontaine (1621–1695).
Versuche, den richtigen Sprechrhythmus zu finden.

Der Frosch und der Ochse

Ein Frosch sah einen Ochsen stehn
von mächt'gem Wuchs auf einer Wiese.
Selbst winzig wie ein Ei, wollt er vor Neid vergehn.
Groß möchte er sein wie dieser Riese!

5 Er bläht sich auf, wird dicker, mehr und mehr.
»He, Schwester«, ruft er, »schau mal her!
Sag, ist es schon so weit? Ich schaff's auf jeden Fall!«
»Ach, keineswegs!« – »Und jetzt?« – »Nie wirst du solch Koloss!«
»Und jetzt?« – »Hör auf!« – »Und jetzt?« – Da gab es einen Knall.
10 Geplatzt war er, der Gernegroß!

Es wimmelt auf der Welt von aufgeblähten Bäuchen.
Ein Schloss möcht sich erbau'n der kleinste Krämer[1] schon,
Gesandte hielte gern sich ein Provinzbaron
Und Pagen[2] jeder Geck[3], um großen Herrn zu gleichen.

[1] Händler
[2] Diener
[3] Angeber

b Übt den Vortrag mit verteilten Rollen und verstellten Stimmen.

c Weise anhand des Textes die Merkmale einer Fabel nach.

d Schreibe den Text in ungereimter Form auf. Achte auf die Wirkung
deiner Textfassung im Vergleich zur gereimten.

Was habe ich
gelernt?

7 Überprüfe, was du über Fabeln gelernt hast. Wähle dazu eine der
folgenden Aufgaben aus.

1 Lies eine Fabel deiner Wahl vor und baue absichtlich einen falschen
Satz ein. Die anderen müssen ihn herausfinden.

2 Wähle zwei Fabeln aus, schreibe diese ordentlich am Computer ab
und zerschneide sie. Deine Mitschüler sollen aus den Puzzleteilen
die Fabeln wiederherstellen.

3 Lies den anderen eine Fabel vor. Ergänze diese mit zwei erfundenen
Lehrsätzen und lass sie den richtigen herausfinden.

Erzählende Texte erschließen

Auf den folgenden Seiten lernst du unterschiedliche Texte über Tiere kennen, auch Fabeln (S. 42–43) und einen Auszug aus einem Kinderbuch (S. 59–60). Diese Texte kannst du gut verstehen, wenn du bestimmte Arbeitsschritte einhältst.

1. Beschreibe, wie der Text beim ersten Lesen auf dich wirkt. Gib wieder, ob du ihn z. B. komisch, traurig, spannend, beeindruckend oder zum Nachdenken anregend findest.

2. Formuliere, was dir an dem Text besonders wichtig erscheint, und erschließe die Textstellen, die dir unklar geblieben sind.

3. Nutze *W*-Fragen, um die Handlung vollständig zu erfassen. *Wer? Wo? Wann? Was? Wie? Warum?*

4. Unterteile den Text in einzelne Handlungsabschnitte und gib jedem Abschnitt eine Zwischenüberschrift. So behältst du den Überblick.

5. Die Figuren der Geschichte kannst du dir besonders gut vorstellen, wenn du zunächst alle Informationen suchst, die im Text über ihr Äußeres enthalten sind. Du kannst eine Figur zeichnen, einen Steckbrief anfertigen oder einen Monolog entwerfen, in dem sich die Figur selbst vorstellt.

6. Finde anschließend heraus, wie die Figuren denken und handeln. Notiere dir Textstellen, in denen das Verhalten der Figuren beschrieben wird oder sie sich selbst einschätzen. Daraus kannst du ihre Eigenschaften ableiten.

Martin Luther

Vom Raben und Fuchs

Ein Rabe hatte einen Käse gestohlen, setzte sich auf einen hohen Baum und wollte zehren. Da er aber seiner Art nach nicht schweigen kann, wenn er isst, hörte ihn ein Fuchs über dem Käse kecken[1], lief hinzu und sprach: »O Rabe, nun hab ich mein Lebtag
5 keinen schöneren Vogel gesehen von Federn und Gestalt, als du bist. Und wenn du auch so eine schöne Stimme hättest zu singen, so sollte man dich zum Könige krönen über alle Vögel.«
Den Raben kitzelte solch Lob und Schmeicheln; er fing an, wollte seinen schönen Gesang hören lassen, und als er den Schnabel
10 auftat, entfiel ihm der Käse. Den nahm der Fuchs behänd, fraß ihn und lachte über den törichten Raben.
Hüt dich, wenn der Fuchs den Raben lobt; hüt dich vor Schmeichlern, die schinden[2] und schaben[3].

[1] das kreischende Geschrei von Rabenvögeln, wie den Krähen und Elstern

[2] jemanden überlisten
[3] rücksichtslos nach Besitz streben

1 Beschreibe, wie die Fabel auf dich wirkt: komisch, lustig, traurig, spannend, interessant.

2 Überprüfe deinen ersten Eindruck. Lies noch einmal und untersuche die Handlung und die Fabeltiere genauer.

→ S. 254 Merkwissen

3 Welche Lehre versteckt sich in der Fabel. Formuliere einen Satz.

4 Mit einfachen geometrischen Figuren kannst du Fabeltiere zeichnen, z.B. einen Fuchs. Fertige mithilfe der Vorlage eine Illustration zu der Fabel an.

5 Suche weitere Fabeln, in denen der Fuchs eine Rolle spielt. Welche anderen Eigenschaften verkörpert er in diesen Fabeln?

Äsop

Der Wolf und das Lamm

Zum gleichen Bach kamen ein Wolf und ein Lamm, um dort zu trinken. Der Wolf stand oben am Wasser, das Lamm ein Stück abwärts.

Der gierige Räuber suchte Streit: »Warum trübst du mir das
5 Wasser, das ich trinken will?« Das Lamm entgegnete zitternd: »Wie kann das sein? Das Wasser fließt doch von dir zu mir herab.« Der Wolf gab sich nicht zufrieden: »Vor einem halben Jahr hast du übel von mir geredet.« »Da war ich noch gar nicht geboren«, versetzte das Lamm. »Dann ist es eben dein Vater gewesen!«,
10 schrie der Wolf, und ohne weiter nach Gründen zu suchen, packte er das Lamm und fraß es.

Gotthold Ephraim Lessing

Der Wolf und das Schaf

Der Durst trieb ein Schaf an den Fluss; eine gleiche Ursache führte auf der andern Seite einen Wolf herzu. Durch die Trennung des Wassers gesichert und durch die Sicherheit höhnisch gemacht, rief das Schaf dem Räuber hinüber: »Ich mache dir doch das
5 Wasser nicht trübe, Herr Wolf? Sieh mich recht an; habe ich dir nicht vor etwa sechs Wochen nachgeschimpft? Wenigstens wird es mein Vater gewesen sein.« Der Wolf verstand die Spötterei; er betrachtete die Breite des Flusses und knirschte mit den Zähnen. »Es ist dein Glück«, antwortete er, »dass wir Wölfe gewohnt sind,
10 mit euch Schafen Geduld zu haben«, und ging mit stolzen Schritten weiter.

1 Vergleicht den Inhalt der beiden Fabeln.
Was hat Lessing geändert?

2 Begründe, warum das Lamm bei Äsop keine Chance hat,
dem Wolf zu entkommen.

3 Schreibe eine eigene Fabel, in der der Wolf am Bach auf ein Tier trifft.

Erzählen

Eine Geschichte nacherzählen

→ S.92 Märchen
lesen und verstehen

→ S.18 Aktiv zuhören

1 Manchmal möchtet ihr etwas, was ihr gehört, gesehen
oder gelesen habt, nacherzählen.
Um das zu üben, probiert das folgende Spiel aus.

Wählt drei Schülerinnen und Schüler aus und schickt zwei von ihnen aus
dem Klassenzimmer. Lest dem Ersten den Beginn eines Märchens vor.
Der Zweite wird hereingerufen. Der Erste erzählt nun dem Zweiten nach,
was vorgelesen wurde. Anschließend wird der dritte Schüler hereingerufen und hört vom zweiten die Nacherzählung des Märchenanfangs.

Hört gut zu, was nacherzählt wird, und beobachtet, wie sich
der Märchenbeginn möglicherweise verändert. Was stellt ihr fest?

**Das Nacherzählen
vorbereiten**

→ S.107 Sagen lesen
und verstehen

2 Die folgende Geschichte – eine Sage – eignet sich gut
zum Nacherzählen.

a Lies sie zuerst still.

Elend

Der Bauer Hippel wollte nach Schierke fahren; er war dort zur
Kindtaufe eingeladen. Der Sohn seines Bruders sollte getauft
werden auf den Namen Ernestus [...]. Der Bauer Hippel fand [...]
den Namen Ernestus unsinnig und hätte gewünscht, dass man
5 dem Jungen einen ordentlichen Namen gegeben hätte, vielleicht
Otto oder Karl. Doch er konnte seinen Willen nicht durchsetzen
und musste sich fügen. Um nun bei dem Taufschmause
des hochfahrenden »Ernestus« wegen nicht gar so trübsinnig
dasitzen zu müssen, hatte er einige Weinfässer auf seinen Wagen
10 geladen. [...]
Schon war man einige Stunden unterwegs und das Ziel der Reise
nahe, da gelangten sie an einen Berg, der steil emporstieg und
sich ihnen wie ein unüberwindliches Hindernis in den Weg stellte.
Der Bauer Hippel stöhnte, das Pferd schnaufte – dann wagten
15 sie den Aufstieg. Zuerst ging alles gut. Das Pferd zog mit letzter
Kraft, Bauer Hippel schob, dass ihm schier die Zunge aus dem
Mund hing.

Als sie aber auf halber Höhe waren, löste sich ein Fass von den
Riemen und holperte zu Tal.

20 Der Bauer, als er das Unheil bemerkte, rief: »Ach, Elend!«
Er hielt das Pferd an und lief dem Fass nach und schob es mit vieler
Mühe wieder den Berg hinauf. Kaum hatte er es auf den Wagen
geladen, wieder festgebunden und das Pferd angetrieben, da löste
sich das zweite Fass und kollerte bergab. Wieder rief der Bauer:

25 »Ach, Elend!«, aber er holte auch dieses Fass zurück, lud es wieder
auf und trieb das Pferd an. Diesmal gelangten sie bis zum Gipfel
und schließlich bis nach Schierke, wo der Bauer Hippel
mit viel Gelärm empfangen wurde.
Als er später von dem Elend erzählte, das ihm widerfahren war,

30 bedauerten ihn alle, und sein Bruder meinte, einem solchen Wein,
der bergab zu Tal liefe, dürfe nicht vergönnt sein, noch länger im
Fass zu schlafen. So wurde ein Fass geöffnet und geleert,
und das zweite Fass wurde auch geöffnet und ausgetrunken.
Nur das dritte Fass hob man zum Taufschmaus auf. [...]

35 Nach Jahren baute sich Bauer Hippel am Fuß des Berges, den seine
Weinfässer herabgerollt waren, ein Haus, denn er wollte
in der Nähe seines Bruders leben. Und zur Erinnerung
an jene Taufe nannte er sein Haus »Elend«.
Später siedelten sich hier noch andere Familien an, der Name

40 »Elend« aber blieb bis zum heutigen Tag.

Berühmte Holzkirche in Elend

b Notiere dir Stichpunkte zum Ablauf der Handlung.

Ort: im Harz, auf dem Weg nach Schierke
handelnde Personen: Bauer Hippel, ...
1. Textabschnitt: Bauer Hippel nach Schierke zur Taufe
...

> ! Wenn du eine **Geschichte nacherzählen** willst, musst du den Text
> genau lesen oder gut zuhören. Teile den Text in Abschnitte ein.
> Notiere dir zu jedem Abschnitt Stichpunkte zum Ablauf der
> Handlung. Achte dabei auf die zeitliche Reihenfolge, auf den Ort
> der Handlung und auf die handelnden Personen und ihre Gedanken
> und Gefühle. Erzähle die Geschichte anschließend mit eigenen
> Worten nach.

**Das Nacherzählen
üben**

c Erzähle nun die Sage nach. Halte dich dabei so genau wie möglich
an den Text. Nutze dazu deine Stichpunkte.

Aus einer anderen Perspektive erzählen

1 Stelle dir vor, Ernestus fragt einige Jahre später seinen Onkel, was damals auf dem Weg zu seiner Taufe passiert ist.

Den Inhalt einer Erzählung planen

→ **S. 57** Texte verfassen

a Lies die Sage aus Aufgabe 2a (S. 44–45) noch einmal und überlege, an welchen Stellen du etwas ändern musst.

b Überprüfe, ob du die Stichpunkte (S. 45, Aufgabe 2b) nutzen kannst.

c Versetze dich in die Situation des Bauern, als die Fässer vom Wagen den Berg hinabrollten, und schreibe in wörtlicher Rede auf, was der Bauer in diesen Momenten gedacht oder gesagt haben könnte.

! Du kannst eine Geschichte so genau wie möglich nacherzählen. Du kannst sie aber auch verändern, z. B. **aus einer anderen Perspektive erzählen:** aus der Sicht des Ich-Erzählers oder der Sie-Erzählerin / des Er-Erzählers. Der **Ich-Erzähler** ist am Geschehen selbst beteiligt. Er erzählt aus seiner Sicht und gibt seine Gedanken und Gefühle wieder. Die **Sie-Erzählerin** / Der **Er-Erzähler** ist nicht selbst beteiligt, sondern beobachtet von außen.

2

Den Textentwurf schreiben

a Schreibe die Sage nun aus der Perspektive des Bauern Hippel als Ich-Erzähler. Nutze dazu deine Vorarbeiten aus Aufgabe 1.

Den Textentwurf überarbeiten

b Überarbeite deinen Textentwurf und schreibe die Endfassung. Stelle deinen Text in der Klasse vor.

Eine Geschichte erfinden

Den Inhalt einer
Geschichte planen
und gestalten

1 Werde selbst Schriftstellerin/Schriftsteller und schreibe Geschichten.
Stelle dein eigenes Geschichtenbuch her.

• Bilder als
Anregung nutzen

a Zunächst brauchst du für die Geschichte eine Idee.
Sieh dir dazu das Foto an. Was könnte hier vorgehen?

• Ein Brain-
storming
durchführen
→ S.56

 **b** Führt ein Brainstorming, also eine Ideensammlung, zum Foto durch.
Stellt euch eure Gedanken gegenseitig vor.

2

• Eine Reizwort-
kette bilden

a Stelle mithilfe des Fotos eine Kette von Reizwörtern zusammen.

Fluss – Hilfe – Hund – …

 b Bildet weitere Wortketten zu dem Foto. Stellt sie euch gegenseitig vor.

3 Ben hat eine Geschichte zur Wortkette aus Aufgabe 2 a entworfen.

a Lies seinen Entwurf.

> Drei Freunde angelten am Fluss. Einer von ihnen, Tony,
> hatte seinen Hund dabei. Sie standen ruhig, ohne zu sprechen,
> um die Fische nicht zu verjagen.
> Plötzlich schreckten sie auf. Was war das? Laute Hilferufe.
> Sie blickten sich verzweifelt an. Ein merkwürdiges Bündel
> trieb auf dem Fluss heran. Ehe sie etwas tun konnten,
> sprang Tonys Hund ins Wasser und zog das Bündel an Land.

• Fragen stellen

b Überlege, wodurch Bens Text ergänzt werden könnte, indem du Fragen an den Text stellst.

Wie hießen die anderen beiden Freunde?
Woher kamen die Hilferufe?
Was dachten …

c Beantworte die Fragen in Stichpunkten und überlege, an welchen Stellen des Textes die Ergänzungen eingefügt werden können.

• Den Beginn einer Geschichte gestalten

4 Überlege jetzt, wie du den Beginn der Geschichte gestalten kannst.

a Lies diese Geschichtenanfänge. Welche Erwartungen wecken sie?

1 Als Ines und Mario bei ihrem Onkel in Mecklenburg zu Besuch waren, wollten sie unbedingt einmal in einem Zelt hinter dem Haus auf einer Wiese übernachten.
   »Gut«, stimmte der Onkel am Ende zu, »aber kommt mir nicht in der Nacht damit an, dass ihr Angst habt!«
2 Gustav Tüftel macht seinem Namen alle Ehre. Wenn er Zeit hat, geht er in den Keller, in dem er allerhand Gerätschaften zusammengetragen hat, an denen er herumbastelt.
   So hat er bereits einen Tropfenfänger für die Nase und einen Schuh mit Sprungfedern unter der Sohle erfunden.
   Schon eilt er wieder in den Keller, denn gerade ist ihm ein neuer Gedanke gekommen.
3 Mareike stöbert bei ihrer Oma auf dem Dachboden gern in alten Kisten. Dabei kramt sie vergilbte Fotos hervor, zieht alte Kleider an oder setzt sich verbeulte Hüte auf.
   Einmal stieß sie beim Stöbern in der Bodenkammer auf eine wurmstichige Truhe. Als sie den Deckel öffnete, entdeckte sie etwas Merkwürdiges.
4 Ich hatte unruhig geschlafen und irgendetwas vom Fliegen geträumt. Als ich aufwachte, erschrak ich, denn ich lag nicht in meinem Bett und auch nicht in meinem Zimmer. Wo war ich nur? Ich rieb mir die Augen. Um mich herum sah alles so anders aus. Es schien mir, als wäre ich in einem fremden Land.

b Untersuche die Geschichtenanfänge genauer.
Ordne sie den im Merkkasten auf S.49 genannten Ideen zu.

> **!** Der **Anfang einer Geschichte** ist wichtig, um die Zuhörer oder Leser
> für die Geschichte zu interessieren.
> Was du am Anfang einer Geschichte schreiben kannst:
> • Vorstellen und Beschreiben der Personen,
> • Schildern einer Situation, in der sich die Personen befinden,
> • Beschreiben des Handlungsortes,
> • Beschreiben der Tageszeit, der Jahreszeit oder des Wetters,
> • Beschreiben wichtiger Gegenstände.

●●● **c** Wähle eine Möglichkeit aus dem Merkkasten und überarbeite den
Beginn von Bens Geschichte (S. 47, Aufgabe 3 a).

• Stoff sammeln
und gliedern

5 Carsten erfindet für seine kleine Schwester eine Geschichte.

a Zur Vorbereitung hat er eine Stoffsammlung angelegt. Seht sie euch
genau an und besprecht in der Klasse, wie sie aufgebaut ist.

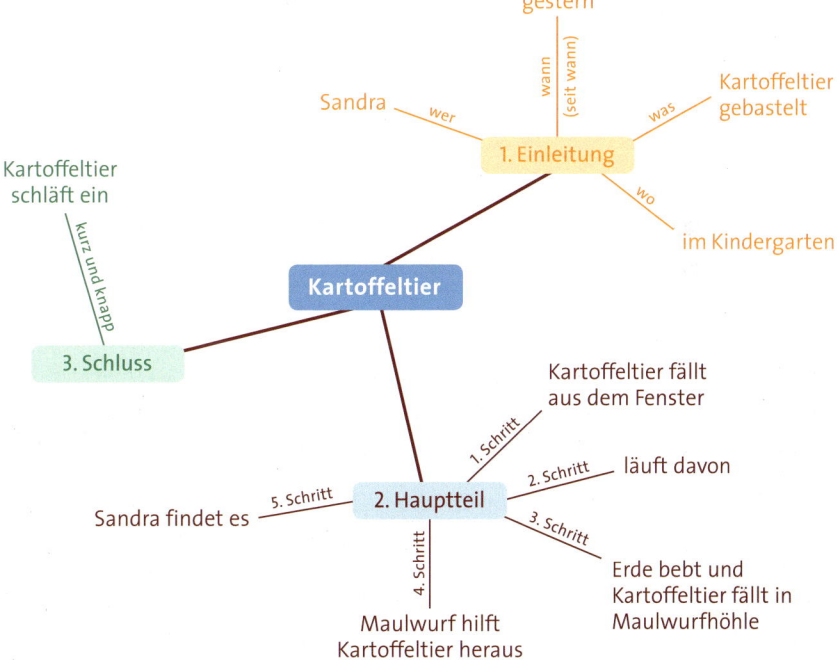

> **!** Um deine Gedanken und Ideen anschaulich darzustellen,
> kannst du eine Übersicht gestalten.
> Diese eignet sich besonders, wenn du eine **Stoffsammlung**
> für deine Geschichte erarbeitest.

b Lies jetzt Carstens Geschichte. Wie gefällt sie dir?
Begründe deine Meinung.

Sandra hat ein Kartoffeltier gebastelt. Sie lässt es auf dem Fenster-
brett stehen. Bei einem Windstoß fällt das Kartoffeltier aus dem
Fenster. Als es unten ankommt, ist es ganz benommen. Aber nachdem es sich erholt hat, läuft es einfach davon. Nach einer Weile
5 kommt es an einen Fluss. Es macht eine Pause. Plötzlich beginnt
die Erde zu beben und gibt unter ihm nach. Das Kartoffeltier fällt
einen Meter tief. Als es sich aufgerappelt hat, sieht es in die Augen
eines Maulwurfs. »Hilfe, ich will hier raus!«, ruft es. »Keine
Angst«, sagt der Maulwurf, »ich helfe dir. Bleib dicht hinter mir,
10 ich werde einen Gang zu dir nach Hause graben.« Und er beginnt
zu graben.
Es dauert nicht lange und er ist an der Oberfläche angelangt.
»Tschüs!«, sagt der Maulwurf zum Kartoffeltier und verschwindet
wieder in der Erde. Nach wenigen Minuten kommt Sandra.
15 »Du kleines, schussliges Ding!«, sagt sie und nimmt das Kartoffeltier mit ins Haus. Dort setzt sie es in ein Regal.
»Puh, das ist noch einmal gut gegangen«, seufzt das Kartoffeltier
erleichtert und schläft ein.

c Vergleiche den Aufbau der Geschichte mit Carstens Stoffsammlung
(Aufgabe a). Was stellst du fest?

• **Wörtliche Rede
gestalten**

6 Carstens Geschichte wirkt durch die wörtliche Rede lebendig.

a Suche einige Beispiele dafür aus seinem Text heraus.

b Gestaltet nun selbst kurze Gespräche zu einer der folgenden
Situationen.

1 Aus Unvorsichtigkeit fährst du mit deinem Fahrrad eine Frau an,
die vom Einkaufen kommt. Welches Gespräch ergibt sich daraus?
2 Zwei Jungen schleichen sich in den Garten des Nachbarn.
Was flüstern sie sich zu?

! Die **wörtliche Rede** verleiht deiner Geschichte Lebendigkeit.
Um die Erzählung anschaulich zu gestalten, bemühe dich auch um
passende Verben und **treffende Adjektive**. Verwende außerdem
unterschiedliche Satzanfänge, z.B.: *plötzlich, jetzt, auf einmal, später,
schließlich* ... Deine Erzählung wird dann abwechslungsreich.

7 Erfindet nun selbst Geschichten.

a Besprecht zuerst gemeinsam, wem und wie ihr eure fertigen
Geschichten vorstellen wollt.

1 Ihr könnt eure Geschichten z.B. kunstvoll gestalten
und in einem Buch zusammenfassen.

2 Ihr könnt auch eine Geschichtenausstellung oder
einen Geschichtenabend organisieren.

TIPP
Wenn du die
Endfassung noch
gestalten willst,
wähle ein
geeignetes Blatt
aus und lass
genügend Platz
für die
Gestaltung.

b Schreibt jetzt eure Geschichten.
Ihr könnt euch dazu etwas Eigenes ausdenken oder
- eine der Wortketten aus Aufgabe 2 (S.47) nutzen,
- Bens Geschichte aus Aufgabe 3 a (S.47) neu schreiben,
- einen Erzählanfang aus Aufgabe 4 a (S.48) auswählen
und weiterschreiben.

So kannst du beim Geschichtenerfinden vorgehen
1. Überlege, warum und für wen du deine Geschichte schreiben
möchtest.
2. Sammle Schreibideen und Themen. Du kannst dich darüber
auch mit deinen Mitschülerinnen/Mitschülern austauschen.
3. Wenn du dich für ein Thema entschieden hast,
plane den Inhalt deiner Geschichte genauer.
- Wie beginnt die Geschichte?
(Wer? Was? Wo? Wann? Warum?)
- Was geschieht in der Geschichte in welcher Reihenfolge?
*(Wer? Mit wem? Was? Wo? Wann? Warum? Wie?
Mit welchen Folgen?)*
4. Schreibe einen Entwurf deiner Geschichte.
5. Überarbeite deinen Entwurf gründlich.
6. Schreibe die Endfassung.

→ S.52 Einen Text
überarbeiten
→ S.259 Merkwissen

Einen Text überarbeiten

1 Zu den Berliner Märchentagen wurden Kinder aufgerufen, Geschichten zu schreiben. Sie sollten erzählen, was sie anstellen würden, wenn sie wie Pippi Langstrumpf tun und lassen könnten, was sie wollen. Die folgende Geschichte hat Jonathan aus der 5. Klasse geschrieben.

a Lies Jonathans Text.

Villa Gartenbunt

Achtung, Fehler!

Alles fing damit an, dass meine Eltern die Ferien dringend im Garten verbringen wollten. Ferien im Garten, ohne Freunde, und nicht einmal ein See in der Nähe! Etwas Langweiligeres kann man sich wirklich nicht vorstellen.

5 Dann kam es aber ganz anders: Meine Mutter musste eine kranke Kollegin vertreten und der Urlaub sollte ganz ausfallen. Dann konnte ich zum Glück meine Eltern überreden, mich wenigstens mit Freunden alleine in den Garten fahren zu lassen. Als wir dann angekommen waren, packten wir zuerst

10 unsere Sachen aus und überlegten, was wir machen könnten. Dann hörten wir ein Rascheln. Wir sahen uns um. Dann fragte jemand: »Kennt ihr das Spiel Sachensucher?« Wer war das? Das kann doch nur Pippi Langstrumpf sein, die das Spiel erfunden hat. Sofort wollten wir mitspielen. Und schon ging's los. Wir gingen

15 durch den Garten, durch das Haus und übers Dach und suchten Sachen. Die meisten Sachen fand natürlich Pippi. Aber nach und nach konnte auch ich einige Sachen einsammeln. Ich hatte einen Tannenzapfen gefunden und einen Stein, außerdem eine Flasche und eine Feder gefunden. Den schönste Sache hatte

20 aber Hugo gefunden, einen Topf. Pippi sagte: »Das ist gut, jetzt können wir süssen Brei kochen.« Und tatsächlich, wie im Märchen gehorchte der Topf aufs Wort und kochte für uns, was wir wollten. Am nächsten Tag wollten wir aber lieber baden, weil es ziemlich heiß war. »Kein Problem«, sagte Pippi. »Ich habe Schaufeln

25 mitgebracht, wir Bauen uns einen Badeteich.« Wir schaufeln los und es dauerte gar nicht lange, bis wir schwimmen konnten. Am nächsten Tag war uns etwas langweilig, da fiel Pippi ein, das Haus bunt zu streichen. Und am nächsten Tag spielten wir Wörtererfinder. Außerdem ritten wir noch ins Dorf und kauften

30 jede Menge Süßigkeiten und Cola.

Es waren die schönsten Ferien, die ich je hatte. Kein Geschimpfe und Gemecker! Den ganzen Tag nur spielen, baden und essen. Und niemand sagte uns, wann wir ins Bett müssen.
Als am Wochenende die Eltern kamen, um uns abzuholen,
35 waren sie ganz erstaunt, wie sich das Haus und der Garten verändert hatten. Sie fanden es aber toll und waren froh, dass wir jetzt einen Badeteich hatten.

b Überlege, was dir an dem Text gut, weniger gut oder gar nicht gefällt.

Über die Aufgabe nachdenken

c Lies die Schreibaufgabe noch einmal und denke darüber nach, ob Jonathan sie erfüllt hat. Begründe deine Meinung.

2 Überarbeite Jonathans Erzählung jetzt schrittweise. Die folgenden Aufgaben helfen dir dabei.

TIPP
Nutze am besten eine Kopie des Textes. Wenn du im Buch arbeiten möchtest, lege eine Folie auf.

1. Lies zuerst die Geschichte noch einmal und kennzeichne alles, was deiner Meinung nach geändert werden sollte.

   Benutze immer die gleichen **Korrekturzeichen**:
I	Inhalt prüfen
V	etwas fehlt
W	unpassende Wortwahl
WW	unpassende Wortwiederholung
S	Satzbau überarbeiten
Z	falsche Zeitform
|	Rechtschreib- und Zeichensetzungsfehler

Den Inhalt überarbeiten

2. Prüfe die Überschrift. Ist sie gut gewählt? Notiere einige Überschriften, die auch geeignet wären.

3. Sieh dir die Einleitung genauer an. Würdest du die Einleitung ändern oder ergänzen? Wenn ja, schreibe deinen Vorschlag auf.

TIPP
Überlege, was du Jonathan gern fragen möchtest.

4. Überlege, an welchen Stellen Jonathan ausführlicher und anschaulicher erzählen müsste, damit die Leserinnen/Leser alles verstehen.

   Mit Freunden allein im Garten – haben die Eltern das sofort erlaubt? …

5. Lies den Schluss der Geschichte gründlich.
   Kannst du dir ein anderes Ende vorstellen?
   Notiere deinen Vorschlag.

Die Wortwahl prüfen

6. Lies den Text laut und achte dabei besonders auf die Wortwiederholungen.
   Unterbreite Vorschläge, welche Wörter Jonathan ersetzen oder weglassen sollte. Begründe deine Meinung.

TIPP
Nutze dazu Wortfelder.
→ S. 219

7. Probiere aus, an welchen Stellen die Geschichte durch anschauliche Verben lebendiger gestaltet werden könnte.

   Wir gingen durch den Garten …
   → laufen, rennen, toben, huschen, hüpfen,
   *   stöbern, tanzen, spazieren, hasten*
   Pippi sagte: „Das ist gut …"
   → …

TIPP
Jonathan hat zwei Verben in der falschen Zeitform verwendet.

8. Überprüfe die verwendeten Zeitformen und korrigiere sie, wenn nötig.

9. Probiere aus, an welchen Stellen die Geschichte durch anschauliche Adjektive lebendiger gestaltet werden kann.
   Du kannst z. B. die folgenden Adjektive in den Text einfügen.

   leise – grün – alt – schön – schwarz – rostig – kunterbunt

   Dann hörten wir ein leises Rascheln.

Den Satzbau kontrollieren

→ S. 190 Satzbau und Zeichensetzung

10. Lies jetzt jeden Satz einzeln und prüfe, ob er vollständig und verständlich ist.
    Achte dabei auch auf die Satzschlusszeichen und die Kommasetzung.

TIPP
Vermeide zu viele gleiche Satzanfänge.

11. Lies den gesamten Text halblaut und überlege, welche Sätze besser miteinander verbunden werden könnten. Dazu kannst du einige der folgenden Satzanfänge nutzen:

Schließlich ...	Endlich ...	Zuletzt ...	Immerhin ...	Plötzlich ...
Manchmal ...	Nachdem ...	Bevor ...	Außerdem ...	Vor allem ...

12. Du kannst die Satzverbindungen durch Weglassen und Umstellen von Wörtern verbessern. Schreibe die Änderungen auf.

<u>Dann</u> fragte jemand: »Kennt ihr das Spiel Sachensucher?«
→ *Jemand* ...
<u>Dann</u> konnte ich zum Glück meine Eltern überreden, ... → *Zum* ...
Wir gingen durch den Garten, durch das Haus und übers Dach und suchten Sachen. → ...
Die meisten Sachen fand natürlich Pippi. → ...

Die Rechtschreibung prüfen

13. Zuletzt kontrolliere die Rechtschreibung. Konzentriere dich auf die Schreibung der Wörter. Markiere oder notiere die Wörter, bei denen du unsicher bist, und schlage sie in einem Wörterbuch nach.

TIPP
Jonathan hat nur zwei Rechtschreibfehler gemacht!

So kannst du beim Überarbeiten eines Textes vorgehen
1. Nach dem Schreiben des Entwurfs lege eine längere Pause ein.
2. Bevor du mit dem Überarbeiten beginnst, bedenke noch einmal, welche Anforderung dein Text erfüllen soll. Frage dich, *für wen, warum* und *was* du schreiben wolltest oder solltest.
3. Lies dann deinen Textentwurf wie ein Fremder, am besten halblaut. Frage dich zunächst nur: Ist die Schreibidee gut? Wie liest sich der Text?
4. Überarbeite deinen Entwurf anschließend Schritt für Schritt:
   • Überarbeite den Inhalt.   • Überprüfe die Wortwahl.
   • Kontrolliere den Satzbau.   • Korrigiere die Rechtschreibung.
5. Schreibe die Endfassung.

Was habe ich gelernt?

3 Überprüfe, was du über das Erzählen gelernt hast. Beantworte dazu die folgenden Fragen.

1 Was muss man beim Nacherzählen beachten?
2 Was muss ich beim Erfinden einer Geschichte beachten?
3 Wozu benötige ich eine Stoffsammlung?
4 Warum sollte ich wörtliche Rede in meine Erzählung einbauen?

Ein Brainstorming durchführen

> **Brainstorming** (engl. *brain* – Gehirn, engl. *storm* – Sturm) ist eine Methode zur Ideenfindung. Du kannst sie bei der Vorbereitung einer Erzählung, einer Beschreibung, eines Berichts oder eines Vortrags nutzen. Ausgehend von einem Bild, einem Begriff, einer Fragestellung oder einem Problem werden möglichst schnell, ohne nachzudenken, damit verbundene Gedanken, Gefühle oder Erlebnisse geäußert und notiert. Sie werden nicht bewertet, weder durch Bemerkungen noch durch Körpersprache (z. B. Naserümpfen oder Kopfschütteln). Nach dem Abschluss des Brainstormings könnt ihr alle Ideen auf ihre Brauchbarkeit testen und unbrauchbare Ideen durchstreichen.

1

a Seht euch das folgende Foto an. Notiert alle Gedanken, die euch beim Betrachten einfallen. Tragt eure Ideen zusammen, ohne sie zu bewerten.

- Sommertag
- sich verstecken
- neugierig
- etwas entdecken
- jemanden beobachten
- …

b Entscheidet jetzt, ob eure Ideen für das Schreiben einer Geschichte brauchbar sind. Streicht unbrauchbare Ideen durch.

Texte verfassen

Wenn man gute, interessante, unterhaltsame Texte schreiben möchte, sind verschiedene **Arbeitsphasen** notwendig. Deshalb sollte man immer genügend Zeit einplanen, um einen Text gründlich **planen, gestalten und überarbeiten** zu können.

So kannst du beim Verfassen von Texten vorgehen:

TIPP
Beachte, für wen und warum du schreibst.

1. Die Schreibaufgabe genau durchdenken	
Für wen möchte ich schreiben?	→ für Mitschüler, Fremde, Bekannte, Verwandte, für mich
Warum möchte ich schreiben?	→ unterhalten, informieren, aus Spaß am Schreiben
Was/Worüber möchte ich schreiben?	→ ein wahres oder erfundenes Geschehen, ein Erlebnis, eine Beobachtung

2. Den Text planen und gestalten	
Ideen, Stoff, Informationen sammeln, ordnen und gliedern	
• Bilder als Anregung nutzen	
• ein Brainstorming durchführen	Außerirdische, Schnee, Unglück, Glück/Pech gehabt, Angst, träumen
• Reizwortketten nutzen	Urlaub – Reise – Eltern – langweilig – Freunde – Abenteuer
• *W*-Fragen stellen: *Wer? Wann? Wo? Warum? Wie? Womit?*	Tom, Tina, Pippi und ich in den letzten Sommerferien ...
• Gedanken in Übersichten darstellen	

Personen: ich, Pippi, ...
Zeit: ...
Ferien mit Pippi
Orte: ...
besondere Ereignisse: allein zu Hause, Spiele, ...

Textteile formulieren

• Anfang und Schluss formulieren	An einem schönen Sommernachmittag geschah etwas Seltsames …/ … Ende gut, alles gut.

3. Einen Textentwurf schreiben

Den gesamten Text schreiben	VILLA GARTENBUNT

4. Den Textentwurf überarbeiten

Die Schreibaufgabe bedenken	*Für wen, warum* und *was* will oder soll ich schreiben?
Den Textentwurf wie ein Fremder lesen	Lies den Text halblaut. Frage dich: *Ist die Schreibidee gut? Wie liest sich der Text?*

Den Entwurf schrittweise überarbeiten

• den Inhalt überarbeiten	Ist die Einleitung gelungen? Was würde ich gern genauer wissen? Passt die Überschrift? …
• die Wortwahl überprüfen	Welche Wörter sollten ersetzt werden? Kenne ich Wörter aus dem Wortfeld?
• den Satzbau kontrollieren	Sind die Sätze vollständig und gut verbunden?
• die Rechtschreibung korrigieren	Welche Wörter sollte ich nachschlagen?

5. Die Endfassung schreiben

Schreibe den ganzen Text neu und nimm alle Überarbeitungen auf. Beachte bei der Gestaltung des Textes, für wen und zu welchem Zweck du schreibst.	*Liebe Frau Herrmann, nachdem wir aus London zurück sind, möchte ich kurz vom Auftritt unseres Chores berichten.*

TIPP
Lass genügend Platz für spätere Überarbeitungen.

TIPP
Lege nach dem Schreiben des Entwurfs eine Pause ein.

TIPP
Benutze immer die gleichen Korrekturzeichen.

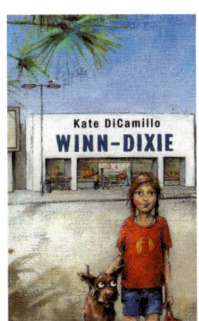

Die 10-jährige Ich-Erzählerin India Opal entdeckt in einem Winn-Dixie-Supermarkt in Florida einen verwaisten Hund, den sie wegen seines bezaubernden Lächelns sofort ins Herz schließt. Eine wunderbare Freundschaft beginnt.

Kate DiCamillo

Winn-Dixie

Ich heiße India Opal Buloni, und letzten Sommer schickte mich mein Vater, der Prediger, in den Supermarkt, um eine Packung Makkaroni mit Käsesauce, etwas Reis und zwei Tomaten zu kaufen. Zurück kam ich mit einem Hund.

5 Und das kam so: Ich ging in die Gemüseabteilung von Winn-Dixies Supermarkt, um die beiden Tomaten auszusuchen, und fuhr mit meinem Wagen um ein Haar in den Filialleiter rein. Der stand da mit rotem Gesicht, schrie und fuchtelte mit den Armen. »Wer hat den Hund reingelassen?«, rief er immer wieder. […]

10 Zuerst hab ich gar keinen Hund gesehen. Nur jede Menge Gemüse, das über den Boden rollte. […] Und Heerscharen von Winn-Dixie-Angestellten, die herumrannten und mit den Armen fuchtelten […].

Dann kam der Hund um die Ecke geschossen. Er war groß. Und

15 hässlich. Und er sah aus, als machte ihm das alles großen Spaß. Die Zunge hing ihm aus dem Maul und er wedelte mit dem Schwanz. Schleudernd kam er zum Stehen und lächelte mich an. Ich hatte noch nie in meinem ganzen Leben einen Hund lächeln sehen, aber genau das tat er. […]

20 Dann wedelte er so heftig mit dem Schwanz, dass er ein paar Orangen von einem Ständer fegte, die in alle Richtungen rollten, zusammen mit den Zwiebeln, den Tomaten und den grünen Paprikaschoten.

Der Filialleiter schrie: »So halte doch einer den Hund fest!«

25 Der Hund lief zu dem Filialleiter hin, wedelte mit dem Schwanz und lächelte. Dann stellte er sich auf die Hinterbeine. Es sah aus, als ob er dem Filialleiter von Angesicht zu Angesicht für den Spaß danken wollte, den er in der Gemüseabteilung gehabt hatte, aber irgendwie warf er dabei den Filialleiter um. […] Der Hund beugte

30 sich ganz besorgt über ihn und leckte ihm das Gesicht ab.

»Bitte«, flehte der Filialleiter. »Es muss einer den Hundefänger holen.«

»Halt!«, rief ich. »Nicht den Hundefänger! Das ist mein Hund!«

[…] Mir war klar, ich hatte etwas Unglaubliches getan, vielleicht
35 auch etwas Dummes. Aber ich konnte nicht anders. […]
»Bei Fuß, Junge«, sagte ich.
Der Hund hörte auf, dem Filialleiter das Gesicht abzulecken,
spitzte die Ohren und sah mich an, als versuchte er, sich zu erinnern, woher er mich kannte.
40 »Bei Fuß, Junge«, wiederholte ich. Und dann fiel mir ein, dass der
Hund – genau wie jeder Mensch – vielleicht gern bei seinem
Namen gerufen werden wollte. Nur dass ich seinen Namen nicht
wusste. Also sagte ich das Erste, was mir einfiel. Ich sagte: »Bei Fuß,
Winn-Dixie.«
45 Und der Hund trottete zu mir herüber, als ob er sein Leben lang
nichts anderes getan hätte.
Der Filialleiter setzte sich auf und sah mich böse an. Wahrscheinlich dachte er, ich wollte ihn veräppeln.
»So heißt er«, sagte ich. »Ehrlich.«
50 […] »Weißt du nicht, dass Hunde im Supermarkt verboten sind?«
»Doch, Sir«, sagte ich. »Er ist aus Versehen hier reingekommen.
Tut mir leid. Es wird nicht wieder vorkommen. Komm, Winn-
Dixie«, sagte ich zu dem Hund.
Ich ging los und er folgte mir den ganzen Weg aus der Gemüse-
55 abteilung, vorbei an den Müsli- und Cornflakesregalen und durch
die Kasse zur Tür hinaus. Als wir draußen in Sicherheit waren,
schaute ich ihn mir genauer an. Er sah wirklich nicht gut aus. Er
war groß, aber mager, seine Rippen staken hervor. Und überall
hatte er kahle Stellen im Fell. Im Großen und Ganzen sah er aus
60 wie ein alter brauner Teppich, den man im Regen draußen
vergessen hatte.
»Du siehst ja richtig schlimm aus«, sagte ich zu ihm. »Ich wette,
du gehörst zu niemandem.«
Und dann gingen wir beide, Winn-Dixie und ich, nach Hause.

1 Überlege, wie Indias Eltern auf den Hund reagieren würden.

2 Suche die Textstellen heraus, in denen Winn-Dixie beschrieben wird.

● ● ● **3** Überlege dir ein lustiges Erlebnis mit Winn-Dixie und schreibe es auf.

Beschreiben

Einen Gegenstand beschreiben

1 Kennst du das Teekesselspiel? Suche Nomen, die zwei unterschiedliche Bedeutungen haben, und beschreibe diese.

Mein Teekessel ist ein Sportgerät.
Mein Teekessel ist eine große Tanzveranstaltung. (Ball)

2

a Bei welcher Gelegenheit wurde dir etwas beschrieben?

b Hast du schon einmal jemandem einen Gegenstand beschrieben? Was musst du dabei beachten?

! Beim **Beschreiben eines Gegenstands** informierst du andere über etwas, was sie nicht kennen oder was sie nach deinen Angaben erkennen sollen. Welche Merkmale für die Beschreibung besonders wichtig sind, hängt davon ab, für wen und warum du den Gegenstand beschreibst.
Beschreibe allgemeine und besondere Merkmale eines Gegenstands.
Allgemeine Merkmale sind Merkmale, die Gegenstände der gleichen Art gemeinsam haben, z. B.: *Alle Fahrräder haben Räder.*
Besondere Merkmale treffen nur auf einzelne Gegenstände zu (Größe, Form, Material, Farbe, Besonderheiten), z. B.: *Mein Fahrrad hat gelbe Reifen.*

3 Lies das folgende Gespräch. Was hätte Michelle gleich tun müssen?

Michelle: Ach, du Schreck, meine Federtasche ist weg! Und darin war mein guter Füller, den ich zum Geburtstag bekommen habe.

Patricia: Geh zum Hausmeister.

Michelle: Herr Neuhaus, meine Federtasche ist weg. Ist sie bei Ihnen abgegeben worden?

Hausmeister: Nun, was hättest du denn gern für eine? Ich habe eine gelbe, eine schwarze, eine rechteckige, eine längliche, eine ...

Den Inhalt planen

4 Trage alle Merkmale zusammen, die notwendig sind,
um Michelles Federtasche genau zu beschreiben.

a Übertrage die folgende Tabelle in dein Heft und ergänze sie.

allgemeine Merkmale	besondere Merkmale
...	Größe: ...

b Lege die Reihenfolge der Beschreibung fest.

5 Nimm aus deiner Federtasche einen Füller. Beschreibe ihn so genau,
dass er unter vielen anderen leicht zu erkennen ist.

a Notiere zuerst die allgemeinen und besonderen Merkmale des Füllers
und überlege, welche Merkmale für deine Beschreibung wichtig sind.

**Einen Entwurf
schreiben**

b Schreibe einen Textentwurf.

c Ein Schüler sammelt wahllos drei Füller ein. Die Besitzer lesen
ihre Beschreibung vor. Wer von ihnen hat am besten beschrieben?
Begründe, warum du diese Beschreibung für gelungen hältst.

**Den Textentwurf
überarbeiten**
→ S.52, 58

d Überarbeite deinen Entwurf und achte dabei besonders auf eine
treffende Wortwahl. Schreibe die korrigierte Fassung in dein Heft.

Texte verfassen
→ S.57

So kannst du eine Beschreibung verfassen
1. Bedenke die Schreibaufgabe.
2. Ordne allgemeine und besondere Merkmale des Gegenstands.
   Beschreibe Größe, Form, Material, Farbe und Besonderheiten.
3. Schreibe einen Entwurf. Lass einen Rand zum Korrigieren.
4. Überarbeite den Entwurf.
5. Schreibe die Endfassung.

6 Du hast trotz Belehrung deine Uhr vor dem Sportunterricht im
Umkleideraum gelassen. Nun ist sie weg. Verfasse eine genaue
Beschreibung für deinen Sportlehrer.

Ein Tier beschreiben

1 Nico hat einen Hund, aber vor Kurzem ist Cäsar weggelaufen.
Der Junge ist traurig. Er bittet seine Schulfreunde, ihm beim Suchen
zu helfen.

Eine Tierbeschrei-
bung untersuchen

a Lies Nicos Beschreibung.

Cäsar ist 5 Jahre alt. Er ist mittelgroß, stämmig gebaut und hat
kurzes Haar, welches hellbraun und ganz pflegeleicht ist.
An der Brust hat er einen weißen Fleck, es sieht aus wie ein
Lätzchen. Seine Pfoten sind ebenfalls weiß. Die Ohren hat er meist
5 spitz nach oben gerichtet. Wenn er bei mir im Kinderzimmer ist,
dann stupst er mich so lange mit seiner Nase an, bis ich mit ihm
spiele. Ich verstecke einen Ball oder einen anderen Gegenstand
und sage: »Such, Cäsar, such!« Cäsar findet immer das Spielzeug.
Sein Gesicht ist ganz faltenreich, der Unterkiefer steht leicht
10 nach vorn.
Manchmal sieht mein Cäsar ganz grimmig aus, aber er ist
ein freundlicher Hund, der sich auch mit Kindern gut versteht.
Nur ärgern oder reizen darf man ihn nicht.

b Zu welcher Hunderasse gehört Cäsar?

TIPP
Merkmale dieser
Hunderasse
findest du in der
Beschreibung.

c Nico will in seinem Wohngebiet eine Suchanzeige aushängen.
Welche Informationen müssen deiner Meinung nach zu Nicos
Beschreibung hinzugefügt werden, welche könnte er weglassen?
Begründe deine Auffassung.

! Beim **Beschreiben eines Tieres** können Informationen zum Aussehen,
zum Verhalten, zur Lebensweise, zum Lebensraum, zur Ernährung
und zu besonderen Fähigkeiten wichtig sein. Welche Angaben
notwendig sind, hängt davon ab, zu welchem Zweck du das Tier
beschreibst.
Verben, Adjektive und Vergleiche helfen beim genauen und
anschaulichen Beschreiben.

2 Patricia war mit ihrer Oma im Tierheim. Diese drei Hunde haben ihr besonders gut gefallen, aber nur einen darf sie mit nach Hause nehmen.

Eine Tierbeschreibung planen

a Wähle einen dieser Hunde aus. Stelle allgemeine und besondere Merkmale für seine Beschreibung zusammen.

b Entscheide, welche Merkmale zur Beschreibung des Hundes genannt werden sollen, und bestimme ihre Reihenfolge.

→ S. 219 Wortfeld

c Stelle Wortfelder zusammen. Achte darauf, dass die Wörter zur Beschreibung eines Hundes genutzt werden können.

sich bemerkbar machen – knurren, …
sich bewegen – …
…

> **!** Ein **Wortfeld** umfasst Wörter mit gleicher oder ähnlicher Bedeutung, z. B.: *sich bemerkbar machen – knurren, bellen, jaulen, kläffen.*

Eine Tierbeschreibung verfassen

d Beschreibe den Hund deinen Eltern, denn du möchtest ihn unbedingt aus dem Tierheim holen. Schreibe zuerst einen Entwurf und überarbeite ihn gründlich.

Einen Weg beschreiben

1 Nicole möchte mit Sandy in die Schwimmhalle gehen. Da Sandy noch nicht lange in Magdeburg wohnt, kennt sie den Weg dorthin nicht.

a Lies Nicoles Wegbeschreibung.

An:	sandy.frisch@schülerfirma.de
Betreff:	Wegbeschreibung

Hi, Sandy,
ich schicke dir schnell noch die Wegbeschreibung, damit nichts schiefgeht. Das Alte Rathaus am Alten Markt kennst du ja schon. Du wendest dich einfach nach links und läufst die schmale Gasse bis zur Kreuzung. Dort biegst du nach rechts in den Breiten Weg ab und dann gleich nach links in die Julius-Bremer-Straße. Die gehst du weiter geradeaus und überquerst die große Otto-von-Guericke-Straße. Dann läufst du die Stresemannstraße weiter bis zur Kreuzung und wendest dich nach rechts in die Brandenburger Straße. Am Ende der Straße musst du nur noch einmal nach rechts in die Virchowstraße abbiegen und schon stehst du nach ein paar Metern vor der Schwimmhalle. Einen Stadtplan hänge ich an.
Ich freue mich schon riesig. Gruß, Nicole

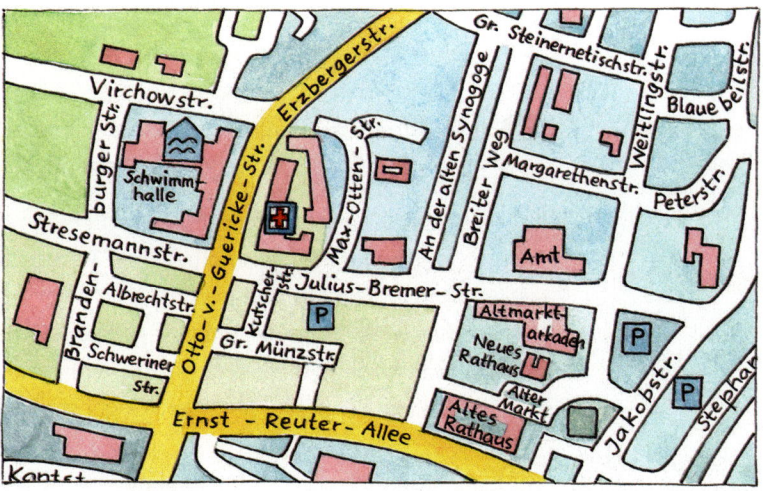

Eine Wegbeschrei-
bung untersuchen **b** Sieh dir den Plan genau an. Wird Sandy den Weg problemlos finden?

> **!** In einer **Wegbeschreibung** musst du Straßennamen, Richtungen und Entfernungen in der richtigen Reihenfolge angeben.
> Besonderheiten an der Strecke, z.B. auffällige Gebäude, dienen als Orientierungspunkte.
> Formuliere kurze Aufforderungssätze und füge als Hilfe einen Stadtplan oder eine Skizze bei.

c Schreibe alle Wörter und Wortgruppen aus der Wegbeschreibung in Aufgabe a heraus, die eine Richtung oder Ortsangabe beinhalten.

→ S.219 Wortfeld

2 Bilde Wortfelder zu den folgenden Verben.

gehen – laufen, abbiegen, …   *sehen – …*
fahren – …

Eine Wegbeschreibung verfassen

3 Suche dir auf der Karte (S.65, Aufgabe 1a) einen Startpunkt und ein Ziel, ohne sie den anderen zu nennen. Beschreibe den Weg. Gehe dabei so vor:
- Überlege dir zuerst, worauf du besonders achten musst.
- Schreibe einen Entwurf und überarbeite ihn.

TIPP
Überprüfe besonders, ob deine Angaben in der richtigen Reihenfolge angeordnet sind.

4 Dein neuer Freund aus dem Sportverein will dich und deinen Heimatort näher kennen lernen. Beschreibe ihm deinen Schulweg oder den Weg zu einem Museum, zum Kino oder zum Fußballplatz.

Was habe ich gelernt?

5 Überprüfe, was du über das Beschreiben gelernt hast. Beantworte dazu die folgenden Fragen.

1 Was musst du beachten, wenn du einen Gegenstand beschreibst?
2 Welche Merkmale sind bei einer Tierbeschreibung wichtig und wovon hängt das ab?
3 Was solltest du bei einer Wegbeschreibung beachten?
4 Was ist dir in diesem Kapitel schwergefallen? Warum?
5 Welche der Beschreibungen (Gegenstand, Tier, Weg) fallen dir leicht?

Sachtexte erschließen

Auf den Inhalt eines Textes schließen

1 In der Schule und in deiner Freizeit stößt du manchmal auf Fragen, die du nicht sofort beantworten kannst. Du musst dir Informationen beschaffen. Diese findest du oft in Sachtexten.

a Lies die Begriffserklärung im Merkkasten und fasse anschließend mit deinen Worten zusammen, was Sachtexte sind.

> **!** **Sachtexte** sind Texte, die über ein Thema informieren. Sie dienen der Wissensvermittlung und liefern sachliche Informationen, z. B. über Gegenstände, Ereignisse, Sachverhalte oder Probleme.

b Erklärt, worin sich ein literarischer Text (z. B. Gedicht, Erzählung, Kinderbuch) von einem Sachtext unterscheidet. Notiert dazu einige Stichpunkte.

> **!** Um Antworten auf eine Frage oder Informationen zu einem Thema zu finden, brauchst du geeignete Sachtexte. Da du nicht alle immer gründlich lesen kannst, musst du dir schnell einen Überblick über ihren Inhalt verschaffen. Oft kannst du bereits **aus der Überschrift auf den Textinhalt schließen**.

Vermutungen über den Textinhalt anstellen

2

a Lies die Überschrift des Textes auf S. 68 und sage, welchen Textinhalt du erwartest.

b Sieh dir auch die Abbildung zum Text an. Bestätigt sie deine Vermutung, worum es in dem Text gehen wird?

c Sieh dir den Text genauer an. Woran kannst du dich außerdem schnell orientieren?

d Lies nun den Text und überprüfe, ob deine Vermutungen richtig waren.

Maikäfer

Maikäfer sind nicht nur die größten Käfer Europas mit drei Zentimeter Körperdurchmesser. Sie sind auch findige Flugkünstler.
Bevor sie vom Blatt abheben, pumpen sie ihre Körperzellen mit
Luft auf. Dann öffnen sie ihre braunen Deckflügel, unter denen die
5 weichen Unterflügel liegen. Mit diesen schwingen sie ganz heftig,
sodass sie beim Gleiten auch Antrieb bekommen.

Sommerbote
Der Maikäfer ist ein echter Sommerbote. Vor allem die Bauern
verkündeten früher anhand der Zahl gesichteter Maikäfer den
10 Jahreszeitenwechsel. Da die Maikäfer zwischen April und Mitte Juni
ausschwirren, werden sie häufig mit dem Junikäfer verwechselt.

Nahe Verwandte: der Junikäfer
Der Junikäfer ist ein naher Verwandter des Maikäfers. Beide Käfer
gehören zur Familie der Blatthornkäfer. Während der Maikäfer
15 nussbraune Flügel hat, leuchten die des Junikäfers in unterschiedlichen Farben: in Rotbraun, Schwarz oder Dunkel.

Ein anspruchsvoller Vegetarier
An lauen Abenden des Frühjahrs schwärmen die Maikäfer in Laub-
wäldern aus. Mit ihren Fühlern, die an den Enden zu Fächern mit
20 bis zu 50 000 Geruchssensoren ausgebildet sind, riechen sie die
besten Futterplätze aus der Luft. Ihre Lieblingsspeise: zarte, grüne
Blätter von Buchen, Eichen, Birken und Obstbäumen, wovon sie
nie genug bekommen können.

Leben unter der Erde
25 Mit vollem Bauch paaren sich dann die Männchen mit den Weibchen. Die Weibchen legen danach 10 bis 100 drei Millimeter große
Eier im locker sandigen Boden ab. Nach vier bis sechs Wochen
schlüpfen die Engerlinge, so nennt man die Larven der Maikäfer.
Sie haben zwei kräftige Beißzangen, einen dicken Hinterleib und
30 sind weißgelb. Drei bis vier Jahre ernähren sich die Engerlinge im
Boden von zarten Wurzelspitzen und verpuppen sich im Herbst
des dritten Jahres. Mit Beginn des Frühjahrs legen sie das Puppen-
kleid ab und kriechen als fertige Maikäfer aus den Erdhöhlen.

Wieder unterwegs in Wald und Feld
35 Maikäfer leben auf Feldern und im Wald. Eine Zeit lang waren sie
verschwunden. Zwischen 1950 und 1972 waren sie wegen eines
inzwischen verbotenen Insektengiftes beinahe ausgerottet. Doch
jetzt schwärmen sie wieder aus.

! Um bereits vor dem Lesen Vermutungen über den Textinhalt anstellen zu können, suche nach folgenden **Orientierungshilfen**:
- Verrät dir die *Überschrift*, worum es in dem Text geht?
- Gibt es *Teilüberschriften*, die Hinweise auf den Textinhalt geben?
- Sind *Wörter hervorgehoben*, die die Orientierung im Text erleichtern?
- Gehören *Fotografien* oder *Abbildungen* zum Text, die Vermutungen über den Inhalt zulassen?

3

a Lest die Überschrift des Textes in Aufgabe 4 a (S. 70).
Welche Erwartungen an den Inhalt habt ihr?
Tauscht euch darüber aus.

! Nicht immer ist der Inhalt eines Textes aus seiner Überschrift erkennbar. Dann musst du dir einen Überblick über den Textinhalt verschaffen, indem du ihn **mit den Augen überfliegst**, ohne jedes Wort zu lesen.

Den Text überfliegen

b Sieh dir die folgenden Abbildungen an.
Sie zeigen dir, wie du einen Text überfliegen kannst.

  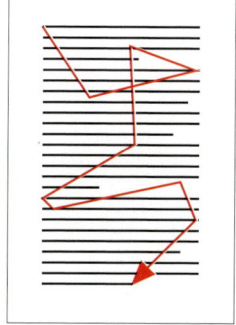

Diagonallesen   Slalomlesen   Zickzacklesen

c Probiere alle drei Arten des Überfliegens aus.
Nutze dazu den Text auf Seite 68.
Welche Art des Überfliegens fällt dir am leichtesten?

a Um genauere Vermutungen über den Inhalt des Textes anstellen zu können, überfliege nun den folgenden Text mit den Augen.

Perfekt angepasst an das Leben in der Wüste

Bei großen Dürren sterben in Kenia die Wildtiere in den Naturparks. Sie finden kein Wasser zum Trinken und auch kaum mehr ein Blättchen an den Bäumen. Ihr Buschland sieht dann aus wie eine Wüste. Es gibt aber auch Tiere, die ohne Wasser auskommen.
5 Oryx-Antilopen, auch Spießböcke genannt, sind perfekt an das Leben in der Wüste angepasst.
In ihrer Heimat Namibia kann es im Schatten bis zu 50 Grad heiß werden. Spießböcke halten das aus. Ihre Körpertemperatur steigt tagsüber auf bis zu 45 Grad an. Jedes andere Säugetier würde bei
10 dieser Hitze sterben. Doch Spießböcke bewahren trotzdem einen kühlen Kopf. Sie haben eine Art eingebaute Klimaanlage: Diese kühlt das Blut ab, bevor es zum Hirn fließt. Nicht einmal trinken müssen Spießböcke! Sie behelfen sich, indem sie nachts auf Nahrungssuche gehen. Dann haben die Pflanzen mehr Wasser
15 gespeichert. Allein das Wasser aus der Nahrung genügt den Tieren zum Überleben.

b Welche Art des überfliegenden Lesens hast du benutzt?

TIPP
Kläre unbekannte Begriffe mithilfe des Textes oder schlage sie nach.

c Lies den Text jetzt genau. Fasse kurz zusammen, was über Oryx-Antilopen mitgeteilt wird.

d Schreibe mindestens zwei passende Überschriften zum Text auf.

a Bemühe dich, beim Lesen lange Wörter und umfangreiche Wortgruppen auf einen Blick zu erfassen. Orientiere dich an der Mittellinie.

Hasel	Angel
Haselnuss	Angelschein
Haselnusskuchen	Angelscheinprüfung
Haselnusskuchenbäcker	die Angelscheinprüfung bestehen
Haselnusskuchenbäckermeister	Ich habe die Angelscheinprüfung bestanden.

b Bemühe dich, beim Lesen Bedeutungseinheiten zu erfassen.
Bedeutungseinheiten sind Gruppen von Wörtern,
die in ihrer Bedeutung eng miteinander verbunden sind.

Kann man unter Wasser riechen?

Im Wasser gibt es einiges zu riechen – nur für uns Menschen nicht.
Dazu müssten wir nämlich einatmen. Und das ist keine gute Idee,
wie wahrscheinlich jeder noch vom letzten Besuch im Schwimm-
bad weiß. Fische haben damit natürlich kein Problem, denn die
5 atmen durch Kiemen. Trotzdem haben sie auch Nasen, die ausschließlich dazu dienen, Gerüche wahrzunehmen. Zum Beispiel:
Wo gibt es etwas zu fressen? Haie können auf eine große Entfer-
nung Blut riechen. Die Nase ist für Fische aber auch ein wichtiges
Warnsystem. Bei dem Geruch eines verletzten Tieres flüchten die
10 Fische aus Angst, angegriffen oder gefressen zu werden. Allerdings:
Ganz ohne Wasser könnten auch wir Menschen keinen Geruch
erkennen. Jeder Duft, der uns durch die Luft erreicht, ist eine
chemische Verbindung. Und die wird erst einmal gelöst in einer
hauchdünnen wässrigen Schicht an der Nasendecke.

Den Inhalt eines Textes erfassen

! Wenn du beim Lesen **Antwort auf eine bestimmte Frage** suchst,
überfliege den Text zuerst und kennzeichne die Stelle, die die
Antwort enthält (z.B. am Rand oder mit einem Textmarker). Bevor du
mit dem Überfliegen des Textes beginnst, solltest du dir überlegen,
auf welche **Schlüsselwörter** du achten willst. Schlüsselwörter sind
wichtige Wörter zum Thema.

**Schlüsselwörter
bestimmen**

1 Du suchst Informationen zu Spießböcken.

a Stelle eine Liste mit Schlüsselwörtern zusammen, die du suchen willst.

**Antworten auf
Fragen suchen**

b Suche im Text von Aufgabe 4a (S.70) den Abschnitt heraus,
der Antwort auf die Frage »Warum halten Spießböcke die hohen
Temperaturen in der Wüste aus?« gibt.
Nutze dazu deine Schlüsselwörter.

c Lies den Abschnitt genau. Schreibe Stichpunkte zur Beantwortung
der Frage heraus.

 **2** Du suchst Antwort auf die Frage »Warum übernehmen Esel heute neue Aufgaben?« und hast folgenden Text gefunden.

Schlüsselwörter bestimmen

a Stelle vor dem überfliegenden Lesen Schlüsselwörter zusammen, nach denen du suchen willst.

Den Text überfliegen

b Überfliege den Text und suche nach den Schlüsselwörtern. Markiere die Stellen, die dir helfen, die Frage zu beantworten.

Esel als Hirten und Therapeuten

Seit es in der Landwirtschaft Maschinen gibt, wurden Esel in den meisten Ländern als Lastenträger und Zugtiere in den Ruhestand geschickt. Packesel gibt es heute eigentlich nur noch in den ärmeren Mittelmeerländern und in Afrika. Aber Esel können viel
5 mehr als Lasten schleppen: Sie besitzen nämlich ein hervorragendes Gedächtnis und lernen sogar schneller als Dressurpferde. Deshalb haben die Bauern in Amerika eine neue verantwortungsvolle Aufgabe für die Esel gefunden: Ihre angeborene Angst vor wilden Raubtieren, gepaart mit einem feinen Gehör und Geruchs-
10 sinn, macht Esel zu idealen Viehhirten. Sobald der Herde Gefahr droht, legt ein Esel die Ohren an und ruft mit lautem Geschrei den Bauern herbei. Sein durchdringender Ruf ist auch aus weiter Ferne gut zu hören. Und noch etwas: Der Wachesel kann seine Stimmbänder auch beim Einatmen schließen. So muss er nicht
15 einmal eine Pause machen, um Luft zu holen, während er »iah!« schreit.
Auch in Deutschland übernehmen Esel ehrenvolle Aufgaben. Zum Beispiel helfen sie in der Eseltherapie behinderten Menschen dabei, sich in Geduld zu üben und mutiger zu werden. Denn Esel
20 gehorchen den Menschen nie blind. Wer ihr Vertrauen gewinnen möchte, muss zuerst ihre Körpersprache studieren: Sind die Ohren eines Esels aufmerksam nach vorne gerichtet, ist er neugierig. Dreht er aber die Ohren nach außen und stellt sie auf, signalisiert er Angst. Während der Therapie erfahren die Patienten, dass Esel-
25 schnauzen weich sind und nicht zuschnappen. Am Ende trauen sich auch die Schreckhaftesten unter ihnen, eine kleine Runde auf dem Rücken der Esel zu drehen.

Antworten auf Fragen suchen

c Lies die markierten Stellen gründlich. Beantworte die oben gestellte Frage, indem du Stichpunkte aus dem Text herausschreibst.

a Überfliege den folgenden Text und nenne das Thema, um das es geht.

Angefangen hat alles vor langer Zeit am Nordpol bei den Eskimos
oder Inuit, wie sie sich selbst nennen. Dort im ewigen Eis gab es
keine Pferde, Ochsen oder Esel, die den Menschen bei der Arbeit
helfen konnten – die wären bei der Kälte nämlich auf der Stelle
5 erfroren! Es gab aber wilde Hunde mit dickem Fell. Diese Hunde
wurden von den Ureinwohnern wie Pferde vor die Schlitten
gespannt. Die Schlittenhunde waren schnell, kräftig, ausdauernd
und fraßen das, wovon es im ewigen Eis viel gab: Robbenfleisch.
Dann kamen Europäer auf der Suche nach neuem Land und Gold.
10 Zum Zeitvertreib veranstalteten sie die ersten Rennen mit Schlit-
tenhunden.
Mit der Zeit lösten die Eisenbahn, die Motorschlitten und
die Flugzeuge die Hundeschlitten als Transportmittel ab. Also
wurden Schlittenhunde eigentlich überflüssig.
15 Wären da nicht die Rennen gewesen. Von nun an wurden
die Hunde aus sportlichen Gründen vor den Schlitten gespannt,
damit ehrgeizige Männer und Frauen um die Wette fahren
konnten. Und das nicht nur in Alaska oder Sibirien. Jedes Jahr
finden auch in Europa Wettrennen über unterschiedliche
20 Entfernungen statt. Ein Schlittenhund muss für so ein Rennen
sehr fit sein. So schaffen es gut trainierte Hunde, innerhalb von
24 Stunden einen Schlitten über 200 Kilometer weit zu ziehen.

Rennen in Elend (Harz)

b Beschreibe das Leben der Hunde am Nordpol vor langer Zeit
(Zeilen 5 – 11).

c Stelle Schlüsselwörter zu jeder Frage zusammen und suche
die Textstellen heraus, die die Antwort geben.

1 Warum konnten den Menschen am Nordpol keine Pferde,
Ochsen oder Esel bei der Arbeit helfen?
2 Wie weit kann ein gut trainierter Hund den Schlitten
in 24 Stunden ziehen?
3 Wo finden heute Schlittenrennen statt?
4 Wie nennen sich die Menschen, die am Nordpol wohnen?
5 Wodurch wurden die Schlittenhunde abgelöst?

d Beantworte die Fragen aus Aufgabe c mithilfe des Textes.
Notiere Stichpunkte in deinem Heft.

> **!** Um einen Sachtext genauer zu verstehen, ist es oft wichtig, seinen
> **Aufbau** zu **erfassen**. Das heißt, du musst herausfinden, welche
> Gedanken der Autor aneinanderreiht. Oft beginnt ein neuer Gedanke
> mit einem neuen Abschnitt. Die Inhalte der Abschnitte ergeben
> dann den Gedankengang.
> Den Inhalt der Abschnitte kannst du gut erfassen, indem du
> Teilüberschriften suchst oder selbst formulierst.

Den Text überfliegen

5

a Über welches Thema informiert der folgende Text? Überfliege ihn.
Notiere eine Überschrift, die bereits auf das Thema hinweist.

Die meisten Faultierarten leben in den Regenwäldern im Südosten
Brasiliens, z.B. Kragenfaultiere. Diese werden etwa einen halben
Meter groß und wiegen fast vier Kilogramm. Alle Faultiere haben
ein besonderes Fell: Es ist vom Bauch bis zur Brust gescheitelt, die
5 Haare wachsen dort zu den Seiten – also umgekehrt wie bei
anderen Tieren. So läuft Regenwasser besser ab!
Faultiere verbringen beinahe ihr gesamtes Leben im Hängen, mit
dem Rücken nach unten. Ihr Körper ist perfekt daran angepasst:
Die langen Arme und Beine sind mit sichelartigen Krallen ausge-
10 rüstet, die so stark sind, dass die Tiere selbst im Schlaf nicht vom
Ast plumpsen. Ja, sie fühlen sich so sicher, dass sie nicht einmal
zur Geburt ihrer Jungen ein Nest bauen oder vom Baum steigen.
Wenn die Wehen beginnen, lässt sich das Weibchen an den Armen
von einem Ast herunterbaumeln, bis das Kleine auf der Welt ist.
15 Das junge Faultier hat selbst schon so starke Krallen, dass es sich
gleich an Mutters haarigen Bauch klammert. Dort bleibt es die
nächsten neun Monate, bis es auf eigenen Füßen steht. Oder, besser
gesagt, an eigenen Krallen hängt.
Und was geschieht, wenn ein Faultier doch mal runter auf den
20 Boden klettern muss – etwa, weil der nächste Futterbaum zu weit
weg steht, um ihn über die Baumkronen zu erreichen? Dann sieht
der Hänger aus wie ein Häufchen Elend. Denn ein Faultier kann
auf seinen langen Gliedmaßen und krummen Krallen nicht
laufen. Unbeholfen liegt es auf dem Bauch und zieht sich mühsam
25 mit den Armen vorwärts. Erst wenn es bei dem neuen Baum angekommen ist, wirkt es wieder zufrieden. Ganz langsam kraxelt es
hinauf. Und muss dann vor Erschöpfung erst einmal stundenlang
schlafen.

Teilüberschriften finden

b Lies den Text abschnittweise und formuliere für die einzelnen Abschnitte Teilüberschriften in Form einer Frage.

Textabschnitte ordnen

6 Hier ist die Reihenfolge des Textes durcheinandergeraten. Bringe die Abschnitte wieder in die richtige Abfolge.

> Diese Aufgabe besteht darin, sich zu vermehren.

> Am Anfang der Wespensaison im Mai baut die Königin ein Nest, legt Eier und zieht Arbeiterinnen heran.

> Gegen Ende der Saison im Oktober suchen sich die befruchteten Jungköniginnen ein Winterquartier.

> Spätestens beim ersten Frost sterben die Arbeiterinnen, auch die alte Königin stirbt.

> Diese übernehmen den weiteren Nestbau und die Nahrungssuche.

> Deshalb sind sie in dieser Zeit uns Menschen besonders lästig.

> Wespen leben in Insektenstaaten, die nur eine Aufgabe haben.

> Die Arbeiterinnen haben dann nichts zu tun.

Textinhalte zusammenfassen

Oft ist es nötig, den **Inhalt eines Textes zusammenzufassen**.
Dabei hilft dir die Beantwortung folgender Fragen:
- Welches Thema wird im Text behandelt?
- Sind Teilthemen erkennbar?
- Welche Hauptinformation liefert der Text?
- Welche wesentlichen Informationen werden dazu gegeben?

Den Text überfliegen

a Überfliege den folgenden Text und nenne das Thema.

Die Ringelnatter bringt keine lebendigen Jungen zur Welt. Sie legt
Eier in Laub- oder Komposthaufen. In deren Wärme werden die 20
Eier ausgebrütet. Die Ringelnatter ist eine ganz harmlose Schlange.
Sie hat zwei gelbe Halbmonde am Hinterkopf. Der Rücken ist grau,
5 die Unterseite schwarz-weiß gewürfelt. Die Ringelnatter mag das
Wasser und lebt an den Ufern von Gewässern. Sie liegt dort gerne
in der Sonne. Kommt jemand vorbei, dann verschwindet sie blitzschnell im Wasser. Diese Schlange kann sehr gut schwimmen und
ernährt sich von Fröschen und kleinen Fischen. Kann die Ringel-
10 natter bei Gefahr nicht fliehen, dann zischt sie und scheidet eine
stinkende Flüssigkeit aus.

b Notiere eine passende Überschrift für den Text, die bereits auf das Thema hinweist.

Wichtige Informationen finden

c Lies den Text genau und notiere nur die wichtigsten Informationen in Stichpunkten.

Die Hauptinformation formulieren

d Schreibe die Hauptinformation des Textes in einem Satz auf.

e Schreibe eine Zusammenfassung des Textes. Nutze dazu die Angaben aus dem Merkkasten oben.

 **2** Im folgenden Text geht es um die Lebensweise und das Aussehen des Blauring-Kraken.

Textabschnitte zusammenfassen **a** Lest den Text abwechselnd Abschnitt für Abschnitt laut und tragt jeweils mündlich zusammen, worum es geht.

Der Blauring-Krake

Der schöne Blauring-Krake mag harmlos aussehen, sein Gift macht ihn jedoch zu einem der gefährlichsten Geschöpfe dieser Erde. Er erreicht ausgestreckt einen Durchmesser von nur etwa 15 Zentimetern, also etwa so groß wie eine Tauchermaske.

[1] Tier ohne Skelett

5 [...] Die etwa zehn Arten dieses winzigen Weichtiers[1] aus den Küstengewässern Australiens beißen ihre Opfer und spritzen Gift in die Wunde. Auch für den Menschen kann das Gift dieser Tiere tödlich sein.

Der Blauring-Krake hat einen kleinen kugeligen Körper und acht

10 lange Fangarme rund um sein scharfes, schnabelartiges Maul. Jeder Arm trägt zwei Reihen Saugnäpfe, mit denen der Krake seine Beute festhält.

Auf der Bauchseite hat das Tier einen wassergefüllten, muskulösen Beutel, den man Mantelhöhle nennt. Indem der Krake das Wasser

15 aus der Mantelhöhle presst, kann er sich schnell aus Gefahrenzonen entfernen.

[...] Mitunter spritzt er eine Wolke tintenähnlicher Flüssigkeit ins Wasser. Dieser „Sichtschutz" hält die Gegner auf, während der Krake blitzschnell die Flucht antritt.

20 [...] Fühlt er sich in Gefahr, leuchten seine Ringe in intensivem Blau, um damit Feinde abzuschrecken. Verliert er auf der Flucht gar einen seiner Arme, wächst unter Umständen ein neuer nach.

b Fasse die Abschnitte jeweils in ein bis zwei Sätzen zusammen.

1. Der Blauring-Krake ist eines der gefährlichsten Tiere der
*   Welt. Er wird ungefähr 15 Zentimeter groß.*
2. ...

Was habe ich gelernt? **3** Überprüfe, was du über das Erschließen von Sachtexten gelernt hast. Beantworte dazu die folgenden Fragen.

1 Wie kann ich schnell auf den Inhalt eines Textes schließen?

2 Warum helfen mir Schlüsselwörter beim Erfassen eines Textes?

**Den Text
überfliegen**

1 Überfliege den folgenden Text und erfasse das Thema.
Notiere eine Überschrift, die auf das Thema des Textes hinweist.

Sicher sind dir Menschen bekannt, die unter einer Allergie leiden.
Vielleicht bist du aber auch selbst davon betroffen? Dann sind
die folgenden Informationen für dich besonders interessant.
Sie sollen das Wissen und das Verständnis für diese Erkrankung
5 erweitern.
Bei einer Allergie weicht die Reaktion des Körpers auf bestimmte
körperfremde Stoffe vom normalen Verhalten ab. Die allergieauslösenden Stoffe nennt man Allergene. Diese befinden sich
zum Beispiel in Gräserpollen, in verschiedenen Nahrungsmitteln
10 oder im Kot der Hausstaubmilben. Der Körper hält diese Allergene
für eine Bedrohung und wehrt sich. Die Allergie ist also eine krank
machende Überempfindlichkeit des Körpers auf bestimmte
Allergene.

Eine Allergie zeigt sich am häufigsten mit
15 tränenden Augen und laufender Nase. Auch die
Atmungsorgane können betroffen sein und in
schweren Fällen droht Atemnot. Die Haut kann
mit Ausschlägen, Schwellungen und Juckreiz
reagieren. Vor allem dieser Juckreiz macht den
20 Betroffenen sehr zu schaffen, da sie nicht zur
Ruhe kommen können. Auch andere Körperteile
sind betroffen.
So können die Gelenke mit Schwellungen
reagieren oder auch mit Schmerzen. Auch der
25 Magen, Darm oder der ganze Bauch können
wehtun, dem Betroffenen ist übel oder er neigt
zu Durchfällen. Nicht selten treten bei einem Allergiker mehrere
Allergieformen gleichzeitig auf.
Wurde eine Allergie erkannt, sollte diese unbedingt behandelt
30 werden. Die wichtigste Methode ist das Vermeiden. Das heißt, die
oder der Betroffene muss verhindern, mit dem Allergen in Kontakt
zu kommen. Da das nicht immer funktioniert, ist es gut, dass es
viele hilfreiche Medikamente gibt. Auch kann man eine »Allergieimpfung« vornehmen lassen. Sie bewirkt, dass die allergische
35 Reaktionsbereitschaft geschwächt oder sogar ganz aufgehoben
wird.

Teilüberschriften finden

2 Erfasse den Gedankengang des Textes.

a Lies den Text dazu abschnittsweise. Stelle zu jedem Abschnitt eine Frage, die durch den Text beantwortet wird. Formuliere aus der Frage eine Teilüberschrift.

 b Überlege, warum der Autor seinen Text nicht gleich mit dem zweiten Abschnitt begonnen hat. Notiere mindestens einen Grund.

Einzelne Informationen finden und Fragen beantworten

3 Beschäftige dich jetzt genauer mit dem Inhalt des Textes.

a Ein Schlüsselwort im Text ist das Wort *Allergie*. Unterstreiche im Text alle Wortgruppen, die den Begriff erklären.

TIPP
Wenn das Buch nicht dir gehört, lege zum Arbeiten eine Folie über den Text.

b Entscheide dich für eine Erklärung des Wortes *Allergie* und schreibe sie in dein Heft.

c Was ist ein Allergen? Suche den Satz im Text, der diesen Begriff erklärt, und schreibe ihn in dein Heft.

4

a Suche den Abschnitt, der beschreibt, welche Beschwerden Allergien hervorrufen können.

b Unterstreiche alle genannten Körperteile, die betroffen sein können.

c Übertrage die folgende Tabelle in dein Heft. Schreibe die Körperteile untereinander in die linke Spalte.

Körperteile	Beschwerden
...	...

d Ergänze in der rechten Spalte der Tabelle, wie sich die Allergie bemerkbar macht.

e Suche aus dem Text heraus, wie man Allergien behandeln kann. Schreibe die Behandlungsmethoden in dein Heft.

Mit Gedichten umgehen

Ein Gedicht vortragen

1 Lies die folgenden Gedichte.

Eduard Mörike

Er ist's

Frühling lässt sein blaues Band
Wieder flattern durch die Lüfte;
Süße, wohlbekannte Düfte
Streifen ahnungsvoll das Land.
Veilchen träumen schon,
Wollen balde kommen.
– Horch, von fern ein leiser Harfenton!
Frühling, ja du bist's!
Dich hab ich vernommen!

Eugen Roth

Der Baum

Zu fällen einen schönen Baum,
braucht's eine Viertelstunde kaum.
Zu wachsen, bis man ihn bewundert,
braucht er, bedenkt es, ein Jahrhundert.

Theodor Fontane

Mittag

Am Waldessaume träumt die Föhre,
Am Himmel weiße Wölkchen nur,
Es ist so still, dass ich sie *höre*,
Die tiefe Stille der Natur.

Rings Sonnenschein auf Wies' und Wegen,
Die Wipfel stumm, kein Lüftchen wach,
Und doch, es klingt, als ström ein Regen
Leis tönend auf das Blätterdach.

 a Tauscht euch darüber aus, wie die Dichter die Natur erleben.

b Vergleiche die Aussagen der Gedichte mit deinen eigenen Erfahrungen. Beschreibe, was du gefühlt, was du Neues entdeckt hast.

2 Trage zusammen, was du bereits über Gedichte weißt.
Was ist das Besondere an einem Gedicht? Wie ist es aufgebaut?

! In einem **Gedicht** möchte der Autor seine Gedanken und Gefühle ausdrücken, dabei verwendet er oft sprachliche Bilder.
Gedichte kann man in Strophen unterteilen, die aus mehreren Versen (Gedichtzeilen) bestehen. Gedichte haben einen bestimmten Rhythmus und können sich reimen.

3 Untersuche die Reime in den Gedichten auf S. 80 genauer.

a Beschreibe, wodurch sie sich unterscheiden.

b Es gibt verschiedene Reimschemata, z.B. Paarreime und Kreuzreime. Erkläre diese Bezeichnungen mithilfe des Merkkastens und ordne ihnen je ein Gedicht von S. 80 zu.

●●● **c** In einem der Gedichte auf S. 80 kommt ein umarmender Reim vor. Was stellst du dir darunter vor? Nenne den Titel des Gedichts.

! Das **Reimschema** kannst du dir verdeutlichen, indem du jedem Vers einen Buchstaben gibst, Reime bekommen den gleichen Buchstaben.

Paarreim:	**Kreuzreim:**	**umarmender Reim:**
zwei direkt aufeinanderfolgende Verse reimen sich	jeweils ein Vers reimt sich mit dem übernächsten	ein Paarreim wird von einem anderen umschlossen
…Haus.　a ⌐ …Maus.　a ⌐ …Geld.　b ⌐ …Feld.　b ⌐	…Haus.　a ⌐ …Feld.　b ⌐ …Maus.　a ⌐ …Geld.　b ⌐	…Haus.　a ⌐ …Feld.　b ⌐ …Geld.　b ⌐ …Maus.　a ⌐

4 Das Gedicht »Er ist's« von Eduard Mörike wurde vertont.

TIPP
Es gibt ein Hörbuch mit dem gleichen Namen.

a Sucht in eurer Bibliothek oder im Internet nach einer Vertonung.

b Hört euch die Vertonung an und beschreibt die Grundstimmung des Gedichts, die durch den Vortrag zum Ausdruck kommt.

5 Bereite nun das Gedicht »Er ist's« für deinen eigenen Lesevortrag vor.

a Lies das Gedicht zuerst mehrmals nur für dich (laut, halblaut oder leise, wie du möchtest). Achte auf die Satzzeichen, z.B. Kommas, Punkte, Ausrufezeichen und den Gedankenstrich.

TIPP
Nutze am besten eine Kopie des Gedichts.
Wenn du im Buch arbeiten möchtest, lege eine Folie auf.

b Trage jetzt Lesehilfen ein, die deinen Gedichtvortrag unterstützen sollen. Nimm dazu den folgenden Rahmen zu Hilfe.

So kannst du deinen Gedichtvortrag mit Lesehilfen vorbereiten
1. Unterstreiche Wörter und Wortgruppen, die du betonen willst.
2. Setze einen Schrägstrich für eine kurze Pause, /
   zwei Schrägstriche für eine lange Pause. //
3. Zeichne die Satzmelodie ein:
   Stimme senken ⌒
   Stimme heben ⌣
4. Bringe die Grundstimmung des Gedichts durch deinen Tonfall zum Ausdruck: fröhlich, laut, leise usw.
5. Beachte dein Sprechtempo.

Eduard Mörike //

Er ist's

Frühling lässt sein blaues Band /

Wieder flattern durch die Lüfte; \\//

 c Tragt euch das Gedicht gegenseitig vor. Gebt Hinweise, was noch verbessert werden könnte.

Was habe ich gelernt?

6 Überprüfe, was du über das Vortragen eines Gedichts gelernt hast. Beantworte dazu folgende Frage.
Was muss ich beim Vortragen eines Gedichts beachten?

Was man mit Gedichten machen kann

Gedichte sind besondere Texte. Sie haben eine Form, die du sehen, einen Klang, den du hören, und eine Stimmung, die du spüren kannst.

1 Lies, wie einige Schülerinnen und Schüler das Gedicht »Wintergewitter« gestaltet haben.

Jette hat zu dem Gedicht ein Bild gemalt.

Josef Guggenmos

Wintergewitter

Sieben schlummernde Siebenschläfer
schliefen friedlich unter dem Dach.
Da – ein Donnerschlag! Krach!!!
Jetzt waren die sieben friedlich schlummernden
5 Siebenschläfer plötzlich alle hellwach.

Sie schauten verdutzt und sagten: Nanu!
Bald war wieder Ruh.
Da sagten die sieben Siebenschläfer
einander gut Nacht
10 und machten die Augen wieder zu.

Lukas hat das Gedicht für einen Vortrag vorbereitet.

Josef Guggenmos /

Wintergewitter /

Sieben schlummernde Siebenschläfer →
schliefen friedlich unter dem Dach. /
Da // – ein Donnerschlag! / Krach!!! /
Jetzt waren die sieben friedlich schlummernden →
Siebenschläfer plötzlich alle hellwach. //

Zeichen:

/ kurze Pause

// längere Pause

→ Textteile verbinden

‿‿‿ leise sprechen

⌐ Stimme heben

⌐ Stimme senken

Tabea hat sich eine szenische Darbietung mit musikalischer Unter-
malung ausgedacht.

	Regieanweisungen
Sieben schlummernde Siebenschläfer schliefen friedlich unter dem Dach.	7 Kinder schlafen unter einem Tisch *Gedichtvortrag:* ruhig, gleichmäßig *Xylofon:* leiser, regelmäßiger Ton
Da – ein Donnerschlag! Krach!!!	Stimme wird laut *Xylofon:* laute Schläge Kinder erschrecken
Jetzt waren die sieben friedlich schlummernden Siebenschläfer plötzlich alle hellwach.	*Gedichtvortrag:* sachlich *Xylofon:* unregelmäßig Kinder schrecken auf, schauen verwirrt

2 Schreibe auf, wie die szenische Darbietung weitergeht.

Dennis hat ein Parallelgedicht mit anderen Tieren geschrieben.

Herbstgewitter

Zwei schnarchende Wildschweine
schliefen schon Stunden an einem Platz.
Da – ein Donnerschlag! Krabatz!!!
Jetzt machten die zwei schnarchenden
Wildschweine ganz plötzlich einen riesigen Satz.

3 Beim Parallelgedicht fehlt noch die zweite Strophe. Vervollständige es.

4 Entscheide dich für eine der Arbeitsweisen und gestalte ein Gedicht deiner Wahl.

Ein Gedicht auswendig lernen

a Du sollst nun ein Gedicht auswendig lernen. Suche dir eins aus.

TIPP
Du kannst auch eins der Gedichte auf S. 80 nutzen.

b Überlege zuerst, ob dir der Inhalt des Gedichts verständlich ist. Kläre unbekannte Wörter oder Textstellen. Stelle dir den Inhalt bildlich vor.

a Bereite den Gedichtvortrag mithilfe von Lesehilfen vor.

Eugen Roth //

Der Baum

Zu fällen einen schönen Baum, /

braucht's eine Viertelstunde ⟍ kaum. //

Zu wachsen ⟋, bis man ihn bewundert, /

braucht er, / bedenkt es, / ein Jahrhundert. ⟍

b Lies das Gedicht mehrmals laut vor. Du kannst auch verschiedene Varianten aufnehmen und dir deinen Lesevortrag vorspielen. Wähle die gelungenste Fassung aus.

a Lerne nun das Gedicht Vers für Vers, Strophe für Strophe auswendig. Beginne mit der ersten Strophe und wiederhole diese mehrmals. Danach nimmst du dir die nächste, dann wieder die nächste vor, bis du alle Strophen auswendig kannst.

TIPP
Du kannst die Strophen auch aus dem Gedächtnis aufschreiben und dich so kontrollieren.

b Wiederhole das Gelernte mehrfach. Achte auf den Rhythmus und den Reim. Verteile das Lernen auf mehrere Tage.

So kannst du deinen Gedichtvortrag üben
1. Übe deinen Gedichtvortrag mehrmals (vor dem Spiegel oder vor Eltern und Geschwistern).
2. Sprich laut und deutlich.
3. Trage dein Gedicht ausdrucksvoll vor.
4. Achte auf ein angemessenes Sprechtempo und auf Pausen.
5. Halte Blickkontakt mit den Zuhörern.

Christine Busta

Wo holt sich die Erde die himmlischen Kleider?

Wo holt sich die Erde die himmlischen Kleider?
Beim Wettermacher, beim Wolkenschneider.
Sie braucht keine eitlen Samte und Seiden,
sie nimmt, was er hat, und trägt froh und bescheiden
5 das Regenschwere, das Flockenleichte,
das Schattenscheckige, Sonngebleichte,
das Mondgewobne und Sternbestickte,
das Windzerrissene, Laubgeflickte,
das Gockelrote, das Igelgraue,
10 das Ährengelbe, das Pflaumenblaue,
das Gräserkühle, das Nesselheiße,
das Hasenbraune, das Schwanenweiße –
und schlendert die Jahre hinauf und hinunter:
je schlichter, je lieber, je schöner, je bunter.

1 Im Gedicht werden »himmlische Kleider« beschrieben.
Erkläre, was du darunter verstehst.

2 Jede der vier Jahreszeiten ist anders. Suche dir eine Jahreszeit aus
und beschreibe das Besondere an ihr.

Jürg Schubiger

Herbstgedicht

Ich schreibe dir ein Herbstgedicht
Von überreifen Birnen.
Um Äpfel, Zwetschgen geht es nicht:
Dies ist ein reines Birngedicht,
so tief im Laub und gelb im Licht,
so schwer, dass hier die Zeile b
                                        r
                                          i
                                        c
                                          h
                                            t.

Wolfgang Bächler

Der Nebel

Der Nebel ist unersättlich.
Er frißt alle Bäume, die Häuser,
die parkenden Autos,
die Sterne, den Mond.

5 Der Nebel rückt näher,
unförmig gemästet,
wird dicker und dicker,
drückt gegen die Mauer,
leckt an den Fenstern
10 mit feuchter Zunge,
mit grau belegter,
frißt alles,
frißt dich. Ⓡ

❶ Was erfährst du in den beiden Gedichten über den Herbst?

❷ Beschreibe die Stimmung, die du beim Lesen der Gedichte gefühlt hast.

❸ Der Nebel wird bei Wolfgang Bächler wie eine Person dargestellt.
Zähle auf, was er macht.

Mascha Kaléko

Der Winter

Die Pelzkappe voll mit schneeigen Tupfen,
behäng' ich die Bäume mit hellem Kristall.
Ich bringe die Weihnacht und bringe den Schnupfen,
Silvester und Halsweh und Karneval.
Ich komme mit Schlitten aus Nord und Nord-Ost.
– Gestatten Sie: Winter. Mit Vornamen: Frost.

Wolfgang Borchert

Winter

Jetzt hat der rote Briefkasten
eine weiße Mütze auf,
schief und verwegen.
Mancher hat bei Glatteis
5 plötzlich gelegen,
der sonst so standhaft war.
Aber der Schnee hat leis
und wunderbar
geblinkt auf Tannenbäumen.
10 Was wohl jetzt die Schmetterlinge träumen?

1 Zähle auf, welche Merkmale der Jahreszeit Winter in beiden Gedichten genannt werden.

● ● ● **2** Verfasse zu einem der Gedichte ein Parallelgedicht und stelle es deiner Klasse vor.

→ S.254 Merkwissen **3** Lies das Elfchen über den Nikolaus. Verfasse nach dem gleichen Muster Weihnachtselfchen. Du kannst sie als Baumschmuck gestalten und verschenken.

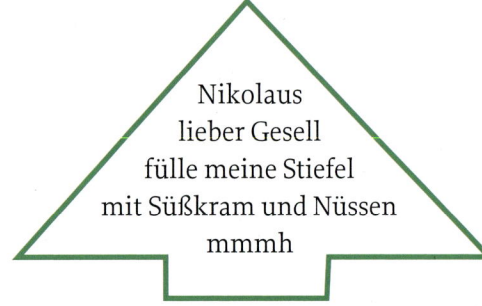

Nikolaus
lieber Gesell
fülle meine Stiefel
mit Süßkram und Nüssen
mmmh

Annette von Droste-Hülshoff

Der Frühling ist die schönste Zeit!

Der Frühling ist die schönste Zeit!
Was kann wohl schöner sein?
Da grünt und blüht es weit und breit
Im goldnen Sonnenschein.

5 Am Berghang schmilzt der letzte Schnee,
Das Bächlein rauscht zu Tal,
Es grünt die Saat, es blinkt der See
Im Frühlingssonnenstrahl.

Die Lerchen singen überall,
10 Die Amsel schlägt im Wald!
Nun kommt die liebe Nachtigall
Und auch der Kuckuck bald.

Nun jauchzet alles weit und breit,
Da stimmen froh wir ein:
15 Der Frühling ist die schönste Zeit!
Was kann wohl schöner sein?

Theodor Storm

April

Das ist die Drossel, die da schlägt,
Der Frühling, der mein Herz bewegt;
Ich fühle, die sich hold bezeigen,
Die Geister aus der Erde steigen.
Das Leben fließet wie ein Traum –
Mir ist wie Blume, Blatt und Baum.

1 Vergleiche, wie in beiden Gedichten der Frühling beschrieben wird.

2 Erkläre, warum die Menschen den Frühling besonders schätzen.

Peter Maiwald

Regentag

Paul steht am Fenster.
Paul steht und glotzt.
Der Regen regnet.
Der Regen rotzt.

5 Der Regen nieselt.
Der Regen rinnt.
Der Regen pieselt.
Der Regen spinnt.

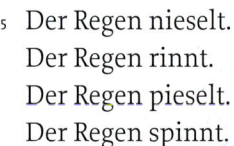

Der Regen prasselt.
10 Der Regen fällt.
Der Regen rasselt.
Der Regen hält.

Paul steht am Fenster.
Paul steht und glotzt.
15 Der Regen regnet.
Der Regen rotzt.

→ **S. 83** Was man mit Gedichten machen kann

1 Im Gedicht wird beschrieben, was der Regen macht. Überlege, welche Bewegungen und welche Klänge zu den Verben passen.

2 Bereitet den Vortrag des Gedichts vor. Durch passende Begleitgeräusche, z. B. leises und lautes Klopfen mit den Fingern, könnt ihr den Regen hörbar machen.

3 Schreibe ein Parallelgedicht mit dem Titel »Sonnentag«.

Erwin Moser

Gewitter

Der Himmel ist blau
Der Himmel wird grau
Wind fegt herbei
Vogelgeschrei
5 Wolken fast schwarz
Lauf, weiße Katz!
Blitz durch die Stille
Donnergebrülle
Zwei Tropfen im Staub
10 Dann Prasseln auf Laub
Regenwand
Verschwommenes Land
Blitze tollen
Donner rollen
15 Es plitschert und platscht
Es trommelt und klatscht
Es rauscht und klopft
Es braust und tropft
Eine Stunde lang
20 Herrlich bang
Dann Donner schon fern
Kaum noch zu hör'n
Regen ganz fein
Luft frisch und rein
25 Himmel noch grau
Himmel bald blau!

Walther Petri

Der Blitz

er
schlitzt
den
Himmel
flitzt
ins
Gewimmel
spaltet   zick   zack
den Stamm   dann
ist
es
wieder
dunkel
wie
im
Sack

→ S. 83 Was man mit
Gedichten machen
kann

1 Wie wird in den Gedichten ein Gewitter sichtbar, hörbar und fühlbar gemacht?

2 Bereitet den Vortrag der Gedichte so vor, dass die verschiedenen Eindrücke in einem »Sprachgewitter« hörbar werden.

Märchen lesen und verstehen

1 Kennst du diese Märchen?

a Lies die folgenden Textauszüge und nenne die Märchen,
aus denen sie entnommen sind.

A Und da sann und sann sie aufs Neue, wie sie es umbringen
wollte; denn solange sie nicht die Schönste war im ganzen Land,
ließ ihr der Neid keine Ruhe. Und als sie sich endlich etwas
ausgedacht hatte, färbte sie sich das Gesicht und kleidete sich
wie ...

B Der Holzhacker musste sich unter das Bett legen und kaum
hatte er ein Weilchen da gelegen, da kam der Teufel nach Hause.
»Guten Abend, Frau.« Und fing an, sich auszuziehen und sagte
dann: »Wie ist mir in der Stube, ich rieche Menschenfleisch, da
muss ich einmal nachsehen.« »Was wirst du wohl riechen?«,
sagte die Frau. »Du hast den Schnupfen ...«

C »Geh nur hin«, sagte der Butt, »sie hat sie schon.« Da ging der
Mann hin, und seine Frau saß nicht mehr in dem alten Pott, aber
es stand nun eine kleine Hütte da, und seine Frau saß vor der
Tür auf einer Bank. Da nahm ihn seine Frau bei der Hand und
sagte zu ihm: »Komm nur herein, siehst du, nun ist es doch viel
besser.«

D Ach, in dem Haus sitzt eine gräuliche Hexe, die hat mich ange-
haucht und mit ihren langen Fingern mir das Gesicht zerkratzt;
und vor der Tür steht ein Mann mit einem Messer, der hat mich
ins Bein gestochen; und auf dem Hof liegt ein schwarzes
Ungetüm, das hat mit einer Holzkeule auf mich losgeschlagen;
und oben auf dem Dache, da sitzt der Richter, der rief: »Bringt
mir den Schelm her.« Da machte ich, dass ich fortkam.

E Der Schneider verschloss Nadel und Zwirn, Elle und Bügeleisen
in einen Schrank und lebte mit seinen drei Söhnen in Freude
und Herzlichkeit. Wo aber ist die Ziege hingekommen, die
schuld war, dass der Schneider seine drei Söhne fortjagte?

→ **S. 45** Eine Geschichte nacherzählen

b Suche aus A bis E ein dir bekanntes Märchen heraus und erzähle es nach.

c Welche anderen Märchen kennst du? Nenne ein Märchen und erzähle kurz, wovon es handelt.

2

a Lies das folgende Märchen der Brüder Grimm.

Der süße Brei

Es war einmal ein armes, braves Mädchen, das lebte mit seiner Mutter allein, und sie hatten nichts mehr zu essen. Da ging das Kind hinaus in den Wald und begegnete ihm da eine alte Frau, die wusste seinen Jammer schon und schenkte ihm ein Töpfchen, zu
5 dem sollt' es sagen: »Töpfchen, koche«, so kochte es guten, süßen Hirsebrei, und wenn es sagte: »Töpfchen, steh«, so hörte es wieder auf zu kochen.
Das Mädchen brachte den Topf seiner Mutter heim und nun waren sie ihrer Armut und ihres Hungers ledig und aßen süßen Brei, sooft
10 sie wollten.
Auf eine Zeit war das Mädchen ausgegangen, da sprach die Mutter: »Töpfchen, koche«, da kocht es und sie isst sich satt; nun will sie, dass das Töpfchen wieder aufhören soll, aber sie weiß das Wort nicht. Also kocht es fort und der Brei steigt über den Rand hinaus
15 und kocht immerzu, die Küche und das ganze Haus voll und das zweite Haus und dann die Straße, als wollt's die ganze Welt satt machen, und ist die größte Not, und kein Mensch weiß sich da zu helfen. Endlich, wie nur noch ein einziges Haus übrig ist, da kommt das Kind heim und spricht nur: »Töpfchen, steh«, da steht
20 es und hört auf zu kochen und wer wieder in die Stadt wollte, der musste sich durchessen.

b Suche heraus, was typisch für Märchen ist. Übertrage dazu die folgende Tabelle in dein Heft und ergänze die linke Spalte.

Merkmale der Märchen	Beispiele aus dem Text
Spruch	Töpfchen, …
…	…

c Trage Beispiele für die Merkmale in die rechte Spalte ein.

! **Volksmärchen** wurden mündlich überliefert. Dadurch entstanden oft verschiedene Varianten eines Märchens. Der Autor, die Entstehungszeit sowie der Entstehungsort lassen sich nicht mehr eindeutig feststellen.

Die bedeutendste deutsche Märchensammlung ist die der Brüder Jacob und Wilhelm Grimm.

Volksmärchen sind an den folgenden **Merkmalen** zu erkennen:

- gleicher oder ähnlicher Beginn, z. B.: *Es war einmal …*
- gleicher oder ähnlicher Schluss, z. B.: *Und wenn sie nicht gestorben sind, so leben sie noch heute.*
- Gegensatzpaare, z. B.: *gut – böse, schön – hässlich*
- magische Zahlen, z. B.: *drei Wünsche, sieben Zwerge, zwölf Schwäne*
- Fantasiewesen, z. B.: *Drachen, Feen, Zauberer*
- wiederkehrende Sprüche, z. B.: *Spieglein, Spieglein an der Wand, …*
- Verwandlungen, Zaubereien
- Meist siegt das Gute über das Böse.

3 Wähle dir aus einem Märchenbuch einen Text aus. Untersuche ihn auf typische Merkmale. Lege dazu in deinem Heft eine Tabelle nach dem Muster aus Aufgabe 2 b (S. 93) an.

→ S.128 Informationen sammeln

4 Die Brüder Grimm schrieben die überlieferten Märchen auf und bündelten sie in Sammlungen.

Suche weitere Informationen über das Leben und Schaffen der Brüder Grimm. Schreibe den Lückentext ab und ergänze ihn.

Jacob Grimm wurde am ▬▬ in ▬▬ geboren und starb im Jahre ▬▬ in Berlin. Er studierte ▬▬ in Marburg und nahm Anstellungen als ▬▬ an. Später wurde er in Göttingen als ▬▬ tätig. Als Mitunterzeichner eines politischen Protests geriet Jacob
5 Grimm ▬▬ mit dem Gesetz in Konflikt. Sein Vater und der seines jüngeren Bruders Wilhelm war ▬▬ . Wilhelm erblickte am ▬▬ in Hanau das Licht der Welt und verstarb ebenfalls in Berlin ▬▬ Jahre früher als sein Bruder. Auch er arbeitete als ▬▬ und studierte ▬▬ in Marburg. Gemeinsam mit Jacob gab er
10 die Sammlung »Kinder- und Hausmärchen« heraus, die in etwa ▬▬ Sprachen übersetzt wurde. Sie gehört zu den in deutscher Sprache am häufigsten gedruckten Büchern. Außerdem sammelten sie ab 1806 ▬▬ für »Des Knaben Wunderhorn«.

a Lies still das folgende Märchen von Hans Christian Andersen.

Die Teekanne

Es war einmal eine stolze Teekanne, stolz auf ihr Porzellan, stolz
auf ihre lange Tülle, stolz auf ihren breiten Henkel; sie hatte etwas
vorne an und hinten an, den Henkel hinten, die Tülle vorn, und
davon sprach sie; aber sie sprach nicht von ihrem Deckel, der war
5 zerbrochen, der war gekittet, der hatte einen Fehler, und von
seinen Fehlern spricht man nicht gerne, das tun die andern genug.
Tassen, Sahnekännchen und Zuckerdose, das ganze Teegeschirr
würden wohl mehr an die Gebrechlichkeit des Deckels denken
und von der sprechen als von dem guten Henkel und der ausge-
10 zeichneten Tülle, das wusste die Teekanne.

»Ich kenne sie!«, sagte sie zu sich selber. »Ich kenne auch wohl
meine Mängel, und ich erkenne sie, darin liegt meine Demut,
meine Bescheidenheit, Mängel haben wir alle, aber man hat doch
auch Begabung. Die Tassen erhielten einen Henkel, die Zuckerdose
15 einen Deckel, und ich erhielt noch ein Ding voraus, das sie niemals
erhalten, ich erhielt eine Tülle, die macht mich zur Königin auf
dem Teetisch. Der Zuckerschale und dem Sahnekännchen ward es
vergönnt, die Dienerinnen des Wohlgeschmacks zu sein, aber ich
bin die Gebende, die Herrschende, ich verbreite den Segen unter
20 der durstenden Menschheit; in meinem Innern werden die chinesischen Blätter mit dem kochenden, geschmacklosen Wasser
verbunden.«
All dies sagte die Teekanne in ihrer unternehmenden Jugendzeit.
Sie stand auf dem gedeckten Tisch, sie wurde von der feinsten
25 Hand erhoben: Aber die feinste Hand war ungeschickt, die
Teekanne fiel, die Tülle brach ab, der Henkel brach ab, der Deckel
ist nicht wert, darüber zu reden; es ist genug von ihm geredet. Die
Teekanne lag ohnmächtig auf dem Fußboden; das kochende
Wasser lief heraus. Es war ein schwerer Schlag, den sie erhielt, und
30 das Schwerste war, dass sie lachten; sie lachten über sie und nicht
über die ungeschickte Hand.
»Die Erinnerung kann ich nicht loswerden!«, sagte die Teekanne,
wenn sie sich später ihren Lebenslauf erzählte. »Ich wurde Inva-
lide genannt, in eine Ecke gestellt und tags darauf an eine Frau
35 fortgeschenkt, die um Küchenabfall bettelte; ich sank in Armut
hinab, stand zwecklos, innerlich wie äußerlich; aber da, wie ich so
stand, begann mein besseres Leben; man ist das eine und wird ein
ganz anderes. Es wurde Erde in mich gelegt; das heißt für eine

Teekanne, begraben zu werden; aber in die Erde wurde eine
40 Blumenzwiebel gelegt; wer sie hineinlegte, wer sie gab, das weiß
ich nicht; gegeben wurde sie, ein Ersatz für die chinesischen Blätter
und das kochende Wasser, ein Ersatz für den abgebrochenen Henkel
und die Tülle. Und die Zwiebel lag in der Erde, die Zwiebel lag in
mir; sie wurde mein Herz, mein lebendes Herz; ein solches hatte
45 ich früher nie gehabt. Es war Leben in mir, es war Kraft, viel Kraft;
der Puls schlug, die Zwiebel trieb Keime; es war, wie um zersprengt
zu werden von Gedanken und Gefühlen; sie brachen auf in einer
Blüte; ich sah sie, ich trug sie, ich vergaß mich selber in ihrer Herr-
lichkeit; gesegnet ist es, sich selber in anderen zu vergessen! Sie
50 sagte mir nicht Dank; sie dachte nicht an mich – sie wurde bewundert und gepriesen. Ich war froh darüber, wie musste sie es da sein!
Eines Tages hörte ich, dass gesagt wurde, sie verdiene einen
besseren Topf. Man schlug mich mitten entzwei; das tat gewaltig
weh, aber die Blume kam in einen besseren Topf – und ich wurde
55 in den Hof hinausgeworfen – liege da als ein alter Scherben – aber
ich habe die Erinnerung, die kann ich nicht verlieren.«

→ S.45 Eine Geschichte nacherzählen

b Erzähle das Märchen nach.

c Worin zeigt sich der Stolz der Teekanne?
Erkläre anhand von Textbeispielen.

d Vergleiche Andersens Märchen mit Grimms Märchen »Der süße Brei«
(S. 93, Aufgabe 2 a). Übertrage die Tabelle in dein Heft und ergänze sie.
Tausche dich anschließend mit den anderen darüber aus.

Merkmale	»Der süße Brei«	»Die Teekanne«
Beginn ...	– Es war einmal ein armes, braves Mädchen ...	– Es war einmal eine stolze Teekanne, stolz auf ihr Porzellan ...
sprachliche Besonderheiten	– die wusste seinen Jammer schon – als wollt's die ganze Welt satt machen – der musste sich durchessen	– ich verbreite den Segen unter der durstenden Menschheit – ich sank in Armut hinab – ich vergaß mich selber in ihrer Herrlichkeit

> **!** **Kunstmärchen** sind die Schöpfung eines Dichters. Sie weisen ähnliche Merkmale wie die Volksmärchen auf, enden aber nicht immer glücklich. Deswegen wurden sie teilweise speziell für Erwachsene geschrieben. Sprachlich sind sie anspruchsvoller formuliert.
> Oft haben sie mehrere Handlungsstränge, die gleichzeitig ablaufen und in einen Schluss münden. Meist enthalten sie eine Art Lehre.
> Zu den bekannten Märchendichtern gehören Hans Christian Andersen (*Des Kaisers neue Kleider*), Wilhelm Hauff (*Der kleine Muck*) und E. T. A. Hoffmann (*Der goldene Topf*).

Über die Aufgabe nachdenken

6 Deine Klasse plant die Herausgabe eines eigenen Märchenbuchs. Überlege, für wen du schreiben willst und was du beachten musst.

Den Inhalt planen

a Wähle dir aus den folgenden »Märchenzutaten« drei aus.

| drei Nächte und drei Tage | ein lebendiges Gemälde | drei Zauberpilze |
| eine verwunschene Mühle | gegen Mitternacht | sieben Stare |

b Plane den Inhalt deines Märchens. Schreibe *W*-Fragen untereinander in dein Heft und denke dir passende Antworten aus.

Einen Textentwurf schreiben und überarbeiten

→ S.57 Texte verfassen

c Schreibe nun einen Entwurf deines Märchens und überarbeite ihn. Denke auch an eine spannende Überschrift.

d Stellt euch eure Märchen gegenseitig vor und sammelt sie in eurem Märchenbuch. Organisiert einen »märchenhaften Elternabend«, eine Märchennacht oder präsentiert das Buch auf der Schulhomepage.

Was habe ich gelernt?

7 Überprüfe, was du über Märchen gelernt hast. Das Lösungswort ist der Nachname bekannter deutscher Märchensammler.

1 Es besiegt fast immer das Böse. (1. Buchstabe)
2 So beginnen viele Märchen. (letzter Buchstabe des zweiten Wortes)
3 Drei Wünsche, sieben … – das ist ein typisches Märchenmerkmal. (4. Buchstabe des ersten Wortes)
4 Sie wurden von Schriftstellern gedichtet. (6. Buchstabe)
5 Er war ein bekannter deutscher Märchendichter. (5. Buchstabe des Familiennamens)

Mit Märchen spielen

Du hast zu Hause und in der Schule viele Märchen kennen gelernt.
Dann kannst du jetzt auch spielerisch mit Märchen und ihren Figuren
umgehen.

Märchenrätsel
Hier sind bekannte Märchen in Zeitungsschlagzeilen versteckt.

1 Um welche Märchen handelt es sich? Die Lösungen stehen im Anhang.

Tierischer Mörder im Haus der Großmutter

*Militärangehöriger steigt mittels
Brennwerkzeug in den Adelsstand auf*
    Mister Namenlos
    wird als Erpresser gestellt

    Produkt des Schuhmacherhandwerks hilft,
    die richtige Braut zu finden

Orientalischer Meilenläufer

UNBEQUEMER SCHLAF
EINER KÖNIGLICHEN TOCHTER

    LEICHTE HANDVERLETZUNG

Kräftiger Haarwuchs   FÜHRT ZUM MASSENEINSCHLAFEN
verhilft zu Liebesglück

---

2 Du kannst selbst solche Schlagzeilen entwerfen.
Suche ein Märchen und überlege, wie man den Inhalt kurz
umschreiben kann.

Pantomime
Märchenfiguren haben immer besondere typische Eigenschaften.
Sie können faul oder fleißig, hilfsbereit oder herzlos, gut oder böse
sein.

3 Denke dir eine Figur aus und stelle sie pantomimisch vor.

Ein altes Märchen neu erzählt
Lies dir das Originalmärchen aufmerksam durch, damit du dich
am Text orientieren kannst. Überlege dann, wo das moderne
Märchen spielen soll. Wer handelt und welche Eigenschaften
haben die Figuren? Welche Wünsche sollen dargestellt werden?

Brüder Grimm

Rumpelstilzchen

Es war einmal ein Müller, der war arm, aber er hatte eine schöne
Tochter. Und es traf sich, dass er mit dem König zu sprechen kam
und ihm sagte: »Ich habe eine Tochter, die weiß die Kunst, Stroh in
Gold zu verwandeln.« Da ließ der König die Müllerstochter also-

5 gleich¹ kommen und befahl ihr, eine ganze Kammer voll Stroh in
einer Nacht in Gold zu verwandeln, und könne sie es nicht, so
müsse sie sterben. Sie wurde in die Kammer eingesperrt, saß da
und weinte, denn sie wusste um ihr Leben keinen Rat, wie das
Stroh zu Gold werden sollte. Da trat auf einmal ein klein Männlein

10 zu ihr, das sprach: »Was gibst du mir, dass ich alles zu Gold
mache?« Sie tat ihr Halsband ab und gab's dem Männlein, und es
tat, wie es versprochen hatte. Am andern Morgen fand der König
die ganze Kammer voll Gold; aber sein Herz wurde dadurch nur
noch begieriger, und er ließ die Müllerstochter in eine andere,

15 noch größere Kammer voll Stroh tun, das sollte sie auch zu Gold
machen. Und das Männlein kam wieder, sie gab ihm ihren Ring
von der Hand, und alles wurde wieder zu Gold. Der König aber
hieß sie die dritte Nacht wieder in eine dritte Kammer sperren, die
war noch größer als die beiden ersten und ganz voll Stroh. »Und

20 wenn dir das auch gelingt, sollst du meine Gemahlin werden.«
Da kam das Männlein und sagte: »Ich will es noch einmal tun, aber
du musst mir das erste Kind versprechen, das du mit dem König
bekommst.« Sie versprach es in der Not, und wie nun der König
auch dieses Stroh in Gold verwandelt sah, nahm er die schöne

25 Müllerstochter zu seiner Gemahlin.
Bald darauf kam die Königin ins Wochenbett, da trat das Männlein
vor die Königin und forderte das versprochene Kind. Die Königin
aber bat, was sie konnte, und bot dem Männchen alle Reichtümer
an, wenn es ihr ihr Kind lassen wollte, allein alles war vergebens.

30 Endlich sagte es: »In drei Tagen komm ich wieder und hole das
Kind, wenn du aber dann meinen Namen weißt, so sollst du das
Kind behalten!«
Da sann die Königin den ersten und zweiten Tag, was doch das
Männchen für einen Namen hätte, konnte sich aber nicht

35 besinnen und ward ganz betrübt. Am dritten Tag aber kam der
König von der Jagd heim und erzählte ihr: »Ich bin vorgestern auf
der Jagd gewesen, und als ich tief in den dunklen Wald kam, war
da ein kleines Haus, und vor dem Haus war ein gar zu lächerliches
Männchen, das sprang auf einem Bein davor herum und schrie:

² *veraltet für* fragte

40 »Heute back ich, morgen brau ich, übermorgen hol ich der Frau
Königin ihr Kind, ach wie gut ist, dass niemand weiß,
dass ich Rumpelstilzchen heiß!«
Wie die Königin das hörte, ward sie ganz froh, und als das gefährliche Männlein kam, frug² es: »Frau Königin, wie heiß ich?« –
45 »Heißest du Conrad?« – »Nein.« – »Heißest du Heinrich?« – »Nein.«
»Heißt du etwa Rumpelstilzchen?«
»Das hat dir der Teufel gesagt!«, schrie das Männchen, lief zornig
fort und kam nimmermehr wieder.

→ **S.45** Eine Geschichte
nacherzählen

1 Erzähle das Märchen mit eigenen Worten nach.

→ **S.94** Merkkasten

2 Suche aus diesem Märchen die typischen Merkmale der Volksmärchen
heraus. Lege dazu in deinem Heft eine Tabelle an. Suche zu jedem der
Merkmale einen Beleg im Text (formelhafter Beginn und Schluss,
Gegensatzpaare, wie jung – alt, faul – fleißig, magische Zahlen, Fantasiewesen, wiederkehrende Sprüche, Verwandlungen und Zauberei
sowie Sieg des Guten über das Böse).

Märchen aus Namibia

Der Wettlauf vom Strauß und der Schildkröte

Der Strauß traf im Felde die Schildkröte und sah, wie langsam sie sich fortbewegte. »Du läufst aber langsam!«, sagte er, »kannst du denn gar nicht schneller?«

»O ja«, antwortete die Schildkröte, »ich kann noch schneller
5 laufen als du!«

»Schneller als ich?« Das wollte der Strauß nicht glauben.

»Wollen wir wetten?«, fragte die Schildkröte.

»Ja«, sagte der Strauß, »da wette ich all mein Geld!«

»Gut, abgemacht! […] Nächsten Montag, früh um acht Uhr!«
10 Die Schildkröte lief nun zu allen anderen Schildkröten in der Gegend […]. Alle hundert Schritt musste sich eine am Straßenrand verstecken. Die aber, die mit dem Strauß gewettet hatte, traf sich mit ihm da, wo die Wettlaufstrecke anfing. Der Strauß zog seine Jacke zurecht, und los rannten sie beide. Die Schildkröte blieb
15 jedoch gleich am Straßenanfang stehen, der Strauß aber sauste weiter. Als er gelaufen und gelaufen war, schaute er sich um. Die Schildkröte war nicht mehr zu sehen. »Schildkröte?«, rief er. »Hier!«, antwortete da die Schildkröte, die an dieser Stelle am Wege versteckt war. Der Strauß hörte mit Schrecken die Stimme
20 von vorn und strengte sich noch mehr an. Nach einer Weile rief er wieder: »Schildkröte?«, und die, die ihm am nächsten am Wege versteckt war, antwortete: »Hier!«

Der Strauß lief und lief, aber sooft er fragte, antwortete ihm die Schildkröte von vorn. Schließlich brach er erschöpft zusammen.
25 Von dem vielen schnellen Laufen hatte er seine Hose zerschlissen, dass er noch heute ganz kahle Beine hat. Die Schildkröte aber bekam das Geld, weil sie die Wette gewonnen hatte.

1 Vergleiche das Märchen mit »Hase und Igel« von den Brüdern Grimm.

2 Überlege, warum hier zwei andere Tiere im Mittelpunkt stehen.

Hans Christian Andersen

Des Kaisers neue Kleider

Vor vielen Jahren lebte ein Kaiser, der so ungeheuer viel auf hübsche, neue Kleider hielt, dass er all sein Geld dafür ausgab, um recht geputzt zu sein. Er kümmerte sich nicht um seine Soldaten, kümmerte sich nicht um das Theater und liebte es nicht, in den

5 Wald zu fahren, außer um seine neuen Kleider zu zeigen. Er hatte einen Rock für jede Stunde des Tages, und wie man sonst von einem König sagt, er ist im Rate, sagte man hier immer: »Der Kaiser ist in der Kleiderkammer!«

In der großen Stadt, in der er wohnte, ging es sehr munter zu. Jeden

10 Tag kamen viele Fremde, eines Tages kamen auch zwei Betrüger. Sie gaben sich für Weber aus und sagten, dass sie das schönste Zeug, das man sich denken könne, zu weben verständen. Nicht allein Farben und Muster wären ungewöhnlich schön, sondern die Kleider, die von dem Zeuge genäht würden, besäßen auch die

15 wunderbare Eigenschaft, dass sie für jeden Menschen unsichtbar wären, der nicht für sein Amt tauge oder unverzeihlich dumm sei. ›Das wären ja prächtige Kleider‹, dachte der Kaiser. ›Wenn ich die anhätte, könnte ich ja dahinterkommen, welche Männer in meinem Reiche zu dem Amte, das sie haben, nicht taugen; ich

20 könnte die Klugen von den Dummen unterscheiden! Ja, das Zeug muss sogleich für mich gewebt werden!‹ Und er gab den beiden Betrügern viel Handgeld, damit sie ihre Arbeit beginnen möchten. Sie stellten auch zwei Webstühle auf und taten, als ob sie arbeiteten; aber sie hatten nicht das Geringste auf dem Stuhle.

25 Frischweg verlangten sie die feinste Seide und das prächtigste Gold, das steckten sie in ihre eigene Tasche und arbeiteten an den leeren Stühlen bis spät in die Nacht hinein.

›Nun möchte ich doch wohl wissen, wie weit sie mit dem Zeuge sind!‹, dachte der Kaiser. Aber es war ihm ordentlich beklommen

30 zumute bei dem Gedanken, dass derjenige, der dumm war oder schlecht zu seinem Amte passte, es nicht sehen könnte. Nun glaubte er zwar, dass er für sich selbst nichts zu fürchten brauche, aber er wollte doch erst einen andern schicken, um zu sehen, wie es damit stände. […]

35 ›Ich will meinen alten ehrlichen Minister zu den Webern senden!‹, dachte der Kaiser. ›Er kann am besten sehen, wie das Zeug sich ausnimmt, denn er hat Verstand und keiner versieht sein Amt besser als er!‹

Nun ging der alte gute Minister in den Saal hinein,
40 wo die zwei Betrüger saßen und an den leeren
Webstühlen arbeiteten. ›Gott behüte uns!‹, dachte
der alte Minister und riss die Augen auf, ›ich kann
ja nichts erblicken!‹ Aber das sagte er nicht.
Beide Betrüger baten ihn, gefälligst näher zu
45 treten, und fragten, ob es nicht ein hübsches
Muster und schöne Farben seien. Dabei zeigten sie
auf den leeren Webstuhl, und der arme, alte
Minister fuhr fort, die Augen aufzureißen; aber er
konnte nichts sehen, denn es war nichts da. ›Herr-
50 gott!‹, dachte er, ›sollte ich dumm sein? Das habe
ich nie geglaubt, und das darf kein Mensch
wissen! Sollte ich nicht zu meinem Amte taugen?
Nein, es geht nicht an, dass ich erzähle, ich könne
das Zeug nicht sehen!‹

55 »Nun, Sie sagen nichts dazu?«, fragte der eine, der da webte.
»Oh, es ist hübsch! Ganz allerliebst!«, antwortete der alte Minister
und sah durch seine Brille. »Dieses Muster und diese Farben! Ja, ich
werde dem Kaiser sagen, dass es mir sehr gefällt.«
»Nun, das freut uns!«, sagten die beiden Weber, und darauf
60 nannten sie die Farben mit Namen und erklärten das seltsame
Muster. Der alte Minister passte gut auf, damit er dasselbe sagen
könnte, wenn er zum Kaiser zurückkäme, und das tat er.
Nun verlangten die Betrüger mehr Geld, mehr Seide und mehr
Gold, das sie zum Weben brauchen wollten. Sie steckten alles in
65 ihre eigenen Taschen, auf den Webstuhl kam kein Faden, aber sie
fuhren fort, wie bisher an dem leeren Webstuhle zu arbeiten.
Der Kaiser sandte bald wieder einen anderen ehrlichen Staats-
mann hin, um zu sehen, wie es mit dem Weben stände und ob das
Zeug bald fertig sei. Es ging ihm ebenso wie dem Minister; er
70 schaute und schaute, weil aber außer dem leeren Webstuhle nichts
da war, konnte er nichts erblicken.
»Ist das nicht ein hübsches Zeug?«, fragten die beiden Betrüger
und zeigten und erklärten das prächtige Muster, das gar nicht da
war.
75 ›Dumm bin ich nicht!‹, dachte der Mann. ›Ist es also mein gutes
Amt, zu dem ich nicht tauge? Das wäre lächerlich, aber man darf
es sich nicht merken lassen!‹, und so lobte er das Zeug, das er nicht
sah, und versicherte ihnen seine Freude über die schönen Farben
und die herrlichen Muster. »Ja, es ist ganz allerliebst!«, sagte er
80 zum Kaiser.

→ **S.45** Eine Geschichte nacherzählen

1 Erzähle die Handlung mit eigenen Worten nach.

2 Stelle Vermutungen an, wie es weitergehen könnte.

Alle Menschen in der Stadt sprachen von dem prächtigen Zeuge. Nun wollte der Kaiser es selbst sehen, während es noch auf dem Webstuhle war. Mit einer ganzen Schar auserwählter Männer, unter ihnen auch die beiden ehrlichen Staatsmänner, die schon

85 früher dort gewesen waren, ging er zu den beiden listigen Betrügern hin, die nun aus Leibeskräften webten, aber ohne Faser oder Faden.

»Ist das nicht prächtig?«, sagten die beiden alten Staatsmänner, die schon einmal da gewesen waren. »Sehen Eure Majestät, welches

90 Muster, welche Farben!« Und dann zeigten sie auf den leeren Webstuhl, denn sie glaubten, dass die andern das Zeug gewiss sehen könnten.

›Was‹, dachte der Kaiser, ›ich sehe gar nichts! Das ist ja schrecklich! Bin ich dumm? Tauge ich nicht dazu, Kaiser zu sein? Das wäre das

95 Schrecklichste, was mir begegnen könnte!‹ – »Oh, es ist sehr hübsch!«, sagte er. »Es hat meinen allerhöchsten Beifall!« Und er nickte zufrieden und betrachtete den leeren Webstuhl, denn er wollte nicht sagen, dass er nichts sehen könne.

Das ganze Gefolge, das er bei sich hatte, schaute und schaute und

100 bekam nicht mehr heraus als alle andern; aber sie sagten wie der Kaiser: »Oh, es ist sehr hübsch!«, und sie rieten ihm, diese neuen prächtigen Kleider das erste Mal bei der großen Prozession, die bevorstand, zu tragen.

»Herrlich, wundervoll, exzellent«, ging es von Mund zu Mund;

105 man war allseits innig erfreut darüber, und der Kaiser verlieh den Betrügern einen Ritterorden, im Knopfloch zu tragen, und den Titel: Kaiserliche Hofweber …

Die ganze Nacht vor dem Morgen, an dem die Prozession stattfinden sollte, saßen die Betrüger auf und hatten über sechzehn

110 Lichter angezündet. Die Leute konnten sehen, dass sie stark beschäftigt waren, des Kaisers neue Kleider fertig zu machen. Sie taten, als ob sie das Zeug aus dem Webstuhl nähmen, sie schnitten mit großen Scheren in die Luft, sie nähten mit Nähnadeln ohne Faden und sagten zuletzt: »Nun sind die Kleider fertig!«

115 Der Kaiser kam mit seinen vornehmsten Kavalieren selbst dahin, und beide Betrüger hoben einen Arm in die Höhe, gerade als ob sie

etwas hielten, und sagten: »Seht, hier sind die Beinkleider! Hier ist ein Rock! Hier der Mantel!«, und so weiter. »Es ist so leicht wie Spinnwebe, man sollte glauben, man habe nichts auf dem Leibe;

120 aber das ist gerade der Vorzug dabei!«

»Ja!«, sagten alle Kavaliere; aber sie konnten nichts sehen, denn es war nichts da.

»Belieben Eure kaiserliche Majestät jetzt, Ihre Kleider allergnädigst auszuziehen«, sagten die Betrüger, »so wollen wir Ihnen die neuen

125 anziehen, hier vor dem großen Spiegel!«

Der Kaiser legte alle seine Kleider ab, und die Betrüger taten so, als ob sie ihm jedes Stück der neuen Kleider anzögen. Sie fassten ihn um den Leib und taten, als bänden sie etwas fest, das war die Schleppe; der Kaiser drehte und wendete sich vor dem Spiegel.

130 »Ei, wie gut das kleidet! Wie herrlich das sitzt!«, sagten alle. »Welches Muster, welche Farben! Das ist eine kostbare Tracht!« »Draußen stehen sie mit dem Thronhimmel, der über Eurer Majestät in der Prozession getragen werden soll«, meldete der Oberzeremonienmeister.

135 »Ja, ich bin fertig!«, sagte der Kaiser. »Sitzt es nicht gut?« Und dann wendete er sich nochmals vor dem Spiegel, denn es sollte scheinen, als ob er seinen Schmuck recht betrachtete.

Die Kammerherren, die die Schleppe tragen sollten, griffen mit den Händen nach dem Fußboden, gerade als ob sie die Schleppe
140 aufhöben. Gingen und taten, als ob sie etwas in der Luft hielten; sie wagten nicht, es sich merken zu lassen, dass sie nichts sehen konnten.

So ging der Kaiser in der Prozession unter dem prächtigen Thronhimmel, und alle Menschen auf der Straße und in den Fenstern
145 riefen: »Gott, wie sind des Kaisers neue Kleider unvergleichlich; welch herrliche Schleppe hat er am Rocke, wie schön das sitzt!« Keiner wollte es sich merken lassen, dass er nichts sah, denn dann hätte er ja nicht zu seinem Amte getaugt oder wäre sehr dumm gewesen. Keine Kleider des Kaisers hatten solches Glück gemacht
150 wie diese.

»Aber er hat ja nichts an!«, sagte endlich ein kleines Kind. »Herrgott, hört die Stimme der Unschuld!«, sagte der Vater, und der eine flüsterte dem anderen zu, was das Kind gesagt hatte.

»Er hat nichts an, dort ist ein kleines Kind, das sagt, er hat nichts
155 an!«

»Aber er hat ja nichts an!«, rief zuletzt das ganze Volk.

Das ergriff den Kaiser, denn es schien ihm, sie hätten Recht, aber er dachte bei sich: ›Nun muss ich die Prozession aushalten.‹ Und so hielt er sich noch stolzer, und die Kammerherren gingen und
160 trugen die Schleppe, die gar nicht da war.

3 Begründe, warum es gerade ein Kind ist, das die Wahrheit ausspricht.

4 Lies auf S.125–127, wie der russische Schriftsteller Jewgeni Schwarz dieses Märchen zu einem Stück umgeschrieben hat.

Sagen lesen und verstehen

a Lies den folgenden Text und finde heraus, durch welche Angaben er sich von einem Märchen unterscheidet.

Die Weiber von Weinsberg

Weinsberg ist nur eine kleine Stadt dort in dem Lande, wo der Neckar fließt. Sie hatte früher feste Mauern und eine starke Burg. Aber der Kaiser Konrad hatte vor achthundert Jahren ein starkes Heer. Nach sechswöchiger Belagerung besiegte Konrad III.,
5 der Stauferkönig, seinen Widersacher und Verwandten, Herzog Welf VI., in offener Feldschlacht. Die Burg und die Stadt Weinsberg mussten sich ergeben.

Durch einen Herold ließ er den Burgbewohnern sagen, dass er, wenn er in die Stadt hineinkäme, keinen Mann und Krieger mehr
10 würde leben lassen.

Da entstand ein großes Wehklagen in der Stadt. Das Korn und Brot und alles, was zu essen aufgespeichert worden war, war aufgezehrt, und was blieb den Leuten, wenn sie nicht verhungern wollten, anders übrig, als die Stadt zu übergeben? Aber wenn sie das taten,
15 mussten alle Männer sterben.

Da war eine junge Frau, die sagte: »Wir Frauen bitten den Kaiser um eine Gnade. Und wenn er uns zu sich kommen lässt, dann lasst mich nur machen!«

Der Kaiser ließ die Frauen zu sich kommen, aber er blieb hart und
20 wollte sich nicht erweichen lassen.

Da sagte das junge Weib: »Herr Kaiser, wenn Ihr schon die Stadt verderben wollt, dann lasst doch wenigstens uns Frauen leben. Denkt an unsere Kinder! Und wir Weiber können Euch doch nichts Übles tun. Und wenn Ihr uns abziehen lasst, dann lasst uns
25 wenigstens etwas für den weiten Weg und die Flucht mitnehmen, wenigstens das, was uns am liebsten und am kostbarsten ist.«

Darauf willigte der Kaiser schließlich ein. »Nun ja«, sagte er, »dann sei euch das gewährt. Morgen früh wird das Tor geöffnet und ihr zieht mit euren Kindern ab, und was euch am kostbarsten ist und
30 was ihr auf dem Rücken tragen könnt, das könnt ihr mitnehmen.«

Am anderen Morgen stand der Kaiser mit einigen seiner Ritter auf dem Hügel vor dem Stadttor. Als er den Befehl gegeben hatte, das große Tor zu öffnen, strömte der Zug der Weiber heraus.

Aber was war denn das?

35 Was trugen die Frauen denn da alle auf ihrem Rücken?
Das sah ja wirklich zum Lachen aus! Und der Kaiser lachte. Jede
Frau hatte ihren Mann auf den Rücken gepackt. Huckepack trugen
sie so ihre Männer aus der Stadt hinaus. Die Männer waren ja doch
das Kostbarste und Liebste, was sie hatten, und das durften sie
40 nach den Worten des Kaisers mitnehmen. Die Ritter waren böse
darüber, aber der Kaiser lachte weiter.
»Gewiss war es so nicht gedacht, aber die Weiber waren wieder
einmal klüger als wir Männer. Und an einem Kaiserwort darf nicht
gedreht und gedeutet werden!«

45 Er schenkte so den treuen Frauen und ihren Männern die
Freiheit. Es wird erzählt, er habe sie alle wieder zurück-
gerufen und ein großes Fest veranstaltet. Sie durften nun
alle in der Stadt bleiben und die Männer auch. Und bei
dem Fest hätten der Kaiser selbst und die Ritter mit den
50 Frauen getanzt. Die Burg, die schon seit langer Zeit Ruine
ist, erhielt den Namen »Weibertreu«.   *Erich Bockemühl*

Weinsberg. Burgruine
Weibertreu

b Suche die Stadt Weinsberg auf einer Karte Deutschlands.

c Lies die folgenden Informationen aus der Kölner Königschronik zu
einer Begebenheit in der Stadt Weinsberg im 12. Jahrhundert.

Treue Weiber und Herren von Weinsberg

1140 war die Burg im Besitz der Welfen, die sich mit den Staufern
um die Macht im Reich stritten. König Konrad III., in seinem
Gefolge sein Bruder Friedrich II. von Schwaben und mehrere
Bischöfe und Fürsten (u. a. Markgraf Hermann III. von Baden),
5 belagerte die Burg mehrere Wochen lang und schlug am
21. Dezember 1140 in offener Feldschlacht den zum Entsatz[1]
heraneilenden Welf VI. Kurz darauf ergab sich die Burg. Dem
Bericht der Kölner Königschronik zufolge versprach der König den
Frauen auf der Burg Weinsberg freien Abzug und gab die
10 Erlaubnis, »dass jede forttragen dürfte, was sie auf ihren Schultern
vermöchte«. Auf die Männer wartete der Tod. Die Frauen nahmen
den König beim Wort und trugen ihre Männer auf dem Rücken
herab, denen sie so das Leben retteten, da der König sein Wort
hielt. Die Frauen wurden als *Treue Weiber von Weinsberg* bekannt
15 und die Burg kam aufgrund dieser Begebenheit zu ihrem Namen
Weibertreu (vermutlich im Lauf des 18. Jahrhunderts).

[1] Verteidigung

d Schreibe stichpunktartig geschichtliche Informationen heraus.

– Burg Weinsberg
– 1140 im Besitz der Welfen
– ...

e Vergleiche die Sage mit dem Auszug aus der Chronik. Welche Gemeinsamkeiten und welche Unterschiede erkennst du?

> **!** **Sagen** wurden ebenso wie Märchen von Generation zu Generation weitererzählt. Der Unterschied besteht darin, dass Sagen einen wahren historischen Kern (geschichtliche Begebenheiten, Personen, landschaftliche Eigenheiten, Gebäude und Naturerscheinungen) enthalten. Es gibt Orts-, Götter- und Heldensagen.

2 Lies die folgende Sagenfassung der Brüder Grimm.

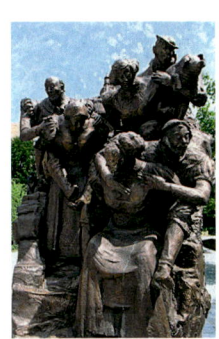

Weinsberg. Weibertreu-Denkmal

a Stelle zuerst fest, was dem geschichtlichen Eintrag in der Chronik entspricht. Nimm dazu deine Stichpunkte aus Aufgabe 1d zu Hilfe.

Die Weiber zu Weinsperg

Als König Konrad III. den Herzog Welf geschlagen hatte (im Jahr 1140) und Weinsperg belagerte, so bedingten die Weiber der Belagerten die Übergabe damit, dass eine jede auf ihren Schultern mitnehmen dürfte, was sie tragen könne. Der König gönnte das
5 den Weibern. Da ließen sie alle Dinge fahren und nahm eine jegliche ihren Mann auf die Schulter und trugen den aus. Und da des Königs Leute das sahen, sprachen ihrer viele, das wäre die Meinung nicht gewesen, und wollten das nicht gestatten. Der König aber schmutzlachte[1] und tät Gnade dem listigen Anschlag
10 der Frauen. »Ein königlich Wort«, rief er, »das einmal gesprochen und zugesagt ist, soll unverwandelt bleiben.«

[1] *hier:* vielsagend lächeln

b Fasse mit eigenen Worten zusammen, was im Text der Brüder Grimm im Vergleich zur Chronik hinzugefügt wurde.

c Wähle eine der beiden Sagen aus (Aufgabe 1a oder 2a) und übe das ausdrucksstarke Vorlesen. Versuche einzelne Textstellen unterschiedlich vorzulesen, z.B. besonders betont, deutlich, langsam, laut oder leise.

→ S.82 Ein Gedicht vortragen (Lesehilfen)

d Lest euch die Sagen gegenseitig vor und beurteilt, welche Vorträge besonders gut gelungen sind. Begründet eure Meinung.

3

→ S.128 Informationen sammeln

→ S.138 Präsentieren

a Um viele Orte, Landschaften und interessante Bauwerke ranken sich Sagen. Wähle einen der folgenden Orte aus und finde heraus, welche Sagen es dazu gibt. Stelle deine Suchergebnisse in einem kurzen Vortrag vor.

Kölner Dom – Rosstrappe – Vineta – Spreewald – Wartburg (bei Eisenach)

b Suche in einem Sagenbuch oder im Internet nach deiner Lieblings-sage. Übe das Vorlesen dieser Sage und bereite mit deinen Mitschülerinnen / Mitschülern einen »sagenhaften Nachmittag« vor, an dem jeder seine Sage vorträgt.

 **4** Findet heraus, welche Sagen sich um euren Landstrich, euren Ort, eure Kirche usw. ranken. Fasst die Ergebnisse auf Plakaten zusammen, die ihr in eurem Schulhaus ausstellen könnt. Achtet darauf, die geschichtlichen Grundlagen besonders hervorzuheben.

Was habe ich gelernt?

5 Überprüfe, was du über Sagen gelernt hast.
Folgendes Dokument wurde zerfetzt in der Kugel einer Kirchturm-spitze gefunden. Die Schnipsel enthalten drei verschiedene Sagenmerkmale. Schreibe sie in vollständigen Sätzen auf.

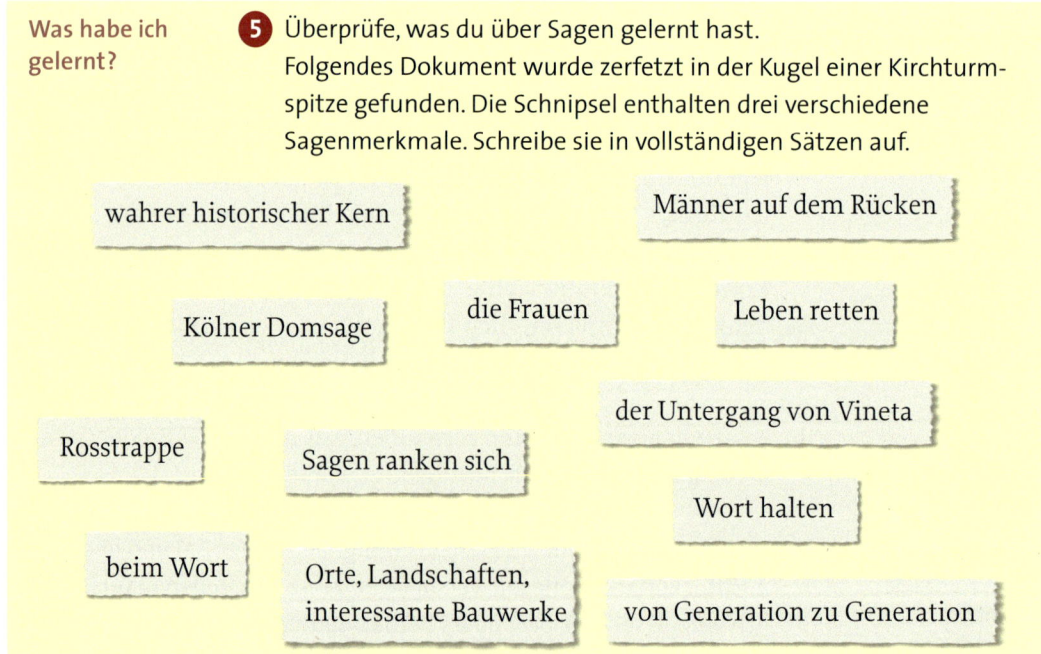

1 Lies die folgenden drei Ortssagen. Bestimme, aus welchen Bundes-
ländern sie stammen.

Der Name von Köpenick und der große Krebs von Stralau

Die Gelehrten behaupten, der
Name *Köpenick* rühre noch
aus der alten Wendenzeit her
und bedeute so viel wie
5 *Schanze* oder *Wall*. Die Köpe-
nicker aber wissen es besser,
wie ihre Stadt zu dem Namen
kam. Sie erzählen darüber:
Einmal fischte ein Fischer im
10 Müggelsee und fing einen
furchtbar großen Krebs, über
den er nicht wenig erschrak.

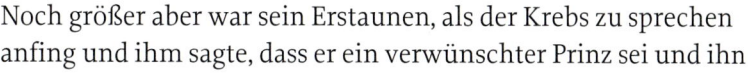

Noch größer aber war sein Erstaunen, als der Krebs zu sprechen
anfing und ihm sagte, dass er ein verwünschter Prinz sei und ihn
15 zum reichen Manne machen wolle, wenn er täte, was er ihm sage,
damit er erlöst würde. Und er bat den Fischer, ihn zum ersten Ort
jenseits des Sees zu bringen und dort feilzubieten.
Der Fischer nahm nun den Krebs aus dem Netz heraus und wollte
tun, worum er gebeten wurde. Er war jedoch ein bisschen vergess-
20 lich und bot ihn diesseits der Spree in seinem Wohnort […] zum
Kauf an. Sobald aber ein Käufer herantrat, rief der Krebs: »Kööp
nich! Kööp nich!«, sodass alle erschraken und ihn keiner kaufte. –
Da fiel dem Fischer ein, was er falsch gemacht hatte, und er fuhr
nach dem ersten Ort jenseits der Spree, nach Stralau, wo er den
25 Fang für viel Geld verkaufte. Weil er aber die Bedingung nicht
gleich erfüllt hatte, ist der Krebs nicht erlöst worden.
Die Stralauer haben ihn aber allzeit bei ihrem berühmten Fischzug
am 24. August als Wahrzeichen mitgeführt. Und der Ort, wo der
Fischer den Krebs zuerst angeboten hatte, erhielt den Namen *Köpe-*
30 *nick*, weil der Krebs immer »Kööp nich! Kööp nich!« gerufen hatte.

Die Entstehung der Insel Rügen

Kurz vor Feierabend der Schöpfungsarbeit stand der Herrgott auf der Insel Bornholm und schaute zum Festland hinüber. Die pommersche Küste erschien ihm noch zu kahl. Er nahm von der letzten Erde aus seiner Molle[1] und klackte sie mit der Kelle

5 hinüber. So ungefähr eine halbe Meile davor fiel das bisschen ins Wasser. Der Herrgott strich die Kanten schön glatt, und der Hauptteil der Insel war fertig. Inzwischen war die Sonne fast untergegangen; deshalb kratzte er die Reste zusammen und warf sie hinterdrein. So entstanden die Halbinseln Wittow und Jasmund.

10 Das sah zwar ein bisschen uneben aus, aber der Herrgott dachte: »Es ist Feierabend, und nun bleibt es so, wie es ist!«

[1] *norddeutsch* Mulde, Backtrog

Der Hünenstieg

Im Beetzsee, unweit von Brandenburg, befindet sich eine nur fünf Meter breite, doch über fünfzig Meter lange Landzunge, gerade an der tiefsten Stelle des Sees […]. Diesen schmalen Einschnitt kennen die Fischer nur unter dem Namen »der Hünenstieg«.

5 Ein Riesenfräulein nämlich soll ihn geschaffen haben; sie wohnte mit ihren Eltern am andern Ufer des Sees in den »Fosbergen« (Fuchsbergen).
Die Eltern machten sich oft jenseits des Sees zu schaffen, wobei sie das Wasser mit einem einzigen Schritt hinter sich brachten. Dieser

10 Schritt gelang aber der jungen Riesin noch nicht, wenn sie ihren Eltern nachkommen wollte; sie trat immer ein wenig zu kurz und bekam nasse Füße. Da ging sie nach dem Marienberg, nahm eine Schürze voll Sand und schüttete sie dort, wo jetzt der Hünenstieg sich befindet, in den See. Von der Spitze der so geschaffenen Land-

15 zunge aus trat ihr Fuß ohne Mühe an das jenseitige Ufer hinüber […].

→ **S. 107** Sagen lesen und verstehen

2 Wähle eine Sage aus und suche die Sagenmerkmale heraus.
Lege dazu eine Tabelle an und trage deine Textbelege ein.

 3 Sammelt Fotos zu einem der drei Sagenorte.
Schreibt die Sage ab und gestaltet mit eurem Material ein Plakat.

Nach Otmar

Die Rosstrappe

Die Rosstrappe

Die *Rosstrappe* nennt man einen Felsen mit einer ovalen Vertiefung, die einige Ähnlichkeit mit dem Abdruck eines riesenhaften Pferdehufs hat. Dieser Fels liegt in dem hohen Vorgebirge des Harzes, hinter
5 Thale, und viele Reisende pflegen ihn – besonders der schönen, romantischen Aussicht wegen – zu besteigen. Über das Entstehen jener Vertiefung erzählt die Volkssage:

Vor tausend und mehr Jahren, lange bevor auf den
10 umliegenden Bergen Raubritter die Hoymburg, die Lauenburg, die Stecklenburg und die Winzenburg erbauten, war das ganze Land rings um den Harz von Riesen bewohnt. Diese kannten keine Freude als Raub, Mord und Gewalttat. […]
15 Im Böhmerwald hauste zu der Zeit ein Riese, Bodo genannt, ungeheuer groß und stark, des ganzen Landes Schrecken. Vor ihm beugten sich alle Riesen in Böhmen und Franken. Aber die Königstochter vom Gebirge der Riesen, Emma, vermochte er nicht zu seiner Liebe zu zwingen. Hier half nicht Stärke, nicht List.
20 Einst sah Bodo die Jungfrau jagend und sattelte sogleich seinen Zelter[1], der meilenweite Fluren in Minuten übersprang. Er schwur bei allen Geistern der Hölle, diesmal Emma zu fangen oder zu sterben. Schneller als ein Habicht fliegt, sprengte er heran. Und fast hätte er sie erreicht, bevor sie es merkte. Doch als sie ihn, zwei
25 Meilen von sich entfernt, erblickte […], da wendete sie schnell ihr Ross. Es flog, von ihren Sporen getrieben, von Berg zu Berg, von Klippe zu Klippe, durch Täler und Moräste und Wälder, dass, von dem Hufschlag getroffen, die Buchen und Eichen wie Stoppeln umherstoben. So flog sie durch das Thüringer Land und kam in
30 das Gebirge des Harzes. […]

Jetzt stand ihr Ross, sich verschnaufend, auf dem furchtbaren Fels, der heute Hexentanzplatz heißt. Angstvoll blickte Emma, zitternd blickte ihr Ross in die Tiefe hinab. Denn mehr als tausend Fuß[2] fiel senkrecht, wie ein Turm, die Felsmauer zum grausenden Abgrund
35 ab. Tief unter sich hörte sie das dumpfe Rauschen des Stroms, der sich hier in einem furchtbaren Wirbel dreht. Der entgegenstehende Fels auf der anderen Seite des Abgrundes schien ihr noch weiter entfernt als der Strudel und kaum für einen Vorderfuß ihres Rosses Raum zu haben.

[1] *im Mittelalter* leichtes Reitpferd

[2] *altes Längenmaß* 1 Fuß sind ca. 30 cm

40 Da stand sie zweifelnd. Hinter sich wusste sie den Feind, den sie ärger hasste als den Tod. Vor sich sah sie den Abgrund, der seinen Rachen weit vor ihr auftat. – Jetzt hörte Emma von Neuem das Schnauben von Bodos keuchendem Ross. In der Angst ihres Herzens rief sie die Geister ihrer Väter um Hilfe, und, ohne sich

45 länger zu besinnen, drückte sie ihrem Zelter die langen Sporen in die Seiten! Und das Ross sprang! Sprang über den tausend Fuß tiefen Abgrund hinweg, erreichte glücklich die spitze Klippe und schlug seinen Huf vier Fuß tief in das harte Gestein, dass die stiebenden Funken wie Blitze das ganze Land umher erhellten. – Das

50 ist jener Rosstrapp! Die Länge der Zeit hat die Vertiefung kleiner gemacht, aber kein Regen kann sie ganz verwaschen.
Gerettet war Emma! Doch die schwere goldene Krone der Königstochter fiel, während das Pferd sprang, von ihrem Kopf in die Tiefe hinab. – Bodo, der nur Emma und nicht den Abgrund sah, sprang

55 der Fliehenden auf seinem Streitross nach und stürzte in den Strudel des Stroms, dem er den Name *Bode* gab.
Hier soll er, in einen schwarzen Hund verwandelt, die goldene Krone der Prinzessin bewachen, damit kein Beutegieriger sie aus dem wirbelnden Strudel heraufhole.

Blick ins Bodetal

→ S.45 Eine Geschichte nacherzählen

1 Erzähle die Sage mit eigenen Worten nach.

2 Suche im Internet Informationen über die Entstehung der ovalen Vertiefung im Felsen.
Stelle deine Suchergebnisse vor.

→ S.132 Im Internet Informationen suchen

Elisabeth von Thüringen

Elisabeth, die junge Frau des Landgrafen Ludwig von Thüringen und Hessen, war sehr fromm und mildtätig. Als ihr Gemahl beim Kaiser in Italien weilte, erbaute sie unterhalb der Wartburg ein Spital[1] für achtundzwanzig arme und hilfsbedürftige Menschen.

5 Weil eine große Hungersnot herrschte, speiste sie außerdem täglich hundert Arme. Viele Hofleute hielten das für Verschwendung und sagten zum Landgrafen nach seiner Rückkehr in die Heimat: »Deine Gemahlin kann nicht wirtschaften, sie wird all dein Hab und Gut verschenken.« Der Landgraf, der Elisabeth in

10 Liebe zugetan war, antwortete ihnen: »Lasst sie um Gottes willen weiter den Armen Gutes tun, wenn uns nur die Wartburg und die Neuenburg verbleiben.« Doch die Höflinge ließen nicht nach, Elisabeth wegen ihrer Mildtätigkeit bei Ludwig zu verleumden. Eines Tages kam sie ihm bei der Rückkehr auf die Wartburg mit

15 einer Dienerin entgegen. Die beiden Frauen trugen unter ihren Mänteln große Körbe mit Lebensmitteln, die sie den Armen bringen wollten. Der Landgraf bemerkte ihre Verlegenheit und schlug ihnen die Mäntel auseinander. »Lasst sehen, was ihr da tragt!« Elisabeth erschrak

20 sehr, der Landgraf aber noch mehr; denn als er in die Körbe blickte, lagen darin keine Speisen, sondern Rosen. Beschämt schaute er Elisabeth an; es war ihm, als ob er das Bild des gekreu-

25 zigten Heilands[2] sähe. Er konnte kein Wort sprechen und ging still von dannen. Fortan wagte es keiner der Hofleute, die Landgräfin zu verleumden.

[1] *süddeutsch* Krankenhaus

[2] *anderer Name für* Jesus

1 Beschreibe das Verhalten des Landgrafen vor und nach dem Rosenwunder.

2 Erkläre mit eigenen Worten, was es mit dem »Rosenwunder« auf sich hat.

Ein Schattenspiel gestalten

Das Schattenspiel kennen lernen

1 Auf dem folgenden Foto seht ihr die Aufführung eines Schattenspiels.

a Überlegt, worum es in der Aufführung gehen könnte.

b Habt ihr schon mal ein Schattenspiel gesehen?
Berichtet davon.

! Das **Schattenspiel** ist eine Form des Theaters, bei der Schatten von Figuren, Gegenständen oder Personen gezeigt werden. Die Zuschauer sehen nur deren Umrisse. Dafür sorgen eine Lichtquelle und eine entsprechende Abdeckung der Bühne.

2 Diese Schattenspielfigur entstand vor langer Zeit in Aleppo, einer Stadt in Syrien.

a Betrachtet die Schattenspielfigur genau und beschreibt sie.

b Denkt euch eine (Schattenspiel-)Geschichte aus, in der die Figur eine Rolle spielen könnte. Notiert euch Stichpunkte.

c Tragt eure Ideen vor.

! Das **Schattenspiel** wurde in Asien entwickelt, vor allem in China, Indien und Indonesien. Vor 1000–2 000 Jahren ist es dort entstanden. Im 17. Jahrhundert kam es nach Deutschland. Ursprünglich wurde viel Wert auf die Ausschmückung der Figuren gelegt.
In Europa wurden die Umrisse und die Bewegung der Figuren wichtiger. Anstelle von feinem Pergament wurden hier grobere Materialien wie Holz, Pappe oder sogar Metall verwendet.

Die Figuren herstellen

**Das Herstellen
von Figuren
vorbereiten**

1 Tom und seine Klasse wollen das Märchen »Das Waldhaus« von den Brüdern Grimm als Schattenspiel aufführen. Dazu basteln sie Puppen.

a Wie würdet ihr eine solche Figur herstellen? Sammelt Ideen.

So könnt ihr Figuren für das Schattenspiel herstellen
1. Zeichnet die Umrisse der Figur auf einen Pappkarton oder dickes Papier.
2. Schneidet die Figur aus.
3. Klebt einen stabilen Stab (Holz oder Metall) an die Figur.
4. Überprüft, ob die Figur erkennbar, d.h. von anderen Figuren unterscheidbar ist; achtet vor allem auf die Umrisse.
5. Korrigiert eventuell die Umrisse der Figur.

b Tom und seine Gruppe sollen einen alten Mann gestalten, der in einem Waldhaus wohnt. Beschreibt, wie die Umrisse der Figur aussehen sollten.

Figuren basteln

2 Bastelt selbst Figuren für ein Schattenspiel. Ihr könnt euch Figuren ausdenken oder eine Figur zum Märchen »Das Waldhaus« gestalten. Aus folgenden Möglichkeiten könnt ihr auswählen.

– Vater, Waldarbeiter
– Mutter
– Lene, älteste Tochter
– Marie, zweite Tochter
– Anne, jüngste Tochter
– alter Mann mit langem Bart (wohnt im Waldhaus)
– Hühnchen, Hähnchen, bunt gescheckte Kuh (die Haustiere des alten Mannes)

Die Bühne gestalten

a Für das Schattenspiel benötigt man eine besondere Art von Bühne. Schaut euch die Bühne auf dem Foto an. Beschreibt sie.

b Lest gemeinsam die folgende Arbeitstechnik.

So könnt ihr die Bühne für ein Schattenspiel einrichten
1. Fertigt einen stabilen Rahmen aus Pappe oder Kartonpapier an. Der Rahmen muss so groß wie die benötigte Spielfläche sein.
2. Beklebt den Rahmen mit Transparentpapier. Damit ist eure Spielfläche fertig.
3. Befestigt die Spielfläche an einem »Vorbau« aus Tisch, Stuhl/ Stühlen oder Pappe. Vielleicht habt ihr ja auch ein Puppentheater aus Holz, das ihr verwenden könnt. Es sollen nur die Figuren und nicht die Spieler sichtbar sein. Hinter dem Vorbau könnt ihr stehen oder sitzen.
4. Stellt eine Lichtquelle hinter die Spielfläche, z.B. eine Tischlampe (am besten mit engem Lampenschirm). Je kleiner die Lichtquelle ist, desto schärfer sind die Umrisse. Die Lichtquelle sollte ungefähr auf der Höhe der Spielfiguren sein. Wenn die Figuren näher an der Spielfläche sind als an der Lichtquelle, werden die Schatten schärfer.
5. Prüft, ob der Raum genügend abgedunkelt werden kann.

TIPP
Auf die Spielfläche könnt ihr passende Bilder malen, z.B. Wald, Waldhaus.

② Richtet nun eure Bühne ein.

Den Text vorbereiten

❶ Toms Klasse hat eigene Szenen für das Schattenspiel geschrieben. Der Text beginnt folgendermaßen:

Das Waldhaus
Ein Märchen – nach den Brüdern Grimm

1. Szene:
(Der Waldarbeiter und seine Frau treten aus dem Waldhaus.)
Waldarbeiter Ich muss jetzt in den Wald zum Holzschlagen. Schicke mir eine unserer Töchter um die Mittagszeit mit dem Essen, damit ich mich satt essen kann.
5   *(er wendet sich zum Gehen)*
Frau Oje oje oje, ich werde sie dir schicken, die Lene! Doch ich hoffe, sie findet den Weg und verirrt sich nicht im dunklen, tiefen Wald. *(seufzt und schüttelt immer wieder den Kopf)*
Waldarbeiter Oh Frau, musst dich nicht sorgen! Hirsekörner
10   werd' ich ausstreuen, so findet sie sicher den Weg. Ich geh nun los, 's gibt viel zu tun. *(geht ab)*

a Lest die Szene mit verteilten Rollen.

Regieanweisungen untersuchen

b Untersucht die schräg gedruckten Regieanweisungen. Welche Hinweise geben sie für das szenische Spiel?

❷ Die Schülerinnen und Schüler haben den Text folgendermaßen weitergeschrieben.

2. Szene:
(Lene läuft mit dem Korb im Wald, schaut hilflos umher, da sie den Weg nicht mehr weiß.)
Lene *(seufzt)* Oje, was mach ich nur?

3. Szene:
15   *(Lene kommt an ein einsames Waldhaus. Sie klopft und wird eingelassen. Ein alter Mann mit langem, weißem Bart begrüßt sie.)*
Lene Habe mich verlaufen, hab Hunger und will schlafen.
Alter Mann *(zu sich)* Was für ein unfreundliches Kind, das nicht grüßt und nur an sich denkt. *(zu Lene)* Hier hast du einen Topf,
20   mache das Abendessen, so will ich dir ein Bett für die Nacht geben.

Lene Ein Abendessen zubereiten? Ei, was für ein großer Topf, da ist ja noch was drin, das probier ich mal, mmh, das schmeckt, das will ich essen, denn ich bin so furchtbar hungrig.

25 **Alter Mann** Das Kind denkt nur an sich. Was meint ihr Huhn, Hähnchen und Kuh, meine lieben Tiere? *(wendet sich seinen Tieren zu, die in der Stube am Ofen sitzen)*

Hahn/Huhn/Kuh *(sprechen zusammen)* Sie hat bei dir gegessen, sie hat bei dir getrunken, um uns hat sie sich nicht gekümmert.

30 So soll sie auch kein Nachtquartier bekommen.

Lene Will mich nun gerne niederlegen. *(läuft die Treppe hoch zum Schlafzimmer)*

Alter Mann Schüttel nur zuerst mein Bett auf, dann kannst du dich in das Bett

35 daneben legen. *(Lene tritt ins Zimmer, legt sich ins erste Bett und schläft sofort ein. Plötzlich öffnet sich eine Falltüre und sie verschwindet mit einem lauten Schlag.)*

Über die Szenen nachdenken

a Überlegt, wie ihr die 2. Szene gestalten könnt.

b Sprecht über die 3. Szene. Was passiert in dieser Szene?

Eine Szene spielen

c Spielt die 3. Szene in einem Rollenspiel.
Wenn ihr Figuren gebastelt habt, spielt dieselbe Szene mit Figuren.

d Besprecht, was euch schwerfällt und was ihr noch verbessern könnt.

Eine Szene schreiben

3 Schreibt die 4. Szene selbst. In dieser Szene schickt die Frau des Waldarbeiters am nächsten Morgen die zweite Tochter, Marie, in den Wald, um dem Vater das Essen zu bringen. Sie verlässt die Mutter mit einem Gruß.

Frau: Marie, steh schnell auf …

 Ein **szenischer Text** besteht ausschließlich aus wörtlicher Rede. Er gibt die Äußerungen der Figuren wieder, die in der Szene vorkommen. Zusätzlich gibt es manchmal Anmerkungen zu Zeit und Ort der Handlung sowie zum Aussehen und der Stimmung der Figuren. Diese nennt man Regieanweisungen, sie sind schräg gedruckt.

4 Schreibt nun die übrigen Szenen in Gruppen.

a Verteilt die folgenden Szenen auf die Gruppen.

5. Szene: Marie verirrt sich; kommt ebenfalls zum Waldhaus.

6. Szene: Marie ist etwas hilfsbereiter und freundlicher, vergisst aber auch die Tiere, Falltür.

7. Szene: Die dritte Tochter Anne wird in den Wald geschickt.

8. Szene: Sie verirrt sich, kommt zum Waldhaus, macht alles richtig und erlöst den alten Mann, der in Wirklichkeit ein Prinz ist; Hochzeit.

b Schreibt eure Szene in der Gruppe. Beachtet folgende Fragen: Was passiert in der Szene? Welche Personen treten auf? Was sagen die Personen? Wie sagen sie es? Was tun die Personen außerdem?

Die Orte gestalten **5** Toms Klasse hat sich Gedanken dazu gemacht, wie die Orte des Märchens »Das Waldhaus« auf der Bühne für das Publikum gut erkennbar gemacht werden können.

a Lest die Ergebnisse der Gruppenarbeit.

– *1. Szene: Figur Vater, Figur Mutter, Baum, Hausumrisse*
– *Szenen im Wald: Figur Mädchen, Baum/Bäume, evtl. ein Puppenkörbchen als Tasche*
– *Szenen im Waldhaus: Figur Mädchen, Figur alter Mann, Figuren der Tiere, evtl. Puppenbett, Puppen-Kochtopf, Treppe (aus Pappe geschnitten?)*

b Sprecht darüber, wie sich die Ideen umsetzen lassen. Begründet eure Meinung und ergänzt eigene Ideen.

6 Probt nun eure Szenen mit den gebastelten Figuren.

Was habe ich gelernt? **7** Überprüfe, was du über das Schattenspiel gelernt hast. Beantworte dazu die folgenden Fragen.

1 Was sind die Merkmale des Schattenspiels?

2 Wie entstehen die Figuren für das Schattenspiel?

Die ersten Schritte auf der Bühne

Theater kann man nicht nur mithilfe von Texten spielen, oft reicht es schon, den eigenen Körper so einzusetzen, dass die Zuschauer in den Bann gezogen werden. Hier findet ihr Tipps, wie ihr ausdrucksstark spielen könnt.

1 Wähle eine der folgenden Situationen aus und stelle dir vor, wie du dich fühlst. Deine Mitschüler sollten anhand deiner Mimik erkennen können, wie es dir geht.

- Du hast gerade einen Brief bekommen und liest ihn jetzt. In dem Brief steht, dass du eine Ballonfahrt gewonnen hast.
- Du hast einen traurigen Anruf bekommen: Der Hund, mit dem du immer gespielt hast, ist gestorben.
- In der Pause erfährst du, dass du bei der Schulaufführung die Hauptrolle spielen darfst. Das hast du dir so sehr gewünscht.
- Dein Fußballtrainer hat dir gerade gesagt, dass du bei einem wichtigen Spiel deiner Mannschaft nicht dabei sein darfst.

2 Beim Spielen nur mithilfe von Mimik und Gestik musst du besonders genau und langsam sein. Dies könnt ihr bei der Spiegelbildpantomime üben. Stellt euch zu zweit gegenüber. Einer führt morgendliche Tätigkeiten im Bad vor dem »Spiegel« auf. Der andere ist sein »Spiegelbild« und macht jede Bewegung spiegelverkehrt nach.

- Wische dir den Schlaf aus den Augen.
- Kämme dir die Haare.
- Putze dir gründlich die Zähne.
- Säubere am Schluss den Spiegel.

3 Nun könnt ihr schon kleine Stegreifspiele zu zweit oder in größeren Gruppen üben. Wählt dafür eine der folgenden Situationen aus.

– Im Park begegnen sich unterschiedliche Leute: eine alte Frau, ein Polizist bei der Verfolgung eines Taschendiebes, ein Mädchen, das Musik über Kopfhörer hört, spielende Kinder … Wie reagieren sie aufeinander?
– Bei einer großen Modenschau laufen Models über einen Laufsteg. Sie werden bejubelt oder ausgepfiffen, führen sportliche oder elegante Mode vor, stolpern … Teilt eure Gruppe in Models und Publikum ein.
– Ein schweres Paket soll in die neue Wohnung geschafft werden: Dies probieren ein kleines Mädchen, ein Muskelprotz, eine alte Frau, zwei Jungen … Verändert weder Form noch Größe des »unsichtbaren« Pakets.

4 Von der Pantomime ausgehend, könnt ihr anschließend probieren, zusätzlich eure Sprache im Spiel einzusetzen. Wählt euch dafür eine der folgenden Situationen aus.

– Ein sehr voller Bus: Menschen stoßen aneinander, beschimpfen sich, jemand bittet um einen Sitzplatz.
– Eine Schulklasse: Der Lehrer hat für kurze Zeit den Raum verlassen, gleich soll eine Mathearbeit geschrieben werden.
– Euer Wohnzimmer: Du bist zu spät gekommen und deine Eltern warten schon auf dich.
– Das Wartezimmer eines Tierarztes: Besitzer verschiedener Tierarten treffen aufeinander.

Tipps für eine gelungene Theateraufführung

Um mit einfachen Mitteln zu einer Theatergruppe zu werden, solltet ihr ein paar wichtige Grundregeln beachten:

- Organisiert, wer welche Aufgaben bei der Vorbereitung übernimmt:

  - Wer schlüpft in welche Rollen?
  - Welche Requisiten werden benötigt?
  - Wer gestaltet das Bühnenbild und die Kostüme?
  - Wer übernimmt die Aufgabe des Regisseurs?
  - Wer erstellt einen Zeitplan und sorgt für dessen Einhaltung?
  - Wollt ihr Einladungen oder Werbeplakate gestalten?
  - Wann und wo finden die Proben und die Aufführung statt?
  - Benötigt ihr Hilfe von Eltern oder anderen Personen?
  - Befinden sich im Raum auch genügend Zuschauerplätze?
  - Wird zusätzliche Technik (Licht, Ton) benötigt?

- Sorgt dafür, dass sich niemand ausgestoßen fühlt. Jeder von euch besitzt besondere Fähigkeiten und Fertigkeiten, die für die Gruppe wichtig sind.
- Überlegt genau, welches Publikum ihr mit eurer Aufführung erreichen wollt. Vor einer Elternversammlung aufzutreten, erfordert sicher mehr Organisation als der Auftritt in der eigenen Schulklasse.
- Denkt darüber nach, welche Wirkung ihr erzielen wollt. Soll euer Publikum lachen, nachdenklich werden …?
- Übt genau, wie ihr Mimik, Gestik und Sprache einsetzt.
- Bemüht euch, euer Publikum anzusehen und ihm nie den Rücken zuzukehren.

1 Lies zuerst das Märchen »Des Kaisers neue Kleider« von Hans Christian Andersen auf S.102–106.

2 Der russische Schriftsteller Jewgeni Schwarz hat zu dem Märchen das Stück »Der nackte König« geschrieben. Lies die daraus stammende folgende Szene.

Jewgeni Schwarz

Der nackte König

Höflinge Bemerkenswert, ein Wunder, dieser Stoff!

Minister Der Stoff ist prachtvoll und vornehm, Eure Majestät!

Höflinge Das ist der richtige Ausdruck! Genauso sieht er aus. Prachtvoll und vornehm!

5 **König** *(zum Ersten Minister)* Und was sagst du, ehrlicher Alter? Na? *(Der König ist niedergeschlagen, lässt sich aber nichts anmerken. Wenn er mit dem Ersten Minister spricht, schaut er auf den Tisch und auf die Rahmen. Wahrscheinlich hofft er, das wundersame Gewebe doch noch zu erblicken. Auf seinem Gesicht ist das Lächeln erstarrt.)*

10 **Erster Minister** Eure Majestät, diesmal sage ich Euch eine so reine Wahrheit, wie sie die Welt noch nicht gehört hat. […]

König Nun, nun.

Erster Minister Verzeiht mir, aber diesmal möchte ich wirklich frei von der Leber weg sprechen. Eure Majestät finden nirgends ein

15 Fitzelchen Stoff – das diesem hier gleicht. Er wirkt majestätisch und prunkvoll.

Höflinge Wie wahr gesprochen! Majestätisch und prunkvoll. Sehr treffende Bezeichnung.

König Ja, die Weber verstehen ihr Fach. Wie ich sehe, seid ihr …

20 seid ihr ziemlich fertig? …

Christian Ja, Eure Majestät. Sind Eure Majestät auch mit der Farbe dieser Rosen einverstanden?

König Ja, ja, durchaus. Durchaus.

Christian Wir meinten, rote Rosen wachsen in genügender Menge

25 an den Büschen.

König Mehr als genug. Ja, sehr schön, sehr schön.

Christian Deshalb haben wir flie… *(hüstelt)* flie… *(hüstelt)*

Höflinge Fliederfarbene hineingewebt, wie geistreich! Wie originell – fliederfarbene Rosen! Prachtvoll und vornehm.

30 **Christian** Deshalb haben wir flink silberne Rosen hineingewebt, meine Herrschaften.

(Pause.)

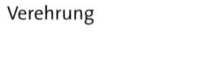

Minister Bravo, bravo! *(Applaudiert, die Höflinge tun es ihm gleich.)*

König Gerade wollte ich euch Dank sagen. Also gerade jetzt im
35 Moment. Silber ist meine Lieblingsfarbe. Ich spreche euch
meinen königlichen Dank aus.

Christian Und wie finden Eure Majestät die Fasson des Kamisols[1] –
doch nicht etwa zu gewagt?

König Nein, zu gewagt nicht. So. Jetzt genug geredet. Probieren wir
40 an. Ich habe noch sehr viel zu erledigen.

Christian Ich bitte den Herrn Minister für zarte Gefühle, das
Kamisol des Königs zu halten.

Minister Ich weiß nicht, ob ich dazu würdig genug bin?

König Du bist es. Ja. Also. *(burschikos)* Gebt ihm schon dieses präch-
45 tige Kamisol … Entkleiden Sie mich, Erster Minister. *(Zieht sich
aus.)*

Christian Ach!

Minister *(hüpft, schaut unter seine Füße)* Was ist?

Christian Wie halten Sie denn das Kamisol, Herr Minister?

50 **Minister** Wie eine Reliquie[2] … Was denn?

Christian Aber Sie halten es seitenverkehrt.

Minister Weil ich so in den Anblick des Musters versunken war.
(Dreht das nicht vorhandene Kamisol in den Händen um.)

Christian Wäre der Herr Erste Minister vielleicht so gut und hielte
55 die Hosen des Königs?

Erster Minister Mein Lieber, ich komme soeben aus der Kanzlei,
meine Finger sind voller Tinte. *(zu einem der Höflinge)* Nehmen
Sie, Baron!

Erster Höfling Ich habe meine Brille vergessen, Euer Hochwohl-
60 geboren, da, der Marquis …

Zweiter Höfling Ich bin zu aufgeregt, mir zittern die Hände. Aber
der Graf vielleicht …

[1] *französisch* Unterjacke

[2] Gegenstand religiöser Verehrung

Dritter Höfling In unserer Familie gilt es als böses Vorzeichen, wenn man die Hosen des Königs in den Händen hält …

65 **König** Was geht da vor? So zieht mich endlich an. Ich habe Eile.

Christian Zu Befehl, Eure Majestät. Heinrich, komm her. Beinchen hoch, Majestät. Das linke! Das rechte! […] So, die Hosen sitzen. Herr Minister für zarte Gefühle, das Kamisol … Der Vorzug dieses Gewebes ist seine Leichtigkeit. Es ist absolut nicht zu 70 spüren. Die Unterwäsche wird morgen früh fertig.

König In den Schultern spannt es. *(Dreht sich vorm Spiegel.)* Der Umhang ist zu lang. Aber ansonsten steht mir der Anzug. […] *(Die Weber entkleiden den König und ziehen ihm seinen Anzug wieder an.)* Danke, Weber. Das habt ihr gut gemacht. *(Geht zur Tür.)*

75 **Höflinge** Ihr seid wahre Meister! Bravo! Prachtvoll und vornehm! Majestätisch und attraktiv! *(Sie klopfen den Webern auf die Schultern.)* Euch lassen wir gar nicht wieder weg. Ihr müsst uns alle einkleiden!

König *(bleibt in der Tür stehen)* Bittet, worum ihr wollt. Ich bin 80 zufrieden.

Christian Gestattet uns, Eure Majestät, am Hochzeitszug teilzunehmen, das wird für uns der schönste Lohn sein.

König Ich gestatte es. *(Geht mit den Höflingen davon.)*

3 Ordne diese Szene in das Gesamtgeschehen des Märchens ein. Was ist vorher passiert? Wie geht es weiter?

4 Untersuche, wie aus dem Abschnitt des Märchens eine Szene wurde.

5 Unterteilt das Märchen in weitere Abschnitte. Jede Gruppe wählt einen Abschnitt aus und schreibt sie zu einer Szene um. Erfindet dazu Dialoge. Denkt auch an die Regieanweisungen.

Informationen sammeln

In einer Bibliothek Informationen suchen

1 Du kennst bereits verschiedene Sagen, die entstanden, weil sich die Menschen in früherer Zeit viele Dinge nicht erklären konnten.

a Trage zusammen, an welche Sagen du dich erinnern kannst.

→ **S. 107** Sagen lesen und verstehen

b Sicher ist deine Heimatregion auch reich an »Sagenhaftem«. Welche Ortssagen aus deiner Heimatregion kennst du?

→ **S. 167** Orts- und Flurnamen

c Trage zusammen, welche Flurnamen es in deiner Region gibt, die man eventuell durch eine Sage erklären könnte.

d Überlege, wo du Sagen über deine Region finden könntest.

2 Eine Möglichkeit, Bücher mit Sagen zu finden, ist die Bibliothek.

a Um Leserin/Leser einer Bibliothek zu werden, muss man ein Anmeldeformular ausfüllen. Sieh dir das folgende Beispiel an.

Anmeldeformular

Name

Kunden-Nr. (wird von der Stadtbibliothek eingetragen)

Vorname

Straße

Geburtsdatum

PLZ, Wohnort

Telefon

Name d. Erziehungsberechtigten

Anschrift (nur, wenn sie nicht mit der oben genannten identisch ist)

Ich erkenne die Benutzungsordnung und Gebührensatzung der Stadtbibliothek ... an und bin mit der elektronischen Speicherung der Daten zum Zweck der Ausleihverbuchung einverstanden. Meinem Kind gestatte ich die Nutzung des Internets.

Ort, Datum

Unterschrift des Erziehungsberechtigten

b Suche heraus, welche Angaben du unbedingt eintragen musst.

c Überlege, welche Unterlagen du zur Anmeldung brauchst.

d Besorge dir ein Formular der Bibliothek, die für dich am günstigsten zu erreichen ist, und fülle es aus.

3 Wenn du Leserin/Leser einer Bibliothek bist, kannst du nach Herzenslust in den Regalen herumstöbern. Allerdings gibt es in einer Bibliothek eine Benutzungsordnung.

a Lies die folgenden Nutzungsbedingungen und begründe, warum sie unbedingt eingehalten werden sollten.

> **Nutzungsbedingungen**
> – Die Ausleihfrist beträgt vier Wochen.
>   Alle Materialien sind pünktlich zurückzubringen.
> – Das Ausleihen ist grundsätzlich kostenlos.
> – Werden entliehene Materialien nicht pünktlich
>   zurückgegeben, dann muss eine Versäumnisgebühr
>   bezahlt werden.
> – Alle entliehenen Materialien sind sorgfältig
>   zu behandeln.
> – Das Essen und Trinken ist nur in den dafür vorgesehenen
>   Räumen gestattet.
> – Lärm und Unruhe sind zu vermeiden.

b Lies die Nutzungsbedingungen deiner Bibliothek und vergleiche sie mit den in Aufgabe a genannten. Was stellst du fest?

! Wenn du in der **Bibliothek** ein bestimmtes Buch ausleihen möchtest, suchst du es am besten im **alphabetischen Katalog**.
Auf der Karteikarte findest du Angaben zum Buch (Titel und Untertitel, Autor bzw. Herausgeber, Verlag und Erscheinungsjahr, ISBN u.a.).
Außerdem steht auf der Karte eine **Signatur**. Sie gibt an, wo das Buch in der Bibliothek zu finden ist.

4 Sieh dir die Karteikarte aus dem alphabetischen Katalog an.
Suche die folgenden Angaben zu dem Buch heraus.

- Autor
- Verlag
- Erscheinungsjahr
- Signatur
- ISBN
- Titel und Untertitel

Schmied, Hartmut: Geister, Götter, Teufelssteine:

Sagen- & Legendenführer Mecklenburg-Vorpommern;

161 geheimnisvolle Stätten in 115 Orten ...

Rostock: Hinstorff Verl., 2005. – 223 S.: Ill. ISBN 3-356-01110-3

L 212

 Wenn du nach einem Thema suchst und noch keinen genauen
Buchtitel kennst, nutze den **systematischen Katalog**
deiner Bibliothek.
Überlege dir Schlagworte, nach denen du suchen kannst, z. B.:
Deutsche Literatur, Sage, Mecklenburg-Vorpommern.

→ S. 219 Ober- und
Unterbegriffe

5 Überlege dir Schlagworte für deine Suche im systematischen Katalog,
wenn du Bücher zu folgenden Themen suchst:

1 Wie die Insel Rügen entstanden ist
2 Woher das Dorf Neschwitz seinen Namen hat
3 Die besiegte Mittagsfrau

 Die meisten großen Bibliotheken verfügen über einen **Onlinekatalog
im Internet**. Hier kannst du sowohl nach Schlagworten als auch nach
Autoren und Titeln von Büchern suchen.

6 Die Stadtbibliothek Leipzig bietet im Internet einen Onlinekatalog an.

a Suche in diesem Onlinekatalog nach Sagen, in denen etwas
über die Insel Rügen zu erfahren ist.

 b Tauscht euch über eure Suchergebnisse aus.
Überprüft, welche der Bücher ihr entleihen könntet.

So kannst du in einem Onlinekatalog suchen
1. Über die Internetadresse gelangst du zum Onlinekatalog deiner Bibliothek.
2. Schreibe in das Eingabefeld folgende Angaben:
   - den gesuchten Buchtitel, z. B. *Sagen und Märchen der Insel Rügen,*
   - den Autor, z. B. *Burkhardt, Albert,* oder
   - das Schlagwort, z. B. *Sagen.*
3. Klicke auf das Feld »Suchen«.
4. Wähle ein Suchergebnis aus und klicke es an. Du erfährst, in welchem Regal das Buch steht und ob du es ausleihen kannst.

7 Stelle fest, welche Kataloge es in deiner Bibliothek gibt.

8 Probiere die Arbeit mit Bibliothekskatalogen aus.
Suche in deiner Bibliothek nach Büchern zum Thema »Heimatsagen« deiner Region.

a Überlege zuerst, in welchem Katalog du am besten suchen solltest. Begründe deine Meinung.

b Probiere aus, in welchem Katalog du am schnellsten Bücher zum Thema »Heimatsagen« findest. Schreibe die Bücher auf, die du dir genauer ansehen möchtest.

c Tausche dich mit deinen Mitschülerinnen und Mitschülern über deine Ergebnisse und Erfahrungen aus.

So kannst du geeignete Bücher auswählen
1. Lies den Titel und gegebenenfalls den Untertitel des Buches.
2. Lies die Inhaltsangabe auf dem Umschlag.
3. Sieh dir das Inhaltsverzeichnis an.
4. Blättere im Buch und verschaffe dir einen ersten Eindruck.
5. Überfliege den gefundenen Text und überprüfe, ob er die gesuchte Information enthält.

→ S. 71 Den Inhalt eines Textes erfassen

Im Internet Informationen suchen

> **!** Das **Internet** ist ein weltweites Netz von Computern. Mit seiner Hilfe kannst du dir Informationen über verschiedene Wissensgebiete besorgen. Zu diesem Zweck »surfst« du im World Wide Web (www), indem du verschiedene Internetseiten aufrufst.
> Eine **Suchmaschine** erleichtert dir die Suche nach Informationen. Du musst dazu geeignete Suchwörter eingeben und auf »Suchen« klicken.
> Suchmaschinen für Kinder sind z.B.: http://www.blinde-kuh.de oder http://www.spielstrasse.de

 1

a Wähle eine der beiden Suchmaschinen für Kinder aus. Gib die Adresse in das Adressfeld des Internetfensters ein. Beschreibe den Aufbau der Internetseite. Lies dir auch die Erklärungen durch, die sie enthält.

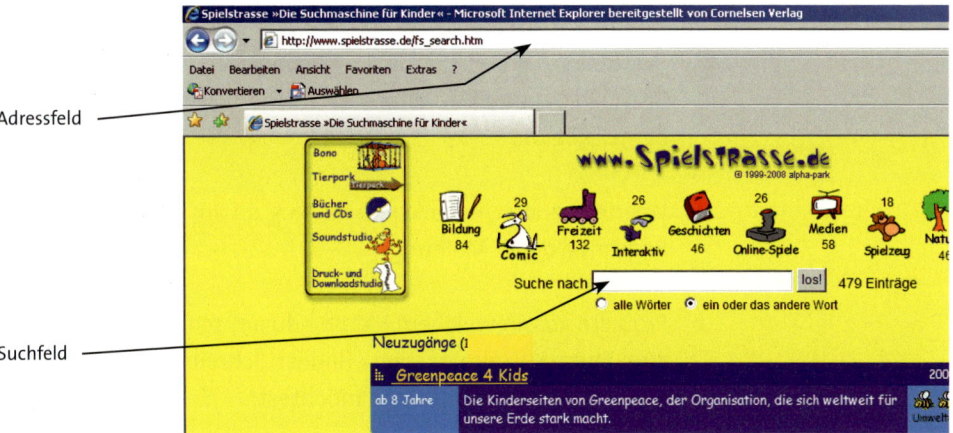

b Beschreibe jetzt die Internetseite der anderen Suchmaschine. Gehe dabei vor wie in Aufgabe a.

c Entscheide, welche Suchmaschine du zuerst verwenden möchtest, um nach Sagen aus deiner Heimatregion zu suchen. Begründe deine Entscheidung.

2 Um eine Suchmaschine erfolgreich nutzen zu können, benötigst du einen geeigneten Suchbegriff.

a Überlege, welchen Suchbegriff du am besten verwendest, wenn du im Internet Sagen aus deiner Heimatregion lesen möchtest.

b Probiere nacheinander beide Suchmaschinen aus. Schreibe den Suchbegriff in das jeweilige Eingabefeld und klicke auf »Suchen« bzw. »los!«.

c Beschreibe, was nach der Eingabe des Suchbegriffs passiert.
Wie viele Ergebnisse haben die Suchmaschinen gefunden?

d Suche das Ergebnis aus, das deiner Meinung nach am besten
zur gesuchten Information passt, und klicke es an. Findest du das
von dir Erwartete?

> **!** Viele Suchmaschinen bieten auch **Web-Kataloge** an. Das sind
> Sammlungen von Internetadressen, die bereits nach bestimmten
> Themen oder Sachgebieten sortiert sind.

3 Gehe auf die Seite der Suchmaschine http://www.spielstrasse.de,
dort findest du viele Katalogeinträge. Die Zahl über oder unter
den Symbolen zeigt dir an, wie viele Adressen zu einem Gebiet
gefunden wurden.

Web-Katalog —

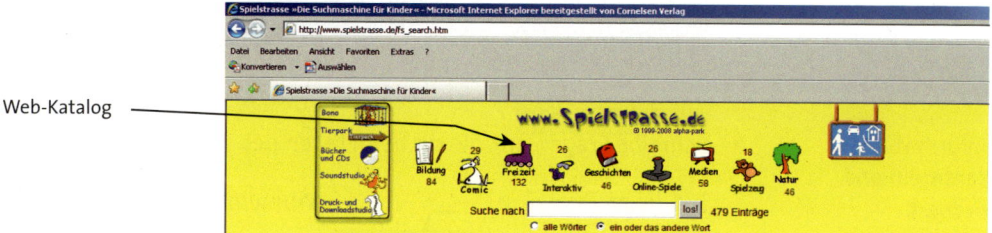

a Klicke auf das Feld »Geschichten«. Überprüfe, ob du in diesem Katalog
auch Informationen zu Kinderbüchern findest.

b Tauscht euch darüber aus, welcher Weg schneller zur Information
geführt hat: über die Suchmaschine oder über den Web-Katalog?

**Was habe ich
gelernt?**

4 Überprüfe, was du über das Suchen von Informationen gelernt hast.
Beantworte dazu die folgenden Fragen.

1 Worauf musst du achten, wenn du in einem
alphabetischen Katalog suchst?
2 Worauf musst du achten, wenn du in einem
systematischen Katalog suchst?
3 Erkläre deinem Lernpartner, wie man mit Suchmaschinen umgeht.

Präsentieren

Einen Vortrag vorbereiten

1 Im Rahmen eines Schüleraustauschs wird eine Gruppe ausländischer Schüler eure Schule besuchen. Deshalb wurdest du gebeten, den Gästen die sächsische Landeshauptstadt vorzustellen.
Bereite einen Vortrag zum Thema »Dresden – ein Besuch lohnt sich« vor.

Informationen sammeln und ordnen

a Schreibe Fragen auf, die dir beim Lesen des Themas sofort einfallen.

Wo liegt Dresden? — — *Wann wurde es gegründet?*

Dresden

... — ...

• **Fragen notieren**

 b Tauscht euch aus und ergänzt eure Fragen.

• **Stichpunkte machen**

c Beantworte die Fragen in Stichpunkten. Schreibe auf Karteikarten und lass dabei die erste Zeile frei.

Wo liegt Dresden?
– im Osten Deutschlands
– im Bundesland Sachsen
– am Fluss Elbe
– ...

• Informationen
ordnen

→ S. 219 Ober- und
Unterbegriffe

d Suche einen passenden Oberbegriff für jede Karteikarte
und schreibe ihn auf.

> Lage
>
> Wo liegt Dresden?
>
> – im Osten Deutschlands
>
> – im Bundesland Sachsen
>
> – am Fluss Elbe
>
> – Nachbarbundesländer: Bayern ...
>
> – Nachbarstaaten: ...

2 Erich Kästner (1899 –1974), der in Dresden seine Kindheit verbrachte,
hat das Buch »Als ich ein kleiner Junge war« geschrieben.

a Lies den folgenden Textausschnitt.

Dresden war eine wunderbare Stadt, voller Kunst und Geschichte
und trotzdem kein von sechshundertfünfzigtausend Dresdnern
zufällig bewohntes Museum. [...]
Wenn es zutreffen sollte, dass ich nicht nur weiß, was schlimm
5 und hässlich, sondern auch, was schön ist, so verdanke ich diese
Gabe dem Glück, in Dresden aufgewachsen zu sein. Ich musste,
was schön sei, nicht erst aus Büchern lernen. Nicht in der Schule
und nicht auf der Universität. Ich durfte die Schönheit einatmen
wie Försterkinder die Waldluft. Die katholische Hofkirche, George
10 Bährs Frauenkirche, der Zwinger, das Pillnitzer Schloss, das Japani-
sche Palais [...] und gar, von der Loschwitzhöhe aus, der Blick auf
die Silhouette der Stadt mit ihren edlen, ehrwürdigen Türmen.

b Suche aus dem Text weitere Informationen über Dresden heraus
und ergänze sie auf deinen Karteikarten.

> Sehenswürdigkeiten
>
> Was ist sehenswert?
>
> – Frauenkirche
>
> – katholische Hofkirche
>
> – ...

→ S.132
Im Internet Informationen suchen
→ S.67 Sachtexte erschließen

● ● ● **c** Suche in Nachschlagewerken, z.B. im Lexikon oder in einem Stadtführer, und im Internet nach den im Text genannten Bauwerken. Schreibe ergänzende Fakten, z.B. ihre Entstehungszeit, auf die Karteikarten.

Den Vortrag gliedern

❸ Überlege, wie du deinen Vortrag über Dresden gliedern könntest, und ordne die Karteikarten sinnvoll.

> *Lage*
> *Sehenswürdigkeiten*
> *...*

TIPP
Nenne die allgemeinen Informationen zuerst.

❹ Die Einleitung deiner Präsentation solltest du ausformulieren.

Eine Einleitung entwerfen

a Lies die folgende Einleitung und überlege, was geändert werden müsste. Begründe deine Meinung.

> *Also, ich möchte etwas über Dresden erzählen und hoffe, dass ihr neugierig seid. Also, es geht los ...*

b Lies die folgende Einleitung. Wie gefällt sie dir? Begründe deine Meinung.

> Sehr verehrtes Publikum,
> ich freue mich, heute vor Ihnen einen Vortrag halten zu dürfen über die wunderschöne Stadt Dresden. Außerdem hoffe ich, dass Sie auch eine Stadtführung geplant haben, damit Sie sich von dem,
> 5 was Sie hören, ein Bild machen können. Gute Unterhaltung wünsche ich Ihnen schon jetzt und würde mich sehr freuen, wenn Sie mir auch Fragen zum Thema stellen würden. Zunächst werde ich Ihnen die Gliederung meines Vortrags nennen, die Sie auf Folie auch mitlesen können ...

● **c** Schreibe die Einleitung aus Aufgabe b ab und trage sie dann laut vor.

d Schreibe nun für deinen Vortrag über Dresden eine passende Einleitung. Denke daran, wer deine Zuhörer sind, danach richtet sich auch deine Anrede.

● ● ● **e** Überlege, wie die Einleitung beginnen müsste, wenn du einen Vortrag vor Eltern halten sollst. Schreibe sie in dein Heft.

Einen Schluss
entwerfen

5 Auch der Schluss des Vortrags sollte ausgearbeitet sein.

a Lies das folgende Beispiel. Was ist dem Schüler gut gelungen?
Begründe.

Ich bedanke mich herzlich für eure Aufmerksamkeit
und bitte nun um eure Fragen zu meinem Vortrag.

b Schreibe einen Schluss für deinen Vortrag über Dresden
vor den Gastschülern.

c Überlege, wie dein Schluss lauten würde, wenn du den Vortrag
vor Eltern halten müsstest. Begründe deine Meinung.

> **So kannst du einen Vortrag vorbereiten**
> 1. Schreibe Fragen auf, die dir zu dem Thema einfallen.
>   Notiere erste Ideen zur Beantwortung in Stichpunkten.
> 2. Suche z. B. in Bibliotheken oder im Internet Texte,
>   die dir Informationen über das Thema geben.
> 3. Ordne die gefundenen Informationen Oberbegriffen zu
>   und schreibe sie stichwortartig auf Karteikarten.
> 4. Ordne die Karteikarten in einer logischen Reihenfolge.
> 5. Formuliere Einleitung und Schluss in knappen Sätzen.
>   • Nenne in der Einleitung das Thema und wecke
>   bei den Zuhörern Interesse dafür.
>   • Fasse am Schluss das Wesentliche kurz zusammen.

6 Kontrolliere nun, ob du an alle Vorbereitungen für einen
guten Vortrag gedacht hast.

1 Hast du wichtige und interessante Informationen
zusammengetragen?

2 Ist die Gliederung logisch aufgebaut?

3 Sind Stichpunkte zu allen Gliederungspunkten vorhanden?

4 Hast du Einleitung und Schluss ausformuliert?

Einen Vortrag richtig präsentieren

1 Betrachte die beiden Fotos und trage zusammen,
worin sich beide Präsentationen unterscheiden.

 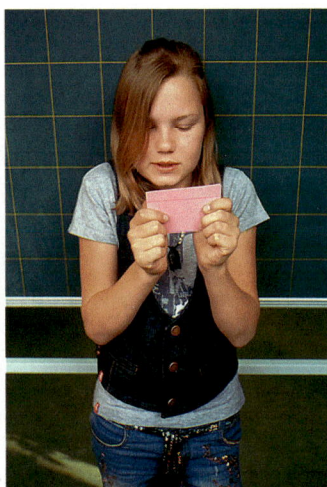

2 Wie könntest du etwas veranschaulichen?

Anschauungs-
material suchen

a Überlege dir geeignete Hilfsmittel und stelle eine Liste zusammen.

Wandkarte

...

b Sieh deine Karteikarten noch einmal an und überlege, welche
Gliederungspunkte du besonders anschaulich gestalten kannst.
Notiere dir Hinweise.

Lage
Wo liegt Dresden?
– im Osten Deutschlands
– im Bundesland Sachsen
– ...
–> auf der Wandkarte zeigen

Den Vortrag üben

3 Übe das freie Sprechen mithilfe deiner Karteikarten zum Thema »Dresden«.

 a Lest euch gegenseitig mehrmals laut und deutlich die einzelnen Stichpunkte vor. Gebt euch Tipps, was man verbessern könnte.

b Formuliere deine Stichpunkte zu kurzen, einfachen Sätzen aus und übe, den Vortrag nur mit dem Stichpunktzettel zu halten. Betone Wichtiges.

c Halte den Vortrag zu Hause mehrmals vor dem Spiegel oder vor deinen Eltern, um im freien und deutlichen Sprechen sicher zu werden.

d Nimm beim Üben deinen Vortrag auf. Höre die Aufnahme anschließend an und überlege, was du verbessern könntest.

> **!** Bei einem Vortrag ist auch die Körpersprache wichtig, z. B.:
> **Mimik**: dein Gesichtsausdruck und
> **Gestik**: deine Bewegungen.
> Durch Mimik und Gestik kannst du einen Vortrag
> noch lebendiger gestalten.

4

a Sieh dir die Bilder genau an. Beschreibe, was die Kinder fühlen.

b Tauscht euch darüber aus, was man mit folgender Mimik und Gestik ausdrücken könnte.

1 Du rümpfst die Nase.
2 Du hebst den Zeigefinger.
3 Du zuckst mit den Schultern.

So kannst du einen Vortrag richtig präsentieren
1. Nutze Anschauungsmöglichkeiten, z.B. Folien, Tafelbild, Plakat, Bilder, Kopien, Tabellen, eigene Skizzen.
2. Übe das freie Sprechen mehrmals mithilfe der Karteikarten.
3. Beim Halten des Vortrags solltest du
   • möglichst frei sprechen,
   • langsam, deutlich und betont sprechen,
   • vor allem kurze und einfache Sätze verwenden,
   • das Publikum anschauen,
   • Mimik und Gestik bewusst einsetzen.

5 Übe jetzt deinen vollständigen Vortrag über Dresden. Nutze dazu deine vorbereiteten Stichpunkte und Anschauungsmaterialien.

6 Bevor ihr euch in der Klasse einige Vorträge anhört, besprecht gemeinsam, worauf ihr beim Zuhören besonders achten wollt. Entwerft einen übersichtlichen Bewertungsbogen.

Name des Schülers	
– freies, deutliches Sprechen	
– ...	

 **7** Wähle eine andere deutsche Landeshauptstadt aus und stelle sie vor.

→ S.128 Informationen sammeln

Was habe ich gelernt?

8 Überprüfe, was du über das Präsentieren gelernt hast. Beantworte dazu die folgenden Fragen.

1 Warum sollte ich Einleitung und Schluss ausformulieren?
2 Welche Rolle spielt meine Stimme beim Vortragen?
3 Was bedeutet Gestik?
4 Womit erreiche ich einen anschaulichen Vortrag?
5 Wie sollte mein Vortrag gegliedert sein?
6 Wovon hängt die inhaltliche und sprachliche Gestaltung meines Vortrags ab?

Mit Medien umgehen

  1

a Seht euch die abgebildeten Medien an. Tauscht euch darüber aus, wie oft und zu welchem Zweck ihr sie nutzt.

b Nennt weitere Medien, die für euch wichtig sind. Begründet, warum.

 Medien sind Mittel zur Verständigung der Menschen untereinander. Damit sind vor allem die Massenmedien gemeint, wie z. B. Zeitung, Zeitschrift, Hörfunk, Film, Fernsehen, Computer.
Es werden Medien zum Lesen (Printmedien, z. B. Buch, Zeitung, Zeitschrift) und Medien zum Hören und Sehen (audio-visuelle Medien, z. B. Telefon, Film, Hörfunk, Fernsehen, Internet, Videospiele) unterschieden.

2

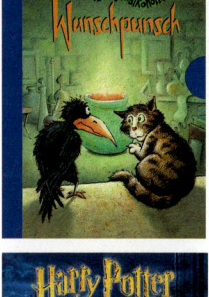

a Lies den folgenden Bericht aus einer Studie über Kinder und Medien.

Bei den Freizeitbeschäftigungen mit Medien ist das Fernsehen die häufigste Tätigkeit der Sechs- bis 13-Jährigen. Die meisten sitzen sogar jeden oder fast jeden Tag vor dem Fernseher. Fast drei Viertel hören regelmäßig Musik-CDs oder Musikkassetten. 67 von
5 hundert befragten Kindern sitzen Woche für Woche vor dem Computer. Jedes zweite Kind zählt zu den regelmäßigen Radio-hörern oder liest Bücher in der Freizeit, Zeitschriften werden etwas weniger genutzt. Fast die Hälfte der Befragten beschäftigt sich regelmäßig mit Konsolenspielen oder mit dem Gameboy.
10 40 von hundert Kindern lesen mindestens wöchentlich Comics.

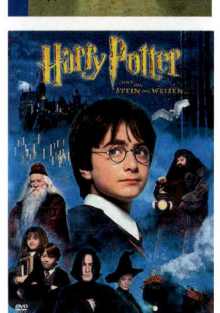

b Übertrage die folgende Tabelle in dein Heft. Schreibe die Medien, die im Text der Aufgabe a genannt werden, in die richtige Spalte.

Medien zum Lesen (Printmedien)	Medien zum Hören und Sehen (audiovisuelle Medien)
…	Fernsehen

c Unterstreiche die Medien, die Kinder am häufigsten nutzen.

 d Stellt fest, welche Medien in eurer Klasse am beliebtesten sind. Schreibt dazu eure Lieblingsmedien auf und tauscht euch darüber aus.

Mit Kinderbüchern umgehen

1 »Wer lesen und schreiben kann, hat vier Augen.«

a Erkläre dieses albanische Sprichwort.

b Sieh dir die abgebildeten Einbände von Kinderbüchern an.
Welche kennst du oder hast du bereits gelesen? Wie haben sie
dir gefallen?

c Entscheide dich für einen der folgenden Arbeitsaufträge.

1. Stelle deine Lieblingskinderbücher anhand kurzer Steckbriefe
auf einem Plakat vor.

> Autor:
> Titel:
> Geschenkt, geliehen, gekauft?
> Wie oft gelesen?
> Was gefällt daran?
> Kritisches
> kurze Inhaltsangabe
> Seitenzahl

→ S.128 In einer
Bibliothek
Informationen
suchen

2. Gehe in die Bibliothek und informiere dich über das Angebot an
Kinderbüchern für deine Altersklasse. Kläre die folgenden Fragen:
   • Wie viele verschiedene Kinderbücher für deine Altersklasse gibt es?
   • Welche der Bücher werden am häufigsten ausgeliehen?
   • Wann wurden diese Bücher geschrieben?

3. Frage bei deinen Großeltern, Eltern, Geschwistern und Mitschülern nach, welche Kinderbücher sie am liebsten gelesen haben bzw. lesen. Stelle eine »Generationshitliste« zusammen.

Die Lieblingsbücher meiner ...	
Großeltern Eltern Tanten, Onkel älteren Geschwister jüngeren Geschwister Freundinnen, Freunde	»Die rote Zora und ihre Bande« ...

! Die **Kinder- und Jugendliteratur** ist ein Teil der deutschen und der Weltliteratur. Bereits im 18. Jahrhundert wurden speziell für Kinder und Jugendliche Bücher geschrieben, in denen ihr Alltag, ihre Sorgen und Probleme, aber auch ihre Träume, Hoffnungen und Fantasien im Mittelpunkt standen. Bekannte Schriftsteller sind z. B. Wilhelm Busch, Mark Twain, Erich Kästner, Astrid Lindgren, Gerhard Holtz-Baumert, Christa Kožik, Michael Ende und Christine Nöstlinger.

2 Christine Nöstlinger schrieb das Kinderbuch »Dicke Didi, fetter Felix«.

a Lies den folgenden Textausschnitt vom Beginn des Buches.

Und dann gab es in der Siedlung »Frohe Eintracht« bis vor einem
Jahr noch die dicke Didi und den fetten Felix.
Die dicke Didi wohnte am Amselweg. Der fette Felix wohnte
am Nachtigallenweg. Trotzdem waren sie Nachbarn, weil
5 der Amselweg der Weg neben dem Nachtigallenweg war
und Didis Garten dort aufhörte, wo der Garten von Felix anfing.
Didi und Felix waren gleich alt und gleich groß. Viele Leute hielten
sie für Zwillinge. Das lag am Fett. Fette Bäuche sehen einander
ähnlich. Fette Beine auch. Und Augen, eingezwängt zwischen
10 dicken Wangen und feisten Stirnen, schauen auch gleich aus.
Dabei hatte Didi blaue Augen und Felix braune. Und Didi, wäre das
Fett nicht gewesen, hätte eine Spitznase gehabt – wie ihre Mutter.
Und Felix, ohne Fett, eine Kugelnase – wie sein Vater.

b Fasse zusammen, was du aus diesem Textausschnitt erfährst.

c Tausche dich mit deinen Mitschülerinnen und Mitschülern darüber aus, wie es mit den beiden weitergehen könnte. Stelle mithilfe des folgenden Klappentextes des Buches Vermutungen an.

Die dicke Didi und der fette Felix sind Freunde – notgedrungen, weil die anderen Kinder sie nur auslachen und nichts mit ihnen zu tun haben wollen. Das ist zwar ungerecht, aber Didi macht es nicht mehr so viel aus, seit sie in Felix verliebt ist. Als sich die
5 Situation schlagartig ändert, ist Didi zuerst verzweifelt. Doch dann entdeckt sie, was man alles mit Wut im Bauch statt mit Tränen in den Augen erreichen kann.

TIPP
Beachte auch den Titel des Buches.

d Gestalte mithilfe des Textauszuges einen passenden Einband für das Buch.

e Vergleicht eure Entwürfe in der Klasse und besprecht, welche am besten gelungen sind. Begründet eure Meinungen.

→ **S. 128** In einer Bibliothek Informationen suchen

 **3** Besorgt euch das Buch aus der Bibliothek.

a Seht es euch genau an und beantwortet die folgenden Fragen. Tauscht euch über eure Ergebnisse in der Klasse aus.

1 Welche äußere Form hat das Buch: Hat es einen festen Einband (Hardcover) oder ist es ein Taschenbuch (Softcover)?
2 Wie ist der Einband gestaltet?
3 Welche Informationen findet ihr auf dem Einband?
4 Welche Angaben sind auf den ersten und den letzten Seiten enthalten?
5 Wer hat das Buch illustriert? Passen die Illustrationen zum Inhalt der Kapitel?
6 Gefällt dir die Gestaltung des Buches insgesamt?

b Nimm ein anderes Kinderbuch zur Hand und sieh es dir genau an. Gehe dabei vor wie in Aufgabe a. Übertrage die folgende Tabelle in dein Heft und notiere Angaben zu den Büchern. Finde Gemeinsamkeiten und Unterschiede heraus.

	»Dicke Didi, ...«	...
äußere Form Einbandgestaltung	fester Einband ...	... ...

Den ersten Eindruck von einem Buch gewinnen

1. Sieh dir das Buchcover an und überlege, wie du den Titel verstehst. Achte auch auf die Titelillustrationen.

2. Lies den Klappentext und vermute, worum es in der Geschichte geht.

Victor Caspak • Yves Lanois

DIE KURZ-HOSENGANG

Bilder von Ole Könnecke

Deutsch von Andreas Steinhöfel

Ausgezeichnet mit dem Deutschen Jugendliteraturpreis

Klappentext zu »**Die Kurzhosengang**«:

Vier Jungs aus Kanada werden über Nacht zu Stars, und niemand hierzulande bekommt es mit. Vier Jungs stellen sich den Naturgewalten, kämpfen gegen Grizzlys und Wölfe, werden dabei zu Lebensrettern und Geisterjägern. Züge sind kurz vorm Entgleisen, Eishockey-spieler gefrieren mitten im Spiel und den vier Jungs bleibt zwischendurch das Herz stehen.

3. Lies das Inhaltsverzeichnis oder blättere die Seiten durch. Finde heraus, ob der Text Zwischenüberschriften hat.

4. Mache die Fingerprobe: Lies den Anfang und ein Zufallszitat. Überlege dann, was du von dem Buch erwartest.

1 Besorgt euch das Buch in der Bibliothek. Löst die Aufgaben 3 und 4 der Schrittfolge.

2 Suche weitere Informationen über Buch und Autoren im Internet.

Das Lesetagebuch

Ein Lesetagebuch ist ein persönliches Heft, in das du beim Lesen eines Buches deine Gedanken, Fragen und Gefühle schreibst. Außerdem notierst du wichtige Informationen zu Handlung und Personen. Wie du ein Lesetagebuch führen kannst, zeigen dir die folgenden Schritte:

1. **Vor dem Lesen**
   Gestalte das Deckblatt deines Lesetagebuchs. Schreibe auf, was du über den Titel denkst und welche Erwartungen der Klappentext bei dir weckt.

   Lesetagebuch von
   Leonard
   zu »Die Kurzhosengang«
   Begonnen am : 25. April
   Beendet am: 3. Mai

2. **Beim Lesen**
   Beginne jeden neuen Eintrag in deinem Heft mit Datum und Seitenangaben. Schreibe auf,
   • was in dem Kapitel passiert ist und wie du darüber denkst,
   • was du über die Personen erfahren hast und wie sie auf dich wirken,
   • was du nicht verstanden hast.
   Du kannst einen Satz abschreiben und erklären, warum er dir aufgefallen ist.
   Gib jedem gelesenen Textabschnitt eine eigene Überschrift.

   26. April
   Seite ... bis Seite ...
   Personen: Rudolpho ...
   inkognito = unerkannt

3. **Nach dem Lesen**
   Schreibe auf, wie dir das Buch gefallen hat.
   Begründe deine Meinung.
   Gestalte dein Heft. Zeichne etwas zu der Geschichte oder füge eigene Texte hinzu.

   2. Mai
   Meine Eindrücke:
   ☺   ☹
   witzige   schwierige
   Jungs   Wörter

❶ Richte zu dem Textauszug auf S.152–158 dein persönliches Lesetagebuch ein. Orientiere dich dabei an der Schrittfolge 1 bis 3.

Comics – witzige Geschichten in Bildern

1 Informiere dich auf dieser Seite über die Merkmale von Comics.

Comics heißen wörtlich übersetzt »drollige Streifen« und stehen in der Tradition des Bilderbogens sowie gezeichneter und gedruckter Bildgeschichten, wie es sie bereits seit dem Mittelalter gibt. Die heutigen »Comicstrips« kamen in den 30er-Jahren des
5 20. Jahrhunderts aus amerikanischen Zeitungen zu uns. Dort gab es sie schon Ende des 19. Jahrhunderts als Fortsetzungsserien.

Ein wichtiges Element der Comics sind die **Sprechblasen**, auch *Balloons* genannt. Sie bilden einen Rahmen für die gesprochenen Dialoge der Figuren.

10 Mit der Gestaltung der **Schrift** können Lautstärke, Gefühle und Stimmungen ausgedrückt werden. Groß und fett steht für Rufen oder Brüllen. Dünne und krakelige Schrift bedeutet Angst. Altmodische oder geschwungene Schreibschrift kann darauf hinweisen, dass die sprechende Person aus einer anderen Zeit kommt.

15 Manchmal werden statt Sprache **Symbole** verwendet, wie z. B. eine Glühbirne für einen tollen Einfall oder ein Herz für Verliebtsein.

Lautmalende Wörter, auch *Onpos* genannt, treten außerhalb der Sprechblasen auf und verdeutlichen Geräusche, z. B. *Booom*, *Klick*.

Ein Geschehen kann man von fern oder nah betrachten. In einem
20 Comic nutzt man dafür die **Einstellungsgröße**. Für einen Überblick über den Handlungsort wählt man eine Totale. Je wichtiger etwas ist, desto größer wird es im Vordergrund gezeichnet.

Wichtig sind ein klarer Bildaufbau und die schwarzen Umrandungen (**Konturen**) um Gegenstände und Figuren.

25 **Bewegungslinien**, so genannte **Speedlines**, stellen Bewegungen von Gegenständen und Personen dar. Sie verdeutlichen Schnelligkeit. Zeitlupe wird durch mehrere Einzelbilder gezeigt.

Da es nicht viel Platz für Texte und Dialoge gibt, spielt die Sprache des Körpers (**Gestik**) und des Gesichts (**Mimik**) eine große Rolle.

2 Denkt euch einen Dialog aus und schreibt ihn als Sprechblase auf. Stellt Gefühle, Lautstärke und Geräusche geeignet dar.

→ **S.148** Selbst einen Comic gestalten

3 Gestaltet selbst einen Comic. Seht euch auch das Beispiel auf S. 161 an.

Selbst einen Comic gestalten

Dabei könnt ihr einzeln oder in Gruppen arbeiten.
Geht in folgenden Schritten vor, damit eure Arbeit gelingt:

1. Sucht euch ein Thema aus, zu dem ihr einen Comic gestalten wollt. Ihr könnt natürlich auch ein Thema wählen, das ihr auf den Seiten dieses Sprach- und Lesebuches gefunden habt.
2. Informiert euch über die Gestaltungskriterien des Comics.
3. Denkt euch einen Handlungsablauf aus. Schreibt in Stichworten die Bildfolge und den Text eurer Handlung auf. Bedenkt folgende Fragen:
   - Wird die Handlung nur durch Bilder erzählt? In welcher Reihenfolge läuft sie ab? Wie groß sind die Abstände zwischen den Bildern? Wie viele Bilder werden benötigt und wie werden sie angeordnet?
   - Wer sind die Hauptpersonen, woran erkennt man sie immer wieder? Wie wird ihre Bewegung ausgedrückt?
   - Aus welcher Perspektive soll der Leser auf die Handlung sehen?
   - Wird die Handlung mithilfe von Bild und Text erzählt? Soll sich der Text reimen? Tauchen Geräuschwörter auf? Kann man die Bilder auch ohne Text verstehen?

4. Macht Skizzen, wie ihr euch eure handelnden Personen vorstellt, und entwerft die Bildfolge. Ihr könnt dabei noch experimentieren und verändern.
5. Stellt die Reinzeichnungen her und schreibt die Texte für die Sprechblasen. Ihr könnt sie auch auf dem Computer schreiben, ausdrucken und in die Reinzeichnung kleben. Zum Schluss könnt ihr den Comic je nach Wunsch noch farbig gestalten. Beachtet das schwarze Umranden aller Bildgegenstände und Figuren.
6. Gestaltet ein Deckblatt für eure Geschichte (Titel, Hauptfigur, Verfasser).

Mit Kinderzeitschriften umgehen

1 »GEOlino«, »Was ist Was« und »Stafette« sind bekannte
Kinder- und Jugendzeitschriften.

a Kennst du diese Zeitschriften?
Welche Zeitschriften würdest du gerne lesen?

> **!** In Deutschland gibt es fast für jede Altersgruppe der Kinder und
> Jugendlichen extra **Zeitschriften**. Sie erscheinen in unterschiedlichen
> Abständen: wöchentlich, alle zwei Wochen, monatlich oder sechs
> Mal im Jahr. Du kannst sie am Zeitungsstand oder im Buchladen
> kaufen oder nach Hause bestellen, das heißt abonnieren.

TIPP
Legt dazu eine
Tabelle an.

b Stellt eine Zeitschriften-Hitliste eurer Klasse auf. Findet auch heraus,
welche Zeitschriften abonniert und welche nur ab und zu gekauft
werden. Einigt euch zuerst, wie ihr dabei vorgehen wollt.

 c Seht euch zwei Zeitschriften aus der Hitliste genauer an.
Übertragt die folgende Tabelle in euer Heft und ergänzt sie.

	Zeitschrift 1	Zeitschrift 2
Titel Erscheinungsweise Altersgruppe Preis Farben Themen Aufbau Werbung		

d Tragt eure Ergebnisse zusammen. Tauscht euch darüber aus, was euch an den Zeitschriften gefällt bzw. was ihr kritisiert.

2 Organisiert in größeren Gruppen eine Redaktionssitzung und gestaltet eure eigene Klassenzeitschrift.

a Überlegt, welche Themen in eurer Zeitschrift Platz finden sollen, und teilt sie auf.

Was?	Wer?
Mode	Janine, Leo
Sport	Lara, Tim
...	...

b Recherchiert das Material für euer Thema im Internet. Schreibt, selbst einen kurzen Artikel.

c Sucht einen Namen für eure Zeitung.

d Findet passende Fotos oder illustriert die Zeitschriftenartikel.

Was habe ich gelernt?

3 Überprüft, was ihr über Medien gelernt habt. Bastelt dazu ein Quartett zum Thema *Medien*. Ihr könnt z. B. je vier bekannte Kinderzeitschriften, Kinderbücher, Hörmedien, Massenmedien, Kinderbuchschriftsteller, Kinderfilme, Comic-Helden, Kinderbuchfiguren usw. aufnehmen.

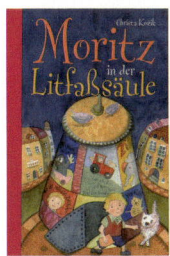

Moritz, der von zu Hause ausgerissen ist, versteckt sich in einer Litfaßsäule. Dort trifft er eine sprechende Katze, mit der er sich über viele Fragen des Lebens unterhält.

Christa Kožik

Moritz in der Litfaßsäule

Moritz blätterte in der Zeitung. »Die Ernte ist eingebracht, im Weitspringen haben wir einen neuen Weltrekord. Und auf den Schneckeninseln ist eine Überschwemmung.«
»Wo liegen die denn?«, fragte die Katze interessiert.
5 »Keine Ahnung. Vielleicht im Erdinnern. Hier, kannst selber weiterlesen.« Er warf ihr die Zeitung vor die Nase.
»Danke, ich habe jetzt keine Lust zu lesen.«
Moritz sah sie verschmitzt an. »Gib doch zu, du kannst gar nicht lesen.« Und er freute sich sehr, dass sie endlich mal was nicht
10 konnte.
»Ich kann lesen«, behauptete sie. »Aber nur Schilder: KINO, EIS und PIZZA.«
»Bücher nicht?«
»Bücher interessieren mich nicht. Sie riechen langweilig, nach
15 Staub. Und von Staub muss ich niesen.« Und sie nieste zur Anschauung gleich ein piepsiges Niesen.
»Ich finde Bücher gut. Man liest so ein Buch, und das Kind im Buch heißt zwar ganz anders, aber man denkt, man erlebt alles selber, für eine Weile jedenfalls. Das macht Spaß. Auf diese Weise kann
20 man viele Leben leben«, erklärte Moritz.
»Das ist aber gefährlich. Kann man sich da nicht verwechseln?«, fragte die Katze.
»Ach, Quatsch. Das meiste vergisst man bald wieder. Nur manche Bücher, die hat man immer in sich. Man vergisst sie nie.«

1 Fasse mit eigenen Worten zusammen, was Moritz über das Lesen von Büchern sagt.

2 Welche Bücher hast du nicht vergessen? Begründe, warum.

[1] erfundene Namen, eigentlich von Zoran Drvenkar

Victor Caspak, Yves Lanois[1]

Die Kurzhosengang

Rudolpho erzählt als Erster seine Geschichte
zu dem Namen »Kurzhosengang«.

Die Leute fragen oft, was es denn Wichtiges über die Kurzhosengang zu wissen gibt. Hier sind die fünf wichtigsten Punkte:
1) Die Kurzhosengang sitzt im Kino immer in der siebten Reihe
auf den Plätzen 22, 23, 24 und 25. Wir gehen nur am Samstagnach-
mittag ins Kino. Die Kurzhosengang würde sich lieber die Filme
im Abendprogramm ansehen, das könnt ihr mir glauben. Filme
wie *Blutiges Massaker* oder *Tot und begraben und dreimal draufge-
hauen*. Da wir aber nun mal elf Jahre alt sind, haben wir keine
große Wahl.
2) Zwar feiern wir erst nächstes Jahr unseren zwölften Geburtstag,
dennoch wissen wir, wo der Bus abfährt. Einmal im Monat fahren
Snickers' Eltern übers Wochenende aufs Land und dann bekommt
Snickers von der ganzen Gang Besuch. Das ist dann was. Kaum
haben die Eltern die Wohnung verlassen, sprintet Snickers zum
Telefon und ruft uns an.
»Die Luft ist rein!«
Fünf Minuten später erklingt vor dem Haus ein Dröhnen. Island
bremst, kickt den Seitenständer seiner Maschine raus und prüft
seine Frisur im Chrom des Auspuffs. Gleichzeitig komme ich
quietschend um die Kurve und berühre mit einem Knie den
Asphalt. Zement folgt mit einer Minute Verspätung und weiß
eigentlich noch nicht, dass er schon losgefahren ist.
Im Wohnzimmer erwarten uns dann Fernseher und Videorekorder
und Tüten mit Chips. Die Kurzhosengang ist ein Riesenfan von
Horrorfilmen. Am liebsten etwas mit Vampiren und viel Blut und
einer Menge Geschrei. Snickers' Schwester besorgt uns die Filme
aus der Videothek. Sie ist neunzehn und das schönste Mädchen
in ganz Kanada. […]
3) Die Namen der Mitglieder der Kurzhosengang sind natürlich
nicht unsere richtigen Namen. Niemand wird geboren und heißt
Snickers oder Island oder Zement. Auch würde keine Mutter ihr
Kind Rudolpho nennen. So was nennt man *inkognito sein*. Wenn
jeder wüsste, wer die Mitglieder der Kurzhosengang sind, dann
würde hier aber die Post abgehen, das lasst euch mal gesagt sein.

35 4) Wir leben in einer kleinen kanadischen Stadt, in der jeder
schon mal mit dem anderen gesprochen hat. Wenn wir auf die
Straße gehen, sehen wir anders aus als zu Hause. Wir gucken und
laufen und reden anders. Wir sind dann lässig wie Eiswürfel am
Strand von Tahiti. Unsere Eltern gehen an uns vorbei und denken:
40 *Da ist ja wieder die Kurzhosengang.* Sie denken nicht: *Da sind ja
unsere Kinder.* Die Kurzhosengang hat keine Kinder als Mitglieder.
Wir tun nur so, als ob wir Kinder wären.
5) Die Kurzhosengang wurde mitten im Winter zur Kurzhosengang. Dieser Tag stellt ein bedeutendes Datum in der Weltge-
45 schichte dar. […]

1 Notiere dir die wichtigen Informationen zu den Personen in
dein Lesetagebuch.

2 Erkläre den Satz: »So was nennt man *inkognito sein*.« (Z.32)

Wir hatten Sportunterricht. Draußen schneite und stürmte es,
während wir durch die Turnhalle liefen und einem Basketball
hinterherjagten. […]
Mittendrin muss es passiert sein.
50 Vielleicht bekam Zement gerade wieder den Ball zugespielt, vielleicht wurde Island eben eingewechselt, vielleicht öffnete sich
Snickers' Schnürsenkel und er bückte sich …
Was wir auch taten, mit einem Schlag ging das Licht aus und es
war stockduster in der Turnhalle. Stockduster und unheimlich
55 still. In dieser Stille bekamen wir das erste Mal mit, was für ein
Sturm da draußen tobte. Ich meine, wir befanden uns ja einige

Meter unter der Schule, dennoch hörten wir, wie der Sturm über das Land fegte. Das Tosen drang durch die Lüftung herein. Es klang wie ein Drachen, der sein Maul gegen die Wände der Schule

60 drückte und laut fauchte.

»Da draußen will ich jetzt aber nicht sein«, sagte ein Junge neben mir.

»Ich auch nicht«, hörte ich einen anderen Jungen sagen.

Dann war wieder Schweigen.

65 Ein böses Knattern und Rauschen kam von allen Seiten.

»Das ist nur der Wind«, sagte ein Junge.

»Was ist da oben bloß los?«, sagte ein anderer Junge.

»Wir sollten vielleicht …«

»KEINER RÜHRT SICH VON DER STELLE, BIS DAS LICHT

70 WIEDER AN IST!«, brüllte Kniescheibe.

Sein Brüllen klang im Dunkeln noch viel lauter. Wir rührten uns nicht von der Stelle und warteten. Irgendwann sagte eine Stimme völlig überrascht:

»Hupps, das Licht ist ja aus.«

75 Und dann schrie das erste Mädchen. […]

3 Was passiert in dieser Sportstunde?

4 Gib diesem Abschnitt eine Überschrift.

5 Schreibe in dein Lesetagebuch, wie du dich in dieser Situation gefühlt hättest und was du machen würdest.

Der Sportlehrer, den die Schüler Kniescheibe nennen, verletzt sich bei dem Versuch, die Turnhalle im Dunkeln zu verlassen. Zusammen mit der Sportlehrerin suchen die Jungen und Mädchen den Hausmeister.

Auf dem obersten Treppenabsatz öffnete ich die Tür und wollte eben durch den Flur zum Hausmeister rübergehen – doch ich stand im Freien. Snickers, Island und Zement stellten sich neben mich. Innerhalb von Sekunden waren wir alle vier mit einer

80 feinen Schicht Schnee bedeckt. Die Sportlehrerin bekam auch eine Ladung ab, dann scheuchte sie die Mädchen und Jungen wieder runter in die Turnhalle.

Jemand fing an zu weinen, jemand rief, dass die Welt untergeht,
dann hörten wir nichts mehr von unserer Klasse.

85 »Wo ist die Schule?«, sagte Snickers.

»Wo ist mein Fahrrad?«, sagte Island.

»Wo sind wir?«, sagte Zement.

Wer genau hinsah, konnte erkennen, wo die Schule früher
gestanden hatte. Ein paar Ziegelsteine lagen herum und

90 die Umrisse der Mauern waren auf dem Boden zu erkennen.
Nur ein Teil vom Treppenhaus und der Türrahmen, der in die
Turnhalle hinunterführte, standen noch aufrecht im Wind.

»Die Schule ist weg«, sagte ich und dann kreischten wir alle vier
laut und rannten zu den anderen in die Turnhalle hinunter.

95 Später erfuhren wir, dass die gesamte Schule wegen Orkangefahr
evakuiert worden war. Während wir unten unsere Aufwärm-
übungen machten, war eine Rettungsmannschaft den Hügel hoch-
getrabt. Alle Schüler und Lehrer waren gerettet worden, bevor die
Schule vom Orkan in ihre Einzelteile zerlegt wurde. Ich hätte

100 gerne gesehen, wie das vor sich ging, das war sicher irre spannend.
Und wir spielten die ganze Zeit über in der Turnhalle Basketball.
Es hätte uns eigentlich mal jemand Bescheid sagen können.
Aber nein, man hat uns einfach vergessen. […]

Die Jungen beschließen, Hilfe zu holen. Sie erkennen bald, dass sie sich nur selbst helfen können. Sie gelangen zu einer verlassenen Feuerwehr.

Unser größtes Problem war, dass wir nur kurze Hosen und T-Shirts
105 trugen. Unsere richtigen Klamotten lagen in der Umkleidekabine, die mit der Schule im Nichts verschwunden war. […] Wir hätten in der Antarktis stehen können, so ein Gefühl war das. Vier Jungen in kurzen Hosen mitten in der Antarktis. […]
Ein Hupen erklang. Zement winkte uns aus einem der drei Feuer-
110 wehrwagen, die wie polierte Münzen glänzten.
»Der Feuerwehrwagen hilft uns nicht«, sagte Snickers und suchte nach dem Telefon. Er fand es an einer Wand, hob den Hörer ab und lauschte.
»Tot«, sagte er und legte wieder auf.
115 »Der Feuerwagen hilft uns vielleicht doch«, sagte ich und stieg zu Zement in die Fahrerkabine.

Jetzt glaubt ihr vielleicht, ich hätte schon mal bei meinem Vater auf dem Schoß gesessen und wäre mit dem Auto durch die Landschaft gefahren. Falsch. Mein Vater besitzt nicht einmal ein Auto.
120 Aber wir haben mal ein Seifenkistenrennen gemacht, und ich dachte mir, wie anders konnte das denn sein.
Es war sehr anders.
Ich kam nicht mal an die Pedale ran.
»Ich mach das schon«, sagte Zement und kroch runter.

125 In Zeitlupe fuhren wir aus der Garage raus und wurden sofort vom
Wind durchgeschüttelt. Der Scheibenwischer war viel zu schwach
für den Schnee. Snickers hängte den Kopf aus dem Beifahrerfenster
und rief mir zu, wohin ich lenken sollte. Ohne Snickers wäre ich
sofort gegen eins der Häuser gefahren. Island saß am Schalt-
130 knüppel und bewegte ihn auf und ab, wie es ihm in den Kopf kam,
während ich mit geschlossenen Augen lenkte. Ich hatte so eine
Angst, in die falsche Richtung zu fahren, dass ich die Augen lieber
geschlossen hielt.
»JETZT NACH LINKS!«, rief Snickers.
135 Und ich lenkte nach links.
»JETZT GAS GEBEN!«, rief Snickers.
Zement gab natürlich erst mal kein Gas, also trat ich ihm in den
Hintern, Zement rief »AU!« und drückte das Gaspedal durch.
»KUPPELN!«
140 Zement drückte die Kupplung, Island haute den Schaltknüppel
in alle möglichen Richtungen, dass er ihn beinahe abbrach.
Das Feuerwehrauto zuckte wie ein wildes Pferd. Manchmal
hatte ich das Gefühl, wir fuhren im Kreis, manchmal war
ich mir sicher, dass wir überhaupt nicht fuhren, sondern
145 wie ein Schlitten dahinglitten und gleich an der kanadischen
Grenze ankommen würden.
»JETZT EINFACH GERADEAUS!«, rief Snickers.
Und ich umklammerte das Lenkrad, presste die Augen fest
zusammen und versuchte, den Feuerwehrwagen auf Geradeaus
150 zu halten.
»GERADEAUS HABE ICH GESAGT!«, rief Snickers.
Wir rasten dahin, wir keuchten laut und uns war so heiß, als
würden wir direkt unter einer Höhensonne sitzen. Und als dann
Snickers »HALT!« rief, trat ich Zement in den Hintern, und
155 Zement rief »AU!« und drückte die Bremse, und ich nahm die
Hände vom Lenkrad und hielt sie in die Luft, als würde mich
jemand mit einer Pistole bedrohen.
»Wieso HALT?«, fragte Zement von unten.
»Ja, wieso HALT?«, fragte auch Island und ließ den Schaltknüppel
160 nicht los.
»Ja, wieso?«, fragte ich.
»Weil wir da sind«, sagte Snickers und sprang aus dem Beifahrerfenster mitten in den Schneesturm hinein.
Der Rest ging schnell.
165 Wir rasten in die Turnhalle und verfrachteten alle in das Feuer-
wehrauto. […]

6 Erzähle mit eigenen Worten nach, wie die Fahrt mit dem Feuerwehrauto verläuft.

7 Gib diesem Abschnitt eine Überschrift.

Fragt mich nicht, wie wir es geschafft haben, wieder in die Garage
der Feuerwehr zu fahren. […]
Nachdem wir wieder auf festem Boden standen, starrten uns
170 die Mädchen und Jungs an, als wären wir ein Weltwunder.
»Ich will einen Kakao«, sagte Zement.
»Ich will nur ein heißes Bad und dann schlafen«, sagte Snickers.
»Was gucken die so blöde?«, sagte Island.
Die Jungs und Mädchen guckten noch eine Weile lang blöd, dann
175 tauchte die ganze Stadt auf und eine Reporterin mit einem Kame-
ramann war auch dabei. […]
»Ihr habt viele Menschen gerettet, bei Sturm und Wind!«, rief
die Reporterin und alle klatschten.
»Ihr habt gegen den Orkan angekämpft und sogar eure zwei
180 Lehrer vor dem Erfrieren bewahrt!«, rief die Reporterin und alle
klatschten.
»Ihr seid Helden!«
»Helden!«, riefen alle.
Zement schüttelte den Kopf. Sofort wurden sie still.
185 »Wir sind keine Helden«, sagte Zement und verstummte.
Alle warteten, dass er weitersprach. Nur Snickers, Island und ich
wussten, dass Zement nichts mehr sagen würde. Als er dann aber
doch was sagte, waren wir so überrascht, dass wir nur nicken
konnten.
190 »Wir sind die Kurzhosengang«, sagte Zement, »und wir sind
müde.«

8 Schreibe in dein Lesetagebuch, was du über die Kurzhosengang
denkst.

●●● **9** Wenn du erfahren möchtest, was Snickers, Island und Zement
über die Entstehung der Kurzhosengang erzählen, dann lies
das ganze Buch.

Wilhelm Busch

Die kluge Ratte

Es war einmal eine alte, graue Ratte,
die, was man sieht, ein Fass gefunden hatte.

Darauf, so schaut die Ratte hin und her;
was in dem Fasse drin zu finden wär.

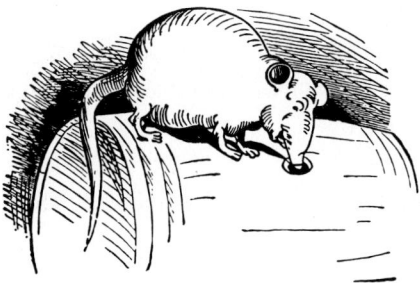

Schau, schau! Ein süßer Honig ist darein,
doch leider ist das Spundloch viel zu klein.

Indes die Ratten sind nicht gar so dumm,
sieh nur, die alte Ratte dreht sich um.

Sie taucht den langen Schwanz hinab ins Fass
und zieht ihn in die Höh' mit süßem Nass.

Nun aber ist die Ratte gar nicht faul
und zieht den Schwanz sich selbst durch das Maul.

→ S. 45 Eine Geschichte
nacherzählen

1 Erzähle die Bildgeschichte mit eigenen Worten nach.

2 Hast du schon einmal ähnlich »kluge« Tiere beobachtet?
Berichte darüber.

3 Reimen macht Spaß, versucht es selbst. Sucht aus einer Tageszeitung
oder einer Zeitschrift eine Bildgeschichte aus und erfindet einen Text
zu jedem Bild. Stellt eure Bildgeschichten in der Klasse vor.

Thorsten Trantow

Schraubenproblem

1 Weise an diesem Beispiel die Merkmale eines Comics nach.

→ S.148
Selbst einen Comic gestalten

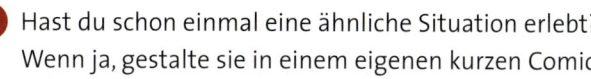 **2** Hast du schon einmal eine ähnliche Situation erlebt?
Wenn ja, gestalte sie in einem eigenen kurzen Comic.

Die Entstehung von Namen

Vornamen

 1 Untersucht die Vornamen in eurer Umgebung.

a Schreibt Vornamen auf, die in der Klasse, bei Freunden, Geschwistern, Eltern und Großeltern vorkommen.

b Sucht diejenigen Vornamen heraus, die besonders häufig vorkommen.

c Vermutet, welche Gründe es für die Häufung bestimmter Vornamen geben könnte.

2 Weißt du, woher dein Vorname kommt?
Kennst du seine ursprüngliche Bedeutung?

a Wenn du die ursprüngliche Bedeutung deines Vornamens nicht kennst, kannst du in einem Vornamenbuch nachschlagen. Lies den folgenden Ausschnitt aus einem Vornamenbuch.

Anja, (auch:) Anje: aus dem Russischen übernommener weibl. Vorn., russische Form von ▸Anna. ✶Bekannte Namensträgerin: Anja Silja, deutsche Opernsängerin (20. Jh.).
Ann: ▸Anna.
Anna: weibl. Vorn. hebräischen Ursprungs (hebr. *hanna* »er [Gott] war gnädig«). – Anna hieß nach der christlichen Überlieferung die Mutter Marias. Während »Maria« aus religiö-

ser Scheu als Vorname in Deutschland bis zum 16. Jh. gemieden wurde, war der Name ihrer Mutter bereits im 14. Jh. sehr verbreitet. Nach der Reformation war der Name gleichermaßen bei Protestanten und Katholiken beliebt. Bis heute gehört Anna zu den meistvergebenen weiblichen Vornamen; NAMENSTAG: 26. Juli.
Annabella, (auch:) Annabell; Anabel: weibl. Vorn., entweder Doppelform

aus ▸Anna und ▸Bella oder Umgestaltung des weiblichen Vornamens Amabel (lat. *amābilis, -e* »liebenswert«, vgl. Mabel) zu Anabel und weiter zu Annabella. Engl. Form: An[n]abel [ˈænəbɛl]. Französ. Form: Annabelle [annaˈbɛl].
Ännchen: weibl. Vorn., Koseform von ▸Anna. Die Koseform ist durch das Volkslied »Ännchen von Tharau« bekannt.

b Beantworte mithilfe des Ausschnitts die folgenden Fragen.

1 Aus welcher Sprache wurde der Vorname *Anja* übernommen?

2 Wie lautet eine Koseform von *Anna*?

3 Welchen Ursprung hat der Vorname *Anna*? Was bedeutet er?

4 Was bedeutet der Vorname *Annabella*?

5 Wodurch wurde der Vorname *Ännchen* bekannt?

c Suche jetzt deinen Namen in einem Vornamenbuch und schreibe heraus, woher er kommt und was er ursprünglich bedeutet hat.

a Erkläre mithilfe der folgenden Tabelle die Bedeutung dieser alten Vornamen:

Adalbert – Eberhart – Friedrich – Hildegard – Ludwig – Hartwig – Siegfried

Silben des Vornamens	Bedeutung
adal/adel	adlig, edel
bert/brecht	hell, glänzend, strahlend
eber	kräftig, stark wie ein Eber
fried/frid	Friede, Ruhe, Sicherheit
gard	einzäunen, Schutz
ger	Speer, Speerspitze
hard/hart	hart, fest, stark
hild/hilt	Kampf, kämpferisch
lud/lut	laut, berühmt
rich/rik	reich, mächtig, herrschend
sieg/sig/sigi	Sieg, Kraft, Gewinn
wig	Kampf, Streit

b Stelle Vermutungen an, warum einige alte Vornamen heute noch bekannt und gebräuchlich sind, andere aber nicht.

Bis zum 12. Jahrhundert hatten die Menschen nur einen Vornamen, den so genannten Rufnamen, denn in Siedlungen und Dörfern lebten nur wenige zusammen, sodass ein Name zur Unterscheidung ausreichte.

Die ursprüngliche Bedeutung alter germanischer **Vornamen** lässt uns heute noch erkennen, was für die Menschen damals wichtig war.

Sehr viele Namen enthalten Silben, die auf Kampf, Krieg und Waffen hinweisen, z.B. in *Siegfried* oder *Gerhild*.

Auch mit Kampf und Krieg verbundene Eigenschaften finden wir oft in den Vornamen, z.B. in *Gerhard* oder *Hartmut*.

4 Tragt zusammen, wie viele Vornamen es in eurer Klasse gibt, die aus anderen Sprachen übernommen wurden.
Stellt fest, welche Sprachen am häufigsten vertreten sind.

TIPP
Wenn ihr nicht sicher seid, aus welcher Sprache ein Vorname übernommen wurde, sucht ihn in einem Vornamenbuch.

5 Viele der heute beliebten und bekannten Vornamen wurden aus anderen Sprachen übernommen.
Sieh dir die Übersicht an und ergänze sie durch eigene Beispiele.

> – aus dem Englischen: *Jenny, Tom, Vivian, Kevin, Emily, Nicolas*
> – aus dem Italienischen: *Angelina, Carina, Isabella, Carlo, Marco*
> – aus dem Französischen: *Charlotte, Henriette, Michelle, Pascal, Marcel*
> – aus dem Russischen: *Tanja, Lena, Sascha, Natascha, Wladimir*
> – aus dem Hebräischen: *Anna, Benjamin, Hanna, Jakob, Sara(h)*
> – aus dem Lateinischen: *Paul, Fabian, Julia, Clara, Lukas, Martin*

> Einige **Vornamen**, die durch die Verbreitung des Christentums nach dem 12. Jahrhundert bekannt wurden, gibt es in vielen Ländern, z.B.:
> - **Maria** (*hebräisch:* Bitterkeit, Betrübnis)
>   England: *Mary*; Frankreich: *Marie, Manon*; Italien: *Mariella, Marita, Marina*; Niederlande: *Maike*; Russland: *Maria, Marja, Mascha*; Deutschland: *Maria, Marie*.
> - **Peter** (*griechisch:* Fels, Stein)
>   England: *Peter*; Frankreich: *Pierre*; Italien: *Pietro, Piero*; Spanien: *Pedro*; Niederlande: *Petrus, Pieter*; Schweden: *Per*; Russland: *Pjotr*.

6 Manche Vornamen sind eng miteinander verwandt, wie z.B. *Alexander, Alexandra, Alex, Axel*.
Suche aus den folgenden Vornamen die miteinander verwandten heraus. Schreibe sie in dein Heft.

Erich – Franziska – Johanna – Heike – Fränze – Johannes – Florian – Hannes – Franz – Hanne – Erik – Franziskus – Hanna – Erika – Flora – Heiko – Hans – Floriane – Hanno

TIPP
Hier kannst du wieder ein Vornamenbuch zu Hilfe nehmen.

7 Aus vielen Vornamen entstanden in der Umgangssprache Kurzformen, wie z.B. *Stefanie – Steffi, Christian – Chris, Christina – Tina*.
Trage selbst einige Beispiele für männliche und weibliche Vornamen und daraus gebildete Kurzformen zusammen. Schreibe sie auf.

Familiennamen

1 Untersucht die Familiennamen in eurer Klasse.

 a Versucht herauszufinden, worauf sie zurückzuführen sind.

b Die ursprüngliche Bedeutung vieler Familiennamen kann man ableiten. Bei anderen erkennt man die alte Bedeutung nicht sofort. Lies die folgende Übersicht.

> Familiennamen entstanden z. B. aus folgenden Bezeichnungen:
> – geografische Herkunft:
>   *Pole, Hesse, Franke, Meißner, Schlesinger, Nürnberger*
> – Berufe:
>   *Müller, Becker, Bauer, Koch, Zimmermann, Kaufmann, Weber*
> – Wohnstätten:
>   *Kuhle, Bachmann, Schönberg, Goldstein*
> – besondere körperliche und charakterliche Eigenschaften:
>   *Breitkopf, Lange, Große, Schwarzkopf, Stolze*
> – Tiere oder Pflanzen:
>   *Hecht, Kohlhase, Vogel, Blume, Pfefferkorn*
> – Vornamen:
>   *Friedrich, Rudolf, Heinze, Konrad, Michaelis, Albrecht*

c Übertrage die folgende Tabelle in dein Heft.
Ordne die Familiennamen in die richtige Spalte ein.

Amtmann – Rudolf – Braune – Baumgarten – Bär – Haferkorn –
Bach – Meise – Ehrlicher – Werner – Fleischer – Hecht – Gabriel –
Ansorge – Schweitzer – Rosenbaum – Tannenberger – Frühauf –
Heinrich – Baumann – Gärtner – Sachse – Wege – Goldschmidt –
Kleiner – Wolfermann – Schwarze – Größer – Beyer – Busch – Kühne –
Sünder – Weiß – Köhler – Grobstich – Fuchs – Starke

Herkunft	Beruf	Wohn-stätte	Eigen-schaft	Pflanze/Tier	Vorname
...	Amtmann	...	...	...	...

TIPP
Wenn du deinen Familiennamen nicht einordnen und erklären kannst, schlage in einem Familiennamenbuch nach.

d Trage nun alle Familiennamen von Klassenkameraden, Familienmitgliedern oder Freunden in die Tabelle ein, die du mithilfe der Übersicht erschließen kannst.

2 Sieh dir den folgenden Auszug aus einem Familiennamenbuch genau an und löse folgende Aufgaben.

1 Was bedeuten die Namen *Gawe, Gawron*?

2 Was kannst du über den Namen *Geier* herausfinden?

3 Was erzählt uns der Name *Geigenmüller*?

ahd. – althochdeutsch
alem. – alemannisch
HN – Herkunftsname
KF – Kurzform
mda. – mundartlich
mhd. – mittelhochdeutsch
nd. – niederdeutsch
ON – Ortsname
PN – Personenname
RN – Rufname
ÜN – Übername
WN – Wohnstättenname

Gauß, Gaus ÜN zu alem. *gaus*, nd. *goos*, *gans* ›Gans‹ oder KF Gawiso zu RN auf ahd. *gawi*, mhd. *gon*, *göv* ›Gan‹.

Gawalek → Galikowsky

Gawe 1502 Gawe. ÜN zu poln. mda. *gawa* ›Geplauder‹ oder KF zu *Gaweł* → Galikowsky.

Gawellek, Gawliczek, Gawlik, Gawlista, Gawlitza → Galikowsky

Gawron 1369 Gawron. ÜN zu poln. *gawron* ›Saatkrähe‹.

Geidel, Geider 1293 Gudel, 1380 Geuder, 1480 Gewdel. ÜN zu mhd. *giudel, giuder* ›Prahler, Verschwender‹.

Geier, Geyer 1255 Gîr, 1356 zem Gyren. ÜN zu mhd. *gîr* ›Geier‹ für den Habgierigen, Fresssüchtigen oder WN als HausN oder HN zum ON *Geyer*.

Geigenmüller 1583 Geigen Muller. Typisch vogtl. PN, *Müller der Geigenmühle am Geigenbach* b. Werda/Vogtl., Klammerform *Geigen(bach)müller*.

Familiennamen sind entstanden, als die Ansiedlungen der Menschen wuchsen und Städte gebaut wurden. Da nun mehrere Menschen mit dem gleichen Rufnamen aufeinandertrafen, kam es bald zu Verwechslungen. Man musste zur Unterscheidung einen Beinamen hinzufügen.
Familiennamen entstanden natürlich nicht von einem Tag auf den anderen, sondern bildeten sich über Generationen hinweg heraus. Zwischen dem 13. und 16. Jahrhundert wurden aus diesen Beinamen feste Familiennamen.

3 Ein altes lateinisches Sprichwort lautet »nomen est omen«. Das bedeutet, dass ein Name etwas über den Menschen aussagt, der ihn trägt.

a Zu welcher Zeit hat ein Name (Vor- oder Familienname) etwas über den Menschen ausgesagt?

b Überlege, wann das Sprichwort entstanden sein könnte.

c Ist es heute noch gültig? Begründe deine Meinung.

Orts- und Flurnamen

 1 Sammelt Ortsnamen aus eurer Umgebung und versucht zu erklären, warum die Orte gerade diese Namen tragen.

TIPP
Nehmt eine
Karte zu Hilfe.

Die meisten **Ortsnamen** im deutschsprachigen Raum sind vor langer Zeit entstanden. Die Menschen gaben ihren Siedlungen, Dörfern und Städten Namen, die auf das Besondere des Ortes hinwiesen.
Im Osten unseres Sprachraumes gibt es viele Namen slawischer Herkunft. Man erkennt sie an bestimmten Endungen, z.B.:
- **-in, -en**: *Berlin, Fehrbellin, Guben, Bautzen*,
- **-ow**: *Malchow, Lüchow, Pankow, Treptow*,
- **-itz, -itzsch, -witz**: *Görlitz, Delitzsch, Zinnowitz*.

Oft bestehen Ortsnamen aus Bestimmungswort, Grundwort und einem Fugenelement, z.B.:
Mühl-hausen, Neugatter-s-leben, Wolf-s-burg.

→ S.209 Wortbildung

2

Eberswalde
Kreisstadt
Landkreis
Barnim

a Erkläre die Bedeutung der Ortsnamen. Nutze dazu die Tabelle.

Schiffdorf – Fürstenwalde – Waldheim – Oberhausen – Bremerhaven

häufig vorkommende Bestimmungswörter	häufig vorkommende Grundwörter
geografische Besonderheiten: *Berg-, Tal-, Fluss-, Erz-, Stein-, Wald-*; Herkunft von Personen: *Sachsen-, Schiffer-, Franken-, Graf-*; Tiere: *Hase-, Vogel-, Hirsch-, Eber-*; Pflanzen: *Eich(en)-, Buch(en)-*; Lagebezeichnungen: *Ober-, Burg-*; Flüsse: *Havel-, Oder-, Rhein-*; Wirtschaft: *Mühl-, Hafen-, Markt-*; besondere Kennzeichen: *Schön-, Neu-*	*-hausen* (kleine Siedlung) *-berg/-bergen* (Siedlung auf Anhöhe) *-burg* (befestigte Siedlung) *-furt* (Siedlung an einer Furt) *-dorf, -druf, -torf* (unbewaldete Fläche) *-leben* (zurückgelassener Ort) *-roda, -rode* (Ort nach Waldrodung) *-ruhe* (Grab eines Herrschers)

TIPP
Du kannst einen
Atlas oder eine
Deutschlandkarte
zu Hilfe nehmen.

b Suche weitere Beispiele für Ortsnamen, die aus solchen häufig vorkommenden Grund- und Bestimmungswörtern entstanden sind.

3 Es gibt Städte, die haben einen Beinamen, der wegen einer berühmten Persönlichkeit oder einer wirtschaftlichen Besonderheit hinzugefügt wurde. Finde heraus, welche Städte folgende Beinamen haben.

1 Händelstadt **3** Baumkuchenstadt **5** Messestadt
2 Volkswagenstadt **4** Marzipanstadt **6** Mozartstadt

4 Solche Wegweiser hast du sicherlich schon gesehen. Was bezeichnen die Namen?

! **Flurnamen** bezeichnen ein Gebiet, wo keine Menschen wohnen, z.B. Felder, Wälder, Wiesen, Flüsse, Seen, Teiche, Berge oder Gebirge. Diese Namen sind sehr alt und weisen auf ein ganz bestimmtes Merkmal dieser Gegend hin. Heute dienen Flurnamen zur Orientierung auf Landkarten. Flurnamen können etwas aussagen über:
- die Lage: *Halberstädter Berg, Marklingeroder Holz,*
- die Nutzung: *Mühlental, Krautenberg, Eichenberg,*
- die natürliche Beschaffenheit: *Steinerne Renne, Sandberg,*
- den einstigen Besitzer: *Armeleuteberg, Herzogweg, Schmiedeberg,*
- ein besonderes Merkmal: *Mönchsbuche, Grenzklippe, Pferdekopf.*

5 Suche im Kartenausschnitt Flurnamen und schreibe sie in dein Heft. Deute sie.

TIPP
Bezieht auch die Geschichte, Sagen und Legenden ein. Befragt eure Großeltern und Eltern.

6 Stellt mithilfe einer Wanderkarte Flurnamen aus eurer Umgebung zusammen. Erklärt ihre Bedeutung.

Wortarten und Wortformen

Nomen/Substantive

1

a Was kannst du auf dem Foto alles entdecken?
Übertrage die folgende Tabelle in dein Heft und schreibe die Wörter
für alle Lebewesen und Gegenstände mit ihrem Artikel im Singular
(Einzahl) in die entsprechende Spalte.

männlich (Artikel: der)	weiblich (Artikel: die)	sächlich (Artikel: das)
…	die Ratte …	ein Regal …

b Zu welcher Wortart gehören diese Wörter? Begründe deine Meinung.

> **!**
>
> **Nomen/Substantive** bezeichnen Lebewesen, Gegenstände,
> aber auch Orte, Ereignisse und Gefühle, z. B.:
> *der Küchenjunge, die Ratte, der Topf, die Küche, das Erlebnis.*
> Nomen haben ein grammatisches **Geschlecht (Genus)**, das du
> am Artikel als Begleiter des Substantivs erkennen kannst. Sie sind
> männlich, weiblich oder sächlich, z. B.:
> *<u>der</u> Löffel, <u>die</u> Schüssel, <u>das</u> Sieb.*
> Nomen schreibt man **mit großem Anfangsbuchstaben**.

2 Ordne die folgenden Nomen danach, was sie bezeichnen.

Koch – Freude – Kino – Wut – Kochbuch – Gewürz – Publikum –
Filmstar – Nudel – Nagetier – Glück – Messer – Gabel – Ofen –
Gast – Zucker

Lebewesen: der Koch, ...   *Gefühl: die Freude, ...*
Gegenstand: ...   *Ort: ...*

3 Was verraten dir die folgenden Nomen über die Zahl der
Gegenstände? Übertrage die Tabelle in dein Heft, ordne zu
und begründe.

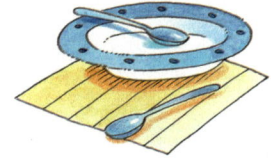

Backofen – Kochrezepte – Herd – Messer – Töpfe – Pfannen –
Teller – Hotels – Bestellung – Computer – Mikrowelle – Tische –
Schneidebretter – Löffel

Singular (Einzahl)	Plural (Mehrzahl)	nicht eindeutig
Backofen	...	Messer
...		...

! Jedes Nomen/Substantiv tritt in einer bestimmten **Zahl (Numerus)**
auf.
Die meisten Nomen haben eine Form für den **Singular** (Einzahl)
und eine andere Form für den **Plural** (Mehrzahl), z. B.:
der Koch – die Köche, die Pfanne – die Pfannen, das Glas – die Gläser.
Bei gleicher Form für Singular und Plural markieren andere Wörter
die Zahl, z. B.:
das Messer – mehrere Messer, der Computer – die Computer.

4

a Welche Nomen der Aufgabe 2 haben eine eigene Pluralform?
Notiere sie und markiere die Pluralsignale.

der Koch – die Köche, ...

b Schreibe die Wörter heraus, die keine Pluralform haben.
Erkläre, warum das so ist.

TIPP
Wenn du unsicher bist, schlage in einem Wörterbuch nach.

5 Einige Nomen haben nur eine Singular- oder nur eine Pluralform.

a Ordne die folgenden Nomen zu und schreibe sie in dein Heft.

das Obst – die Ferien – die Leute – die Butter – das Schmalz –
die Milch – die Spagetti – das Gemüse – das Salz – das Eis –
der Hunger – die Wärme – die Jeans

nur Singular: das Obst, …
nur Plural: die Ferien, …

b Ergänze mindestens ein eigenes Beispiel in jeder Gruppe.

! Nomen/Substantive werden im Satz in unterschiedlicher Funktion verwendet und deshalb gebeugt: Sie stehen dann immer in einem bestimmten **Fall (Kasus)**:
Nominativ (1. Fall), Genitiv (2. Fall), Dativ (3. Fall) oder
Akkusativ (4. Fall).
Die Bildung der vier Fälle heißt **Deklination** (Verb: deklinieren).

→ S.194 Subjekt
→ S.197 Objekt
(Ergänzung)

| Der Küchenjunge | **Wer?** Nominativ | schneidet | **Was?** Akkusativ | den Braten. |

| Das Restaurant | **Was?** Nominativ | gehört | **Wem?** Dativ | einem Meisterkoch. |

6

a Wählt aus den folgenden Nomen passende aus und ersetzt in den Beispielen aus dem Merkkasten die Nomen im Akkusativ bzw. Dativ. Lest euch die Sätze gegenseitig vor.

der Speck – der Sellerie – das Gemüse – der Rotkohl – der Kuchen
sein Kollege – der Kellner – die Köchin – eine Familie

b Ersetzt das Verb im ersten Beispiel aus dem Merkkasten auf S.171 durch die folgenden Verben. Nennt den Fall, den das Verb jeweils nach sich zieht.

> **TIPP**
> Nutzt die Frage-
> probe.

garnieren – würzen – teilen – kosten – servieren

Der Küchenjunge garniert den Braten.
(Wen/Was? Akkusativ)

7 Hier fehlt eine wichtige Information. Frage mit *Wen?* oder *Was?* und füge das passende Nomen im Akkusativ ein.

der Handel – der Ratschlag – kein Hund – ein Käfig – der Filmstar

1 Der Zeichentrickfilm »Ratatouille« hat ▬▬ mit Hausratten belebt.
2 Die jungen Kinobesucher haben ▬▬ offenbar ins Herz geschlossen.
3 Jetzt wollen viele Kinder ▬▬ mehr, sondern eine Ratte.
4 Zoologen geben ▬▬, Ratten paarweise zu halten.
5 Männchen und Weibchen dürfen sich aber auf keinen Fall ▬▬ teilen, denn Rattenweibchen bringen alle drei Wochen bis zu 15 Junge zur Welt.

8 Wähle das passende Verb aus, setze es ein. Nenne den Fall, den es verlangt.

ähneln – helfen – gefallen – entsprechen – missfallen – schmecken

1 Einzelhaltung ▬▬ nicht dem Wesen von Ratten.
2 Einem Rattentier ▬▬ alles Essbare.
3 Ein schmutziger Käfig ▬▬ dem Nager.
4 Ratten ▬▬ in ihrer Reinlichkeit den Katzen.

9 Dativ oder Akkusativ? Stelle die passende Frage und nenne den Fall, in dem das Nomen stehen muss. Wähle dann die richtige Variante aus.

1 Der Film »Ratatouille« erhielt ▬▬ (einem »Oscar« / einen »Oscar«).
2 Die Mitglieder der amerikanischen Filmkunst-Akademie kürten ▬▬ (dem Kinohit / den Kinohit) zum besten Animationsfilm des Jahres.
3 Die Ratte Rémy verehrt ▬▬ (einem Meisterkoch / einen Meisterkoch).
4 Das Schicksal verschlägt ▬▬ (dem Rattenjungen / den Rattenjungen) in dessen Restaurant in Paris.
5 Dort hilft Rémy ▬▬ (einem Küchenjungen / einen Küchenjungen).

1. Wen/Was erhalten? – Akkusativ: einen „Oscar"

Artikel als Begleiter von Nomen/Substantiven

a Lies die folgenden Sätze.

1 Jedes Jahr sterben weltweit ca. 20 000 Menschen an <u>den Folgen einer Minenexplosion</u>. **2** <u>Die Suche</u> nach Landminen ist teuer, <u>ihre Beseitigung</u>

auch und dazu sehr gefährlich. **3** Arme Länder wie Mosambik oder Tansania haben <u>einen Ausweg</u> gefunden. **4** Dort werden afrikanische Beutelratten als Minensucher trainiert.
5 Mit <u>ihrem Gewicht</u> kann <u>eine Ratte</u> keinen Sprengsatz auslösen. **6** Immer wenn die Ratte <u>den Sprengstoff</u> TNT schnüffelt, also <u>einen Bestandteil</u> <u>der Minen</u>, erhält sie <u>ein Stück</u> Banane oder <u>eine Erdnuss</u> zur Belohnung.
7 So wird sie ganz wild darauf, <u>die Minen</u> aufzuspüren. **8** Denn <u>der Geruch</u> bedeutet, dass es gleich Futter gibt.

b Übertrage die folgende Tabelle in dein Heft. Die Nomen mit ihren Begleitern sind im Text bereits unterstrichen. Ordne sie richtig ein.

Nomen mit bestimmtem Artikel	Nomen mit unbestimmtem Artikel	Nomen mit weiterem Begleiter
den Folgen	...	ihre Beseitigung

Nomen/Substantive können **als Begleiter Artikel** bei sich haben:
- einen **unbestimmten Artikel**, z. B.:
  Kennst du einen Trickfilm? (Akkusativ)
- einen **bestimmten Artikel**, z. B.:
  Er gewann den »Oscar«. (Akkusativ)

Artikel lassen sich deklinieren und passen sich dem Nomen in Geschlecht (Genus), Fall (Kasus) und Zahl (Numerus) an. Den **unbestimmten** Artikel verwendest du, um Lebewesen und Gegenstände neu ins Gespräch oder in den Text einzuführen.
Den **bestimmten Artikel** verwendest du für Lebewesen oder Gegenstände, die schon bekannt oder im Text bereits eingeführt worden sind, z. B.:
Ein amerikanischer Trickfilm hat den »Oscar« gewonnen. Der Film »Ratatouille« von Brad Bird handelt von einer Ratte.

2 Bestimmter oder unbestimmter Artikel? Setze ein und begründe.

1 In Mosambik stecken tausende Landminen im Boden. Sie sind nicht zu sehen – bis jemand darauf tritt. **2** Oft ist es ▬▬ (ein/das) Kind beim Spielen. **3** Moses ist stolzer Besitzer ▬▬ (einer/der) Minensuch-Ratte. **4** Rantanplan hat ▬▬ (eine/die) Ausbildung von drei Monaten hinter sich und ist nun fit für ▬▬ (einen/den) Einsatz. **5** ▬▬ (Eine/Die) Ratte schnuppert, trippelt hin und her und schnuppert wieder. **6** Da! ▬▬ (Einen/Den) Geruch von Sprengstoff erkennt sie sofort. **7** Sie bleibt stehen und scharrt mit den Krallen. **8** Dann weiß Moses: ▬▬ (Ein/Der) Nager hat wieder ▬▬ (eine/die) Landmine entdeckt. **9** Zur Belohnung erhält Rantanplan ▬▬ (ein/das) Stückchen Banane.

Pronomen als Begleiter oder Stellvertreter von Nomen/Substantiven

1 Wem gehören die Tiere? Ordne sie den Personen zu.
Benenne das Wort in den Sprechblasen, das dir den Besitzer anzeigt.

> **!** Nomen/Substantive können **als Begleiter Possessivpronomen** bei sich haben.
>
> Possessivpronomen zeigen den Besitz an. Sie lassen sich **deklinieren** und passen sich im Fall (Kasus) dem Nomen an, z.B.:
>
> ich – **mein**, du – **dein**, er/es – **sein**, sie – **ihr**;
> wir – **unser**, ihr – **euer**, sie – **ihr**.
> Der Ball gehört **unserem** <u>Hund</u> (Dativ).
> Er sucht **seinen** <u>Hasen</u> (Akkusativ).

2 Setze das passende Possessivpronomen ein.

1 Lena: Hinterm Baum, ist das nicht ▬▬▬ Hamster, Serjoscha?

2 Tina: Ich glaube es nicht! ▬▬▬ Katze sitzt dort auf dem Ast!

3 Paul: ▬▬▬ Bello hat sich wieder mal unterm Busch verkrochen.

4 Serjoscha: Lena, ▬▬▬ Kaninchen hat sich im Gebüsch versteckt!

3 Gib die Besitzverhältnisse durch Possessivpronomen wieder.

a Ersetze den schräg gedruckten Artikel durch ein Possessivpronomen.
Die Besitzer sind unterstrichen.

1 In Deutschland geben <u>Katzenhalter</u> viel Geld für *die* Lieblinge aus.

2 Früher musstest <u>du</u> für *die* Katze Schlachtereste beim Fleischer holen.

3 Heute kann <u>jeder Katzenhalter</u> individuell auf *den* Liebling eingehen.

4 Aus einem Riesenangebot wähle <u>ich</u> das Futter für *die* Katze aus.

5 Die Industrie hat sich auf nationale Vorlieben eingestellt:
<u>Die Schweden</u> bieten *den* Katzen eine große Auswahl an Fisch.

6 <u>Der Franzose</u> gönnt *dem* Katzentier eine Prise Knoblauch.

1. für <u>ihre</u> Lieblinge, 2. …

b Unterstreiche die eingesetzten Possessivpronomen.

> **!** **Personalpronomen** treten **als Stellvertreter** von Nomen/Substantiven
> auf und erfüllen deren Aufgaben im Satz. Sie lassen sich **deklinieren**,
> das heißt, sie haben Formen für alle vier Fälle, z.B.:
>
> *ich, meiner, mir, mich*   *wir, unser, uns, uns*   *Sie, Ihrer, Ihnen, Sie*
> *du, deiner, dir, dich*   *ihr, euer, euch, euch*
> *er, seiner, ihm, ihn*   *sie, ihrer, ihnen, sie*
> *sie, ihrer, ihr, sie*
> *es, seiner, ihm, es*
> <u>*Paul*</u> sucht <u>*seinen Hund*</u>. → **Er** sucht **ihn**.

4 Tina hat einen Brief an den Tierhändler geschrieben.
Ergänze die Personalpronomen.

1 ▬▬▬ möchte einen Hasen als Haustier haben, aber meine Eltern sind
dagegen. **2** ▬▬▬ sagen, ▬▬▬ würde alles annagen. **3** ▬▬▬ könnten
▬▬▬ auch nicht genügend Auslauf in der Wohnung bieten. **4** Können
▬▬▬ einen Rat geben?

5 Über Mark wurde ein Artikel in der Zeitung geschrieben.

a Lies, was der Reporter geschrieben hat.

> Früher mochte Mark keine Ziegen. Heute aber begeistert den 15-Jährigen alles, was bellt oder blökt. Seit einem Jahr lebt der Jugendliche auf dieser Farm, 60 km nördlich von New York. Sie wurde 1948 für misshandelte, missbrauchte oder kriminelle Kinder und Jugendliche gegründet. Mark und die anderen Jugendlichen sind nicht freiwillig hier. Die Sozialfürsorge von NY City hat sie eingewiesen. Mark ist für die Ziegen verantwortlich. Sie bringen dem jugendlichen Gewalttäter Zuneigung entgegen. Das ist eine neue Erfahrung für den Jungen.

→ **S.46** Aus einer anderen Perspektive erzählen

b Gib Marks Geschichte so wieder, wie er sie einem Reporter erzählt haben könnte. Schreibe sie auf. Unterstreiche alle Personalpronomen.

Früher mochte <u>ich</u> keine Ziegen. Heute …

Die Frage-probe anwenden

c Nenne die Nomen, die durch die Personalpronomen vertreten werden, und bestimme deren Fall. Nutze die Frageprobe und notiere auch das Fragewort.

Mark/ich – Wer? Nominativ
den 15-Jährigen/mich – Wen? …

→ **S.52** Einen Text überarbeiten

6 Überarbeite den folgenden Text. Vermeide störende Wiederholungen, indem du Pronomen als Stellvertreter oder Begleiter von Nomen verwendest.

Ratten in US-amerikanischen Städten haben menschliche Vorlieben entwickelt: Am liebsten futtern die Ratten Rühreier oder Makkaroni mit Käse. Die Nager sind eigentlich Vegetarier. Zur Not zählen aber auch Textilien, Insekten oder kleine Vögel zum Futter der Nager. Rattenzähne können binnen eines Jahres etwa 14 Zentimeter lang werden. Indem das Nagetier aber alles Mögliche anknabbert, hält das Nagetier die Beißwerkzeuge des Nagetiers kurz.

Verben

1 Marek beschreibt eine Filmszene.

a Lies seinen Text. Was fällt dir auf?

1 Im Film sieht man, wie der Schimpanse einen Halm
   aus dem hohen Gras tut.
2 Damit macht er vorsichtig in einem Ameisenhügel herum.
3 Sekunden später tut er den Halm wieder heraus.
4 Viele Insekten machen aufgeregt darauf herum.
5 Die Ameisen tut der Affe wie eine Süßigkeit ins Maul.

b Die Szene hätte Marek anschaulicher beschreiben können.
Wähle das passende Wort aus und setze es in der grammatisch
richtigen Form ein.

rupfen – streifen – krabbeln – ziehen – stochern

1. rupft, 2. …

c Ordne die Wörter, die du in Aufgabe b eingesetzt hast, der richtigen
Wortart zu. Beachte, was die Wörter bezeichnen.

A Gegenstände	B Eigenschaften	C Tätigkeiten
Nomen	Adjektive	Verben

> **!** **Verben** bezeichnen Tätigkeiten (was jemand tut),
> Vorgänge (was geschieht) und Zustände, z.B.:
> **Tätigkeit:** *Tim wird die Schimpansen beobachten.*
> *Luis fotografierte die Gorillas.*
> **Vorgang:** *Die Bananenschalen fielen auf den Boden.*
> **Zustand:** *In einer Ecke schläft ein Orang-Utan.*

2
a Schreibe Verben auf, die bezeichnen, was ein Hund, ein Affe
oder ein Singvogel alles kann.

Hunde können bellen, …

b Bestimme, ob sie Tätigkeiten, Vorgänge oder Zustände bezeichnen.

Finite Verbformen (Personalformen)

1 Siri hat eine Postkarte erhalten. Leider ist manches unleserlich, da die Karte nass geworden ist. Ergänze die richtigen Endungen.

> Hallo, Siri,   20. September
> vielen Dank für das tolle Geschenk! Du
> schick■ mir ein Buch über Jane Goodall
> und heute Abend läuf■ ausgerechnet ein
> Film über diese Affenforscherin im Fern-
> sehen. Ich bewunder■ sie. Dreißig Jahre
> lang beobachte■ diese Frau wilde Schim-
> pansen im Dschungel von Tansania.
> Woll■ wir in den Ferien nicht mal wieder
> in den Tierpark gehen? Was mein■ du?
> Liebe Grüße   Maike

! Verben haben eine Grundform, den **Infinitiv**, und Formen für
die 1., 2. und 3. Person im Singular und im Plural, man nennt sie
Personalformen oder **finite Verbformen**, z. B.:

Infinitiv: *schreiben*   *rufen*   *fragen*   *rennen*
Finite Verbform: *ich schreibe*   *du rufst*   *er fragt*   *ihr rennt*

Die Veränderung der Verbformen heißt **Konjugation** (Beugung,
Verb: konjugieren). Im Satz muss die Endung der finiten Verbform
dem Subjekt entsprechen, und zwar in der **Person** und in der **Zahl**.

Subjekt		finite Verbform	
1. Person Singular:	*Ich*	*spiel – e*	*Fußball.*
2. Person Singular:	*Du*	*spiel – st*	*Schach.*
3. Person Singular:	*Er (Leo) / Sie (Lea)*	*spiel – t*	*Hockey.*
1. Person Plural:	*Wir*	*spiel – en*	*Basketball.*
2. Person Plural:	*Ihr*	*spiel – t*	*Handball.*
3. Person Plural:	*Sie (Die Jungen)*	*spiel – en*	*Streetball.*

2 Schreibe die finiten Verbformen aus Maikes Karte (Aufgabe 1)
mit den dazugehörigen Subjekten untereinander.
Notiere dazu den entsprechenden Infinitiv.

du schickst – schicken, …

Zeitformen (Tempusformen) von Verben

! Verben bilden **Zeitformen (Tempusformen)**. Diese sagen aus, ob eine Tätigkeit, ein Vorgang, ein Zustand schon abgeschlossen ist, noch andauert oder sogar erst in der Zukunft stattfinden wird, z.B.:

Präsens	Ich *lese* seit einer Stunde. Jane Goodall *ist* Tierforscherin.	Gegenwart (andauernd)
Präteritum	Er *las* nur Comics.	Vergangenheit (abgeschlossen)
Perfekt	Er *hat* das Buch zu Ende *gelesen*.	Vergangenheit (abgeschlossen)
Plusquamperfekt	Er *hatte* das Buch *ausgeliehen*.	Vergangenheit (abgeschlossen)
Futur	Sie *wird* es auch noch *lesen*.	Zukunft

1 Übertrage die folgende Tabelle in dein Heft und ordne die unterstrichenen Zeitformen in die richtige Spalte ein.

1 Schau mal, wie geschickt sich der Affe von Ast zu Ast schwingt!
2 Die beiden in der Ecke dort, die mögen sich. Die flöhen sich nämlich.
3 Na ja, vor ein paar Minuten bissen sie sich aber noch.
4 Der freche Kleine hat dem Alten jetzt die Banane geklaut!
5 Der Alte hatte ihm aber vorher einen Apfel abgejagt.
6 Wird er ihm auch noch die zweite Banane wegnehmen?

Gegenwart	Vergangenheit	Zukunft
schwingt	...	...

2 Entscheide dich für eine der beiden Zeitformen und begründe.

1 Seit 1986 ▬▬ (sammelte/sammelt) Jane Goodall Geld, um Schutzgebiete für Schimpansen einzurichten.
2 Jäger ▬▬ (erschießen/erschossen) die erwachsenen Tiere, weil sie für das Affenfleisch viel Geld ▬▬ (bekommen/bekamen).
3 Das ▬▬ (macht/machte) viele Affenbabys zu Waisen.

3 Ergänze in Jane Goodalls Biografie die Verben im Präteritum.

1 Das Mädchen ▬▬ (heißen) Jane Goodall.
2 Es ▬▬ (aufwachsen) in England ▬▬.
3 Es ▬▬ (spielen) am liebsten mit seinem Stoffschimpansen.
4 Als Schulkind ▬▬ (lesen) es die Geschichte von Tarzan.
5 Danach ▬▬ (träumen) das Mädchen vom Leben im Dschungel.
6 Mit 26 Jahren ▬▬ (fahren) sie zum ersten Mal nach Tansania.

!

Präsens und Präteritum sind **einfache Zeitformen**, sie bestehen aus einer einzigen Verbform. Perfekt, Plusquamperfekt und Futur bestehen aus mindestens zwei Verbformen, man nennt sie auch **zusammengesetzte Zeitformen**, z.B.:

einfache Zeit-form	zusammengesetzte Zeitform
Präsens	**Perfekt**
ich gehe *er sieht*	*Ich bin ins Schlangenhaus gegangen.* *Was hast du gesehen?* (Präsens von *haben* oder *sein* + Partizip II)
Präteritum	**Plusquamperfekt**
ich ging *er sah*	*Ich war zum Bärengehege gegangen.* *Er hatte die Löwen gesehen.* (Präteritum von *haben* oder *sein* + Partizip II)
	Futur
	Ich werde ins Aquarium gehen. *Er wird die Eisbären sehen.* (Präsens von *werden* + Infinitiv)

TIPP
Verben der Bewegung bilden das Perfekt mit *sein*, alle andern Verben mit *haben*.

4 Tony R. wurde von Delfinen gerettet.

a Lies den Bericht, den er nach seiner Rettung einem Reporter gab.

1 Ich bin an dem Tag ziemlich weit hinausgeschwommen.
2 Auf einmal habe ich neben mir diese typische Flosse gesehen.
3 Ich bin sofort zurückgekrault, aber der Hai ist mir gefolgt und hat mich in Brust, Schulter und Rücken gebissen.
4 Dann haben Delfine den Hai abgedrängt.
5 Damit haben sie die Küstenwache auf mich aufmerksam gemacht.

b Schreibe jeweils die Verbform mit dem Subjekt des Satzes heraus. Markiere die finite Verbform und das Partizip II verschiedenfarbig.

1. Ich bin … hinausgeschwommen. 2. …

c Die Verben stehen alle im Perfekt. Woran erkennst du das? Nutze dazu die Merkkästen auf S. 179 und 180.

d Die folgenden Verbformen nennt man Partizip II. Erkläre die Bildung.

geschwommen – gesprungen – gekrault – gewartet – gestört – gesehen – zersprungen – bearbeitet – erwartet – zerstört

5 Vervollständige den Zeitungsbericht durch das Partizip II der folgenden Verben.

angreifen – verlieren – töten – sehen – sperren – beißen

Sydney. Ein 16-jähriger Surfer ist in Australien von einem Hai ▬▬ und ▬▬ worden. Der Jugendliche war mit einem Freund im Wasser, als er von dem Hai mehrfach ins Bein und in den Körper ▬▬ wurde. Sein Freund konnte ihn noch ans Ufer ziehen. Der 16-Jährige hatte jedoch zu viel Blut ▬▬ und erlag seinen Verletzungen. Anwohner im australischen New South Wales haben in jüngster Zeit mehrfach Bullenhaie ▬▬. Deshalb hat die Polizei jetzt die umliegenden Strände ▬▬.

6 Siri und ihre Freunde waren im Tierpark.

a Ergänze die Verben in der richtigen Zeitform.

1 Siri: Wir ▬▬ (beobachten) zuerst die Schimpansen ▬▬.
2 Maike: Dann ▬▬ (gehen) wir zu den Eisbären ▬▬.
3 Erkan: Ich ▬▬ (ansehen) die Leoparden ▬▬.
4 Tom: Ich ▬▬ (zusehen) lange den Seelöwen ▬▬.
5 Tilla: Ich ▬▬ (bleiben) bei den Elefanten ▬▬.

b Hast du einfache oder zusammengesetzte Zeitformen ergänzt? Begründe deine Entscheidung.

7 Welcher Vorgang oder Zustand fand zuerst statt, welcher später?

a Vergleiche die Sätze a und b jeweils miteinander.

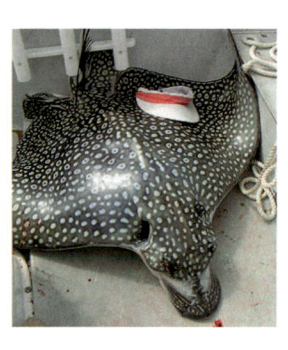

1 a Ein Adlerrochen <u>tötete</u> eine Frau an Bord eines Ausflugsbootes in Florida (USA).
  b Der riesige Rochen <u>war</u> vor der Küste Floridas auf ihr Ausflugsboot <u>gesprungen</u>.
2 a Der Fisch <u>erschlug</u> die Frau aus Michigan.
  b Sie <u>hatte</u> sich zum Sonnenbaden auf das Schiffsdeck <u>gelegt</u>.
3 a Durch den Zusammenprall mit dem Rochen <u>starb</u> die 55-Jährige.
  b Das 35 Kilogramm schwere Tier <u>war</u> mit voller Wucht auf ihren Kopf <u>gefallen</u>.

! Die Zeitform **Plusquamperfekt** bezeichnet bereits abgeschlossene Vorgänge oder Zustände, die vor dem passieren, wovon im Präteritum oder Perfekt erzählt wird. Deshalb wird das Plusquamperfekt auch Vorvergangenheit genannt, z.B.:
Sie <u>waren</u> vorher noch nie in einem Aquarium <u>gewesen</u>.
Nachdem sie von dem Unfall <u>gehört</u> <u>hatten</u>, schauten sie sich einen Rochen im Zoo an.

b Untersuche die gelb unterstrichenen Verbformen in Aufgabe a und ergänze die folgende Aussage zur Bildung des Plusquamperfekts.

Das Plusquamperfekt wird aus der finiten Verbform (Präteritum) von *haben* (*hatte*, *hattest* usw.) oder *sein* (*war*, *warst*, *waren* usw.) und dem ▬▬ gebildet.

8 Ergänze die Formen des Plusquamperfekts in der rechten Spalte.

Perfekt	Plusquamperfekt
Ich habe gewartet.	Ich ▬▬.
Er hat aufgepasst.	Er ▬▬.
Ich bin weggefahren.	Ich ▬▬.
Wir sind losgelaufen.	Wir ▬▬.
Ihr seid zurückgekommen.	Ihr ▬▬.
Du hast gefragt.	Du ▬▬.

Leitformen/Stammformen

a Übertrage die folgende Tabelle in dein Heft und ergänze sie.

Infinitiv	Präteritum	Partizip II	Infinitiv	Präteritum	Partizip II
fahren		gefahren			geträumt
	las			passte	
		gezogen			gezeigt

b Welche Gemeinsamkeiten in der Bildung kannst du bei den
Verben in den weißen bzw. gelben Spalten erkennen?
Welche sind die starken Verben, welche die schwachen? Begründe.

! Nur drei Formen eines Verbs musst du in der Regel kennen, um alle
anderen Formen dieses Verbs richtig bilden zu können. Diese drei
Leitformen oder **Stammformen** sind: **Infinitiv – Präteritum**
(1./3. Person Singular) – Partizip II. An den Leitformen kannst du
starke und schwache Verben unterscheiden:

starke Verben	schwache Verben
Stammvokal ändert sich. Präteritum ist endungslos. Partizip II endet auf -*en*.	Stammvokal ändert sich nicht. Präteritum hat eine Endung -*t*-. Partizip II endet auf -*t*.
fahren – fuhr – gefahren *singen – sang – gesungen*	*lachen – lachte – gelacht* *träumen – träumte – geträumt*

Im Deutschen gibt es heute noch ungefähr 200 starke, sehr alte
Verben. Alle neuen Verben werden schwach gebildet, z. B.:
scannen – scannte – gescannt.

2 Diktiert euch gegenseitig die Leitformen der folgenden Verben.

mailen – leasen – surfen – casten – skaten – joggen – chatten – lasern

3 Schreibe die Leitformen zu folgenden Infinitiven auf.

pfeifen – finden – streiten – wiegen – schwimmen – laufen

Adjektive

1

a Welche der folgenden Eigenschaften verbindest du mit diesen beiden Tieren? Ordne sie zu.

verschmust – klein – niedlich – süß – gierig – grässlich – grauenhaft – gemein – intelligent – sauber – schmutzig – unabhängig – gesellig – anhänglich – eigenwillig – eklig – verfressen – dumm – langweilig – interessant – zutraulich – widerlich – groß – neugierig – lieb – stubenrein – frech – reizend

b Nenne die Wortart, zu der alle diese Wörter gehören.

!

Adjektive bezeichnen **Eigenschaften** und **Merkmale** von Lebewesen, Gegenständen, Tätigkeiten und Vorgängen. Mit ihrer Hilfe kannst du Nomen/Substantive und Verben genauer beschreiben, z.B.:
Sie beobachtet wilde *Schimpansen. Der Schimpanse turnt* wild *herum.*
Als **Begleiter** von Nomen passen Adjektive ihre Form in Fall (Kasus), Zahl (Numerus) und Geschlecht (Genus) dem Nomen an. Sie lassen sich **deklinieren**, z.B.:
Die **kleinen** Katzen *sind 5 Wochen alt.* Wer? Nominativ, Plural, weiblich
Wir suchen einen **kleinen** Kater*.* Wen? Akkusativ, Singular, männlich

→ S.201 Attribut (Beifügung)

2 Ergänze die folgende Beschreibung eines Haustieres durch Adjektive aus Aufgabe 1a. Entscheide dich bei der Wahl der Adjektive für die Variante A oder B.

A: Du liebst Katzen/Ratten.   B: Du magst Katzen/Ratten nicht.

Liebe Lena,
stelle dir vor, unsere neuen
Nachbarn haben eine ▬▬ (Katze/Ratte) als Haustier. Sie nennen sie Blackie. Blackie ist so was von
▬▬! Neulich klingelte ich bei ihnen, da stürzte
dieses ▬▬ Tier auf mich zu.
...

3

a Schreibe die folgenden Sätze ab und ergänze die Adjektive
im richtigen Fall.

1 Fast alle Szenen in den Potter-Filmen sind mit ▬▬ (echt) Tieren
gedreht worden. **2** Tiertrainer Gary Gero hat auch Hedwig, diesen ▬▬
(wundersam) Vogel, trainiert. **3** Die Schnee-Eule musste sieben Monate
trainieren, bis sie den ▬▬ (spektakulär) Flug quer durch die Große
Halle des Hogwarts-Internats beherrschte. **4** Aber den ▬▬ (erfahren)
Dompteur und sein ▬▬ (fünfköpfig) Team konnte das nicht aus der
Ruhe bringen. **5** Sie haben schon die ▬▬ (wild) Hunde in
»101 Dalmatiner« gebändigt.

b Bestimme den Fall der Nomen und der Adjektive.

TIPP
Nutze die
Frageprobe.

4 Sieh dir das Foto genau an. Vergleiche, wer schneller oder
langsamer läuft: der Strauß, die Giraffe, das Zebra, die Antilope,
der Pavian, der Gepard.

TIPP
schneller/lang-
samer **als** *...,*
genauso schnell/
langsam **wie** *...*

Der Strauß läuft schneller als ...

! Mithilfe von Adjektiven kannst du Eigenschaften miteinander vergleichen. Die meisten Adjektive lassen sich steigern (**Komparation**, Verb: komparieren) und haben dafür drei Formen:
Positiv (Grundstufe)   *ein kleines Haus*   *Pia tanzt wild.*
Komparativ (Mehrstufe) *ein klein<u>er</u>es Haus Kim tanzt wild<u>er</u> als Pia.*
Superlativ (Meiststufe) *das klein<u>ste</u> Haus Mona tanzt am wild<u>esten</u>.*
Mit dem Komparativ verwendet man **als**, z.B.: *A ist klein<u>er</u> als B.*
Mit dem Positiv verwendet man **wie**, z.B.: *A ist (fast) so groß <u>wie</u> B.*

5 Übertrage die folgende Tabelle in dein Heft und ergänze sie.

Positiv	Komparativ	Superlativ
alt	älter	am ältesten
groß	...	...
schön	...	...
jung	...	...
interessant	...	...
gut	...	...

TIPP
jünger/älter **als** ...,
genauso alt **wie** ...

6 Vergleiche das Aufführungsjahr der Filme. Welcher Film ist älter, welcher jünger, welche Filme sind (fast) gleich alt?

Tom und Jerry – der Film	1993
Ein Schweinchen namens Babe	1995
Amy und die Wildgänse	1996
101 Dalmatiner	1996
Findet Nemo	2003
Ratatouille	2007

Präpositionen

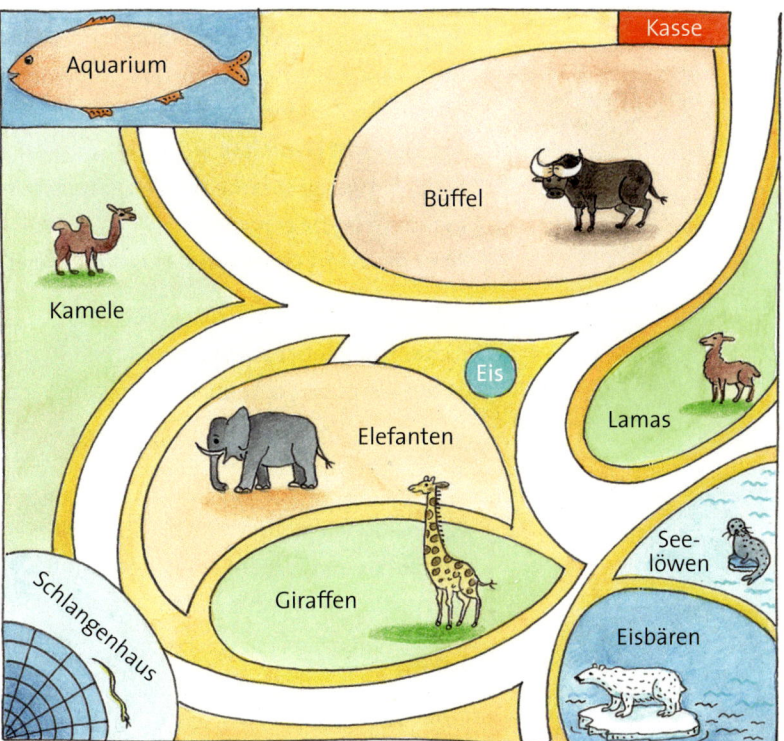

1 Luis interessiert sich für die Eisbären, Lara will ins Aquarium,
Anton zu den Büffeln und Tim ins Schlangenhaus. Maria möchte
zu den Seelöwen. Wie lassen sich die unterschiedlichen Interessen
der fünf unter einen Hut bringen?

a Stelle eine Route zusammen. Es gibt verschiedene Möglichkeiten.

b Dem folgenden Plan fehlen entscheidende Angaben.
Setze die Wörter *hinter, in, an, bei, zu* sinnvoll ein und ergänze
die Artikel im richtigen Fall.

1 Zuerst gehen sie ▬▬▬ (das) Schlangenhaus. **2** Auf dem Weg
dorthin kommen sie ▬▬▬ (die) Büffeln vorbei. **3** Danach laufen sie
▬▬▬ (die) Eisbären. **4** Das Eisbärengehege befindet sich ▬▬▬
(das) Seelöwenbassin. **5** ▬▬▬ (der Eingang) des Aquariums warten
sie auf ihre Freunde.

c Welche Aufgabe haben die Wörter *hinter, in* usw. im Text?
Erkläre sie mithilfe des Merkkastens auf S. 188.

! Wörter, wie *in, aus, bei, mit, nach, vor, hinter, über, zu*, sind
Präpositionen. Sie drücken räumliche, zeitliche oder andere
Beziehungen zwischen Wörtern und Wortgruppen aus, z.B.:
in meinem Zimmer (Wo?), *nach der ersten Stunde* (Wann?),
mit dem Stift (Womit?).
In der Umgangssprache werden Präpositionen und Artikel oft
zusammengezogen, z.B.:
beim (bei dem), durchs (durch das), zum (zu dem), ins (in das).

2 Welcher Fall gehört zu welcher Frage? Schreibe die Beispiele aus dem
Text der Aufgabe 1 b heraus und bestimme den Fall.

Wohin? ...   Wo? ...

! **Präpositionen** stehen meist *vor* dem Nomen/Substantiv und seinen
Begleitern und fordern einen bestimmten Fall. Die wichtigsten
Präpositionen und ihre Fälle solltest du dir einprägen, z.B.:

Dativ	Akkusativ
aus, bei, mit, nach, seit, von, zu	*durch, für, gegen, ohne, um*

Um den Fall zu bestimmen, kannst du oft auch die Frageprobe
nutzen, z.B.:

in einem Waisenhaus – **Wo?** *Dativ* *aus dem Busch* – **Woher?** *Dativ* *am Heiligabend* – **Wann?** *Dativ*	*in die Wildnis* – **Wohin?** *Akkusativ* *für ihren Schützling* – **Für wen?** Akkusativ *um das Elefantenbaby* – **Um wen?** Akkusativ

TIPP
Nutze dazu auch
die Frageprobe:
Wo? → Dativ;
Wohin?
→ Akkusativ.

3 Wähle die passende Präposition und ergänze die Begleiter der Nomen
im richtigen Fall.

in – aus – am – in – nach – bei – um – seit – für – zu

1 ▬▬▬ (die) Schulferien darf Ida ▬▬▬ Schweden ▬▬▬ Kenia fliegen.
2 Dort arbeitet John, ein Freund der Familie, ▬▬▬ (ein) Waisenhaus für
Elefanten. **3** ▬▬▬ 1977 werden elternlose Dickhäuter dort betreut.
4 Ida kümmert sich ▬▬▬ (das) Elefantenbaby Madiba. **5** Das Junge
wurde verlassen ▬▬▬ Fluss gefunden.

> **!** Die **Wechselpräpositionen** *an, auf, hinter, in, neben, über, unter,*
> *zwischen, vor* fordern den **Dativ** oder den **Akkusativ**. Welcher Fall
> richtig ist, hängt vom Verb ab, z.B.:
> *Der Elefant legt sich in den Schlamm.*   Wohin? Akkusativ
> *Er liegt in dem/im Schlamm.*   Wo? Dativ

TIPP
Nutze die
Frageprobe.

→ **S.173** Artikel als
Begleiter von
Nomen/Substan-
tiven

4 Ergänze die bestimmten Artikel im richtigen Fall.

1 Tobias setzt sich auf ▬▬ Tisch.
Fabian sitzt bereits auf ▬▬ Tisch.

2 Lea geht in ▬▬ Wohnzimmer.
Rita sitzt bereits in ▬▬ Wohnzimmer.

3 Ahmed rennt hinter ▬▬ Baum.
Er versteckt sich hinter ▬▬ Baum.

4 Der Kater flitzt unter ▬▬ Regal.
Er liegt jetzt unter ▬▬ Regal.

5 Er hängt das Bild über ▬▬ Sofa.
Das Bild hängt jetzt über ▬▬
Sofa.

  **5** Schreibe aus dem folgenden Text alle Präpositionen
mit den dazugehörigen Nomen und deren Begleitern heraus.
Ordne sie nach dem Fall.

TIPP
Der Fall ist deut-
licher erkennbar,
wenn du Nomen
im Plural durch
Nomen im
Singular ersetzt.

Dativ: in diesem Film, …
Akkusativ: für einen Tiertrainer, …

1 Einer der schwierigsten Kinofilme für einen Tiertrainer war
»Schweinchen Babe«. **2** In diesem Film haben 970 Tiere mitgespielt.
3 Hollywood-Tiertrainer Carl Miller und seine 60 Mitarbeiter begannen
bereits acht Monate vor den Dreharbeiten mit dem Training. **4** 48 Ferkel
spielten die Hauptrolle Babe, denn die Dreharbeiten liefen über einen
Zeitraum von 6 Monaten. **5** Da wäre aus einem kleinen Ferkel längst ein
ausgewachsenes Schwein geworden. **6** Carl Miller hält nichts vom
Bestrafen. **7** Seine Tiere haben die Kunststücke nur durch ständige
Belohnungen gelernt.

Satzbau und Zeichensetzung

Satzarten und ihre Satzschlusszeichen

1 Der Clown Emil wirft alle Begriffe durcheinander.
Ihr wisst schon vieles über den Satzbau. Überlegt, was euch
zu diesen Wörtern einfällt. Tauscht euch darüber aus.

2

a Der folgende Text ist schwer zu lesen. Finde heraus, warum.

Achtung, Fehler!

Warum ist die Zirkusmanege rund das Wort *Zirkus* stammt aus
dem Griechischen/Lateinischen und bedeutet »Kreis« meistens
hat die Manege einen Durchmesser von 13 Metern das ist ein
günstiges Maß, um Pferde im Kreis laufen zu lassen in einer vier-
5 eckigen Manege hätten die Pferde Schwierigkeiten beim Laufen
was würde in einem kleineren Kreis passieren die Pferde würden
sich zu sehr in die Kurve legen die Artisten könnten dann auf dem
Pferderücken sehr schlecht ihre Kunststücke zeigen achte beim
nächsten Zirkusbesuch einmal bewusst auf Größe und Form der
10 Manege wie bewegen sich Pferde und Akrobaten im Zirkusrund

b Stelle fest, wo die einzelnen Sätze enden, und begründe,
welche Zeichen am Ende stehen müssen.
Lies anschließend den Text laut vor.

3

a Lies die folgenden Sätze, die Clown Emil sagen könnte.

1 Ich bin der Clown Emil vom Zirkus »Riballo«
2 Kennt ihr meinen Zirkus schon
3 Kommt alle herein und schaut euch unsere Vorstellung an
4 Bei uns arbeiten viele Artisten und Dompteure
5 Habt ihr schon einmal selbst versucht zu jonglieren
6 Im Zirkus »Riballo« gibt es Löwen und Elefanten
7 Seht euch unsere Fußball spielenden Hunde an
8 Der Zirkusdirektor wird die Vorstellung eröffnen
9 Welche Artisten gefallen euch am besten
10 Kommt alle in unseren Zirkus
11 Wann wart ihr das letzte Mal im Zirkus
12 Wir halten viele Überraschungen für euch bereit

b Clown Emil sagt nicht nur etwas aus, er fragt auch und fordert auf.
Schreibe die Sätze mit Punkt, Fragezeichen oder Ausrufezeichen ab.

! Der Satzbau und die Satzart sind abhängig von der Absicht des Schreibers bzw. Sprechers.
- Um etwas mitzuteilen, bildet man einen **Aussagesatz**, in dem die finite (gebeugte) Verbform an zweiter Stelle steht, z. B.:
  Ich gehe gern in den Zirkus. Das Zirkuszelt ist riesengroß und bunt.
  Satzschlusszeichen: Punkt
- Um etwas zu erfahren, bildet man einen **Fragesatz**. Fragen können mit einem Fragewort (z. B. *wer, was, wie, wann, wo, warum*) oder mit einer finiten (gebeugten) Verbform beginnen, z. B.:
  Wo spielt der Zirkus? Wann beginnt heute die Vorstellung?
  Gehst du morgen mit mir in den Zirkus? Hast du deinen Platz schon gefunden?
  Satzschlusszeichen: Fragezeichen
- Wenn man jemanden zum Handeln auffordern will, bildet man einen **Aufforderungssatz**. Er kann einen Befehl, einen Wunsch oder eine Bitte ausdrücken. Diese Sätze beginnen mit der finiten (gebeugten) Verbform, z. B.:
  Mach sofort die Tür zu!
  Gib mir bitte die Eintrittskarten. Gebt mir doch bitte dieses Buch.
  Satzschlusszeichen: Ausrufezeichen (nachdrückliche Aufforderung, vor allem Befehl), Punkt

Bau des einfachen Satzes

1 Einfache Sätze bestehen aus Wörtern und Wortgruppen. Du kannst sie, je nach Aussageabsicht, im Satz unterschiedlich anordnen.

| Clown Emil | betrat | als Erster | die Manege. |

a Stelle den Aussagesatz mehrfach um. Wie viele Möglichkeiten gibt es? Übertrage die folgende Tabelle in dein Heft und ergänze sie.

1. Stelle	2. Stelle	3. Stelle	4. Stelle
Clown Emil	betrat	...	...

b Überlege, welche Wirkung du durch die Umstellung erreichen kannst.

c Stelle fest, welches Wort beim Umstellen immer an der gleichen Stelle stehen bleibt.

! Die meisten Wörter oder Wortgruppen eines Aussagesatzes kann man umstellen. Eine Ausnahme macht nur die finite (gebeugte) Verbform. Sie steht im Aussagesatz immer an der zweiten Stelle. An der ersten Stelle, also vor der gebeugten (finiten) Verbform, kann immer nur *ein* Wort oder *eine* Wortgruppe, also *ein* Satzglied stehen. Alle weiteren Satzglieder folgen nach der gebeugten (finiten) Verbform. Deshalb hilft dir die **Umstellprobe**, die Anzahl der Satzglieder eines Satzes zu ermitteln. Zu einem **Satzglied** gehören jeweils die Wörter, die sich nur zusammenhängend verschieben lassen, z. B.:
Clown Emil | betrat | die Manege.
Die Manege | betrat | Clown Emil.

2

Die Umstellprobe anwenden

a Ermittle mithilfe der Umstellprobe die Anzahl der Satzglieder in den folgenden Sätzen.

1 Die Kapelle spielte zur Begrüßung einen Tusch.
2 Die Manege erstrahlte in leuchtenden Farben.
3 Der Zirkusdirektor begrüßte am Anfang der Vorstellung das Publikum.
4 Die zahlreichen Besucher dankten den Artisten für ihre atemberaubenden Kunststücke.

b Lies die Sätze mit unterschiedlicher Betonung vor. Welche Wirkung kannst du durch die Umstellung der Satzglieder im Satz erzielen?

> **!** Um einen Text flüssiger und verständlicher zu gestalten, solltest du darauf achten, dass an der ersten Stelle im Satz jeweils das Satzglied steht, das sich auf den vorhergehenden Satz bezieht oder das für diesen Satz besonders wichtig ist, z.B.:
> *Die Reiter stürmten auf ihren geschmückten Pferden in die Manege.*
> *<u>Dort</u> wurden sie mit jubelndem Beifall empfangen.*
> *<u>Lautstark</u> wurden sie von den Zuschauern begrüßt.*

3 Schreibt gemeinsam einen einfachen Satz auf, der möglichst viele sinnvolle Satzglieder hat. Schreibt mit großen Druckbuchstaben, ermittelt mithilfe der Umstellprobe die Satzglieder und zerschneidet dann den Satz in die einzelnen Satzglieder. Nun reicht ihr den zerschnittenen Satz an die Schülerinnen und Schüler der nächsten Bank weiter, damit sie euren Satz in möglichst vielen verschiedenen Varianten wieder zusammensetzen können. Ihr bekommt selbstverständlich auch einen Satz, den ihr wieder »zusammenbasteln« könnt.

4 Tino erzählt im folgenden Text über einen Zirkusbesuch. Beim Lesen wirst du merken, dass dieser Teil von Tinos Schilderung nicht sehr flüssig geschrieben ist. Versuche, den Text durch das Umstellen einiger Satzglieder besser lesbar zu machen.

→ S.55
Einen Text überarbeiten (Satzbau)

Ich war gestern mit meinen Großeltern im Zirkus. Ich hatte mich schon lange auf diesen Besuch gefreut. Wir hatten sehr gute Plätze. Wir konnten die ganze Manege übersehen. Ich saß schon lange vor Beginn der Vorstellung sehr aufgeregt auf meinem Platz.
5 Der Zirkusdirektor kam endlich. Er begrüßte uns mit einer kurzen Ansprache. Die Vorstellung begann mit einer Pferdedressur. In die Manege liefen fünf schwarze und fünf weiße Pferde. Auf dem Rücken der Pferde zeigten zwei Artisten waghalsige Kunststücke. Ich hielt beim Zuschauen manchmal den Atem an. Ein gelungener
10 Auftakt war diese Nummer. Wir spendeten lange Beifall.

Subjekt

1 Welche wichtige Information fehlt hier?

a Ergänze die folgenden Sätze.

1 ▬▬ hat eine dicke rote Nase.
2 ▬▬ klatschen begeistert Beifall.
3 ▬▬ ist mit Sägespänen ausgefüllt.
4 ▬▬ wirbelt zehn brennende Fackeln herum.
5 ▬▬ lässt einen Menschen von der Bühne verschwinden.
6 ▬▬ schüttelt seine Mähne und faucht den Dompteur an.
7 ▬▬ fliegt mit einem dreifachen Salto durch die Zirkuskuppel.
8 ▬▬ trompeten laut zur Begrüßung und schwenken ihre Rüssel.

b In allen Sätzen fehlte das Subjekt. Stelle drei deiner ergänzten Sätze so um, dass das Subjekt nicht mehr an erster Stelle vor dem finiten Verb steht.

c Hier stimmt etwas nicht. Der zweite Teil des Satzes passt nicht zum Subjekt. Ordne die Teile richtig zu.

Zwölf rassige Pferde	schaukelten gemütlich durch die Manege.
Die Musiker	ließ einen Tiger verschwinden.
Die Dickhäuter	flogen waghalsig durch die Luft.
Die Messerwerfer	stritten sich um ihre Mützen.
Zwei Clowns	watschelten hinter ihrem Dompteur her.
Die Pinguine	galoppierten in die Manege.
Die Trapezkünstler	begrüßten das Publikum mit einem Tusch.
Der Zauberer	zielten haarscharf am Kopf ihres »Opfers« vorbei.

Die Frage-
probe nutzen

d Suche im Text der Aufgabe 4 auf S. 193 die Subjekte heraus, indem du mit *Wer?* oder *Was?* danach fragst.

> **!** Das Satzglied **Subjekt** ist der **Satzgegenstand** des Satzes.
> Über das Subjekt wird etwas ausgesagt. Es steht in der Regel
> im Nominativ. Man fragt mit *Wer?* oder *Was?* danach, z.B.:
> *Die meisten Kinder* gehen gern in den Zirkus. Wer?
> *Am Schluss der Vorstellung kamen* alle Artisten Wer?
> *noch einmal in die Manege.*
> *Alle Plätze* waren besetzt. Was?

Prädikat

1 Prädikate werden in der Regel durch Verben ausgedrückt.

a Wähle ein passendes Verb aus und ergänze damit
die folgenden Sätze.

beobachten – bewundern – essen – erwarten – gehen – betrachten –
jubeln – lachen – staunen

1 Die meisten Kinder ▬▬▬ gern in den Zirkus.
2 Sie ▬▬▬ über die Späße der Clowns.
3 Sie ▬▬▬ die Geschicklichkeit der Artisten.
4 Sie ▬▬▬ über die Kunststücke der Magier.
5 Sie ▬▬▬ mit Spannung die Tierdressuren.
6 Sie ▬▬▬ in der Pause gern Eis.
7 Sie ▬▬▬ genau die Kostüme der Musiker.

b In welchen Sätzen sind verschiedene Verben möglich?

> **!**
>
> Das Satzglied **Prädikat** sagt etwas über das Subjekt aus
> (**Satzaussage**). **Subjekt** und **Prädikat** sind
> die beiden Hauptbestandteile eines Satzes. Sie bilden den **Satzkern**.
> Sie werden mithilfe von Fragen bestimmt, z.B.:
> *Der Artist*   *jongliert* mit bunten Bällen.
> Wer/Was?   Was wird ausgesagt?
> Subjekt   Prädikat
> Wenn das Prädikat nur aus dem finiten (gebeugten) Verb besteht,
> nennt man es **einteiliges Prädikat**.

→ S.179 Zeitformen
(Tempusformen)
von Verben

2 Wähle ein passendes Verb aus und setze es als einteiliges Prädikat ein.
Welche beiden Zeitformen des Verbs kannst du bilden?
Schreibe die Sätze in dein Heft.

schwenken – galoppieren – besuchen – kaufen – balancieren

1 Die Zuschauer ▬▬▬ die Tierschau.
2 Leon ▬▬▬ eine Eintrittskarte.
3 Der Elefant ▬▬▬ seinen Rüssel.
4 Die Robbe ▬▬▬ bunte Bälle auf der Nase.
5 Ein Schimmel ▬▬▬ durch die Manege.

> ! Das **mehrteilige Prädikat** besteht aus der finiten (gebeugten) Verbform und anderen, infiniten (ungebeugten) Verbformen (Partizip II, Infinitiv) oder weiteren Wörtern, z.B.:
> *Viele Künstler <u>sind aufgetreten</u>. Der Zauberer <u>hat</u> uns am besten <u>gefallen</u>. Anne <u>sollte</u> zu ihm in die Manege <u>kommen</u>. Die Clowns <u>steckten</u> uns mit ihrem Lachen <u>an</u>.*
> Das mehrteilige Prädikat kann andere Satzglieder einrahmen. Dann bildet es einen **prädikativen Rahmen.**

3 Bestimme die mehrteiligen Prädikate in den folgenden Sätzen.

1 Anne und Robin sind gestern im Zirkus gewesen.
2 Sie haben sich schon lange darauf gefreut.
3 Vor der Vorstellung sahen sie sich die Tierschau an.
4 Dann haben sie eine Weile nach ihren Plätzen gesucht.
5 Am besten haben ihnen die Tierdressuren gefallen.
6 Robin sollte zum Zauberer in die Manege kommen.
7 Der Zauberer hat ihm sein Handy weggezaubert.
8 Anne und Robin haben begeistert von der Vorstellung erzählt.

4

a Lies den folgenden Text.

1 Alle Zirkusfreunde kennen den Zirkus »Sarrasani«. 2 Seine Ursprünge liegen in Sachsen, in Radebeul und Dresden. 3 Der Gründer hieß Hans Stosch. 4 Er wurde 1873 geboren. 5 Schon als 15-Jähriger wollte er gern Clown werden. 6 Deshalb riss er einfach von zu Hause aus. 7 Sein Vater brach jeden Kontakt zu ihm ab. 8 In einer bayerischen Wanderschau arbeitete Hans Stosch als Stallbursche. 9 Dort kam ihm die Idee vom Tierclown. 10 1892 trat er das erste Mal als Dressurclown auf. 11 Er wählte den Künstlernamen Giovanni Sarrasani. 12 Damals begann er seine Arbeit mit einem Pudel. 13 Mit Affen, Hunden, Ratten, Ziegenbock, Schwein und Braunbär baute er sich seine Zirkusnummer auf.

b Übertrage die folgende Tabelle in dein Heft. Bestimme in allen Sätzen die Subjekte und Prädikate und schreibe sie in die richtige Spalte.

Subjekt	einteiliges Prädikat	mehrteiliges Prädikat
alle Zirkusfreunde	kennen	

Objekt (Ergänzung)

1 Die meisten Prädikate verlangen eine Ergänzung.

a Wähle die passende Wortgruppe aus und ergänze die folgenden Sätze.

bunte Sättel – das Publikum – den Akrobaten – einen Marsch – seinen Dompteur – eine Armbanduhr – dem Zirkusdirektor

1 Der Direktor begrüßt ___ mit freundlichen Worten.
2 Die Kapelle spielt zur Eröffnung ___.
3 Die Zuschauer hören ___ zu.
4 Die Pferde tragen ___ auf dem Rücken.
5 Der Zauberer lässt ___ verschwinden.
6 Die Assistentin hilft ___ beim Aufbau der Geräte.
7 Der Löwe faucht ___ an.

!

Das **Objekt** ist ein Satzglied, das das Prädikat ergänzt.
Der Fall des Objektes ist vom Verb abhängig, z. B.:

Der Junge fragt den Platzanweiser.	Wen? Akkusativobjekt
Der Platzanweiser hilft dem Jungen.	Wem? Dativobjekt
Der Reiter gibt dem Pferd ein Stück Zucker.	Wem? Dativobjekt Was? Akkusativobjekt

Man kann Dativobjekte mithilfe der Frage *Wem?* und Akkusativobjekte mithilfe der Fragen *Wen?* oder *Was?* erkennen.

Die Frageprobe anwenden

b Bestimme den Fall der Objekte in Aufgabe a mithilfe der Frageprobe.

2

a Bilde Sätze mit den Verben aus der folgenden Tabelle. Ergänze jeweils Subjekt und Objekt. Bestimme die Objekte mithilfe der Frageprobe und unterstreiche sie.

Verben + Dativobjekt	Verben + Akkusativobjekt
helfen – antworten – zustimmen – folgen – vertrauen – glauben	unterstützen – brauchen – fragen – suchen – bitten – pflegen – tragen
Sie helfen unserem Gärtner. – Wem? …	Wir unterstützen die Jüngeren. – Wen? …

 **b** Manche Verben können sowohl Dativ- als auch Akkusativobjekte verlangen. Bilde mit den folgenden Verben Sätze, die beide Objekte enthalten, und schreibe sie auf. Unterstreiche die Objekte mit unterschiedlichen Farben.

TIPP
Nutze wieder die Frageprobe:
Wem? → Dativ,
Wen? Was?
→ Akkusativ.

schreiben – geben – verbieten – zutrauen – schenken – versprechen

Ich schreibe meinem Freund eine E-Mail.
Wem? – meinem Freund (Dativobjekt)
Wen? Was? – eine E-Mail (Akkusativobjekt)

3 Oft treten Personalpronomen als Objekte auf.

a Sieh dir die folgenden Personalpronomen jeweils hinter dem Verb an. Welche der Personalpronomen sind im richtigen Fall verwendet?

geben: ihr, ihm, sie, mich, es	*bitten:* sie, ihnen, euch, dich, mir
vertrauen: euch, ihn, ihr, ihnen	*helfen:* ihm, ihr, sie, mir, ihnen
tragen: es, ihm, sie, dir, uns	*zustimmen:* dir, mich, euch,
mitnehmen: ihn, mir, ihnen,	ihn, uns
es, dich	*fragen:* sie, ich, ihnen, ihm

b Ergänze ein Subjekt und ein passendes Objekt. Schreibe die Sätze in dein Heft.

Ich gebe es ihr ...

4 Schreibe einen Text über dein letztes Zirkuserlebnis oder ein anderes Erlebnis in deiner Freizeit. Unterstreiche anschließend alle Dativ- und Akkusativobjekte mit unterschiedlichen Farben.

Adverbialbestimmungen (Umstandsbestimmungen) des Ortes und der Zeit

1 Prädikate können durch Zeitangaben näher bestimmt werden.

a Schreibe die Zeitangaben aus den folgenden Sätzen heraus.

1 In der vergangenen Woche fand ich in der Zeitung eine Werbung für den Zirkus.

2 Er kommt in 14 Tagen in unsere Stadt.

3 Seit gestern kann man schon Eintrittskarten kaufen.

4 Meine Oma hat mir heute versprochen, mit mir in den Zirkus zu gehen.

5 In ein paar Tagen wollen wir Karten besorgen.

! Um Zeitangaben zu machen, wird das Prädikat häufig durch eine **Adverbialbestimmung der Zeit (Temporalbestimmung)** näher bestimmt. Man kann sie erfragen mit: *Wann? Wie lange? Bis wann? Seit wann?*, z.B.:

Wir kaufen <u>morgen</u> Karten für den Zirkus.	Wann?
Jede Vorstellung dauert <u>zwei Stunden</u>.	Wie lange?
Der Zirkus bleibt <u>bis nächsten Sonntag</u> hier.	Bis wann?
Meine Oma kennt diesen Zirkus <u>schon seit vielen Jahren</u>.	Seit wann?

TIPP
Nutze die Frageprobe: *Wann? Wie lange? Bis wann? Seit wann?*

b Ergänze die folgenden Sätze durch Zeitangaben. Schreibe die Sätze auf und unterstreiche die Adverbialbestimmungen der Zeit.

1 Die meisten Vorstellungen finden ▬▬▬ statt.

2 Für die kleineren Kinder spielt der Zirkus auch ▬▬▬.

3 Der Zirkus bleibt ▬▬▬ in unserer Stadt.

2 Prädikate können auch durch Ortsangaben näher bestimmt werden.

a Schreibe die Ortsangaben aus den folgenden Sätzen heraus.

1 Das originell bemalte Sarrasani-Haus steht in Radebeul bei Dresden.

2 Dieses Haus befindet sich in der Gartenstraße 54 und war früher ein Waschhaus. Es gilt als die Keimzelle des weltberühmten Zirkus.

3 André Sarrasani, ein Nachkomme des Zirkusgründers, weihte hier 2003 ein interessantes kleines Museum ein.

4 Am 30. März 1902 fand in einem komfortablen Zirkuszelt mit 3600 Plätzen in Meißen die Weltpremiere des Zirkus »Sarrasani« statt. Das war der erste deutsche Zeltzirkus mit elektrischer Beleuchtung.

5 Der Ruhm des Zirkus war bis in die Hauptstadt gedrungen und 1904 hatte »Sarrasani« sein erstes Gastspiel in Berlin.

6 Hans Stosch-Sarrasani wollte für seinen Zirkus ein festes Haus. Seit 1912 spielte der Zirkus im Dresdner Königstheater der 5000, das beim Bombenangriff am 13. Februar 1945 zerstört wurde.

! Das Prädikat kann auch durch eine **Adverbialbestimmung des Ortes (Lokalbestimmung)** näher bestimmt werden. Man kann danach fragen mit: *Wo? Woher? Wohin?*, z. B.:
Der Zirkus Sarrasani hatte sein festes Gebäude in Dresden. – Wo?
Die Elefanten, die Sarrasani besaß, stammten aus Indien. – Woher?
In den zwanziger Jahren wanderte Hans Stosch-Sarrasani mit seinem Zirkus nach Südamerika aus. – Wohin?

TIPP
Nutze die Frageprobe: *Wo? Woher? Wohin?*

b Ergänze die folgenden Sätze durch Ortsangaben. Schreibe die Sätze auf und unterstreiche die Adverbialbestimmungen des Ortes.

1 Der weltberühmte Zirkus »Sarrasani« hat seine Keimzelle in ▬▬▬.

2 Die Weltpremiere fand 1902 in ▬▬▬ statt.

3 Der Ruhm des Zirkus war bis ▬▬▬ gedrungen.

Attribut (Beifügung)

1 Die drei Clowns sehen sehr unterschiedlich aus.
Marie hat sie im Zirkus gesehen und beschreibt sie.

1 Clown Emil hat eine dicke, rote **Nase**. Er trägt eine zerzauste **Perücke**
   mit hellblonden **Haaren** und breite, bunte **Hosenträger**.
   Eine riesige **Sicherheitsnadel** hält seine geblümte **Hose** zusammen.
2 Clown August ist der mit dem eleganten, gelben **Frack**.
   Seine schwarzen **Haare** hat er zu einer kunstvollen **Frisur** geformt.
   Die **Farbe** seiner Fliege ist giftgrün.
3 Das **Gesicht** von Clown Willibald ist mit weißer **Farbe** geschminkt.
   Er hat einen riesengroßen, roten **Mund** und traurige **Augen** mit langen
   Wimpern. Sein weiter **Anzug** ist aus kariertem **Stoff**.

a Aus den Beschreibungen kannst du erkennen, welcher Clown welchen
Namen trägt. Fasse noch einmal kurz zusammen: Wer ist Emil,
wer August und wer Willibald?

b Sieh dir jetzt die fett gedruckten Nomen an. Durch welche Wörter
und Wortgruppen (Attribute) werden sie näher beschrieben?
Schreibe die Nomen mit den dazugehörigen Attributen heraus.

2 Suche zu folgenden Nomen passende Attribute. Beachte, dass die Attribute vor oder hinter dem Nomen stehen können.

Zirkuszelt – Zuschauer – Manege – Artist – Löwe – Elefant – Pferd

ein großes Zirkuszelt, ein Zirkuszelt mit vielen Lichtern, …

> **!** **Attribute** (Beifügungen) bestimmen Nomen/Substantive näher.
> Sie können vor oder hinter den Nomen stehen. Man kann sie mit
> *Welche(-r, -s)?* oder *Was für ein(e)?* erfragen, z. B.:
> *ein weltberühmter Zirkus*   Was für ein Zirkus?
> *der Zirkus mit der größten Tierschau*   Welcher Zirkus?

→ S.61 Einen Gegen-
stand beschreiben

3 Ihr habt sicher im Zirkus schon Artisten mit fantasievollen Kostümen gesehen. Probiert einmal Folgendes aus: Einer von euch beschreibt ein Kostüm, der andere zeichnet es nach der Beschreibung.

 **4** Überprüfe an den Sätzen der Aufgabe 1a (S.199), ob Attribute Satzglieder sind. Nutze dazu die Umstellprobe. Zu welchem Ergebnis kommst du?

> **Attribute** (Beifügungen) können nicht allein umgestellt werden. Sie bleiben immer bei dem Nomen, zu dem sie gehören, und sind ein Teil dieses Satzgliedes. Sie werden deshalb auch **Satzgliedteil** genannt.

Kommasetzung bei Aufzählungen

1 Suche in den folgenden Sätzen die Aufzählungen und
setze die fehlenden Kommas.

*Achtung,
Fehler!*

1 Der Direktor begrüßte das Publikum so: »Meine sehr verehrten
Damen Herren Mädchen und Jungen.

2 Sie sehen heute die weltbesten sensationellsten aufregendsten
Attraktionen, die ein Zirkus zu bieten hat.

3 In unserer Vorstellung gibt es Clowns Artisten Zauberer
sowie Musikanten von Weltrang.

4 Lassen Sie sich sowohl von spannenden Zaubertricks
Dressurnummern mit ungewöhnlichen Tieren als auch von
sensationellen Akrobatikvorführungen verzaubern.

5 Dafür wünsche ich Ihnen viel Spaß und gute Unterhaltung.«

6 Am Ende der Vorstellung jubelten klatschten und trampelten
die Zuschauer vor Begeisterung.

! Manche Sätze enthalten **Aufzählungen** in Form von Wörtern
oder Wortgruppen. Zwischen den einzelnen Gliedern einer solchen
Aufzählung muss ein **Komma** gesetzt werden, wenn diese nicht
durch die Bindewörter *und, oder, sowie, sowohl ... als auch* verbunden
sind, z. B.:
*In unserer Vorstellung gibt es Clowns, Artisten, Zauberer sowie
Musikanten von Weltrang.*

2 Untersuche die Sätze in Aufgabe 1 genauer.
Beantworte die folgenden Fragen.

1 In welchen Sätzen werden einzelne Wörter aufgezählt?

2 Zu welchen Wortarten gehören diese Wörter?

3 In welchen Sätzen werden Wortgruppen aufgezählt?

4 Welche Bindewörter sind in den Sätzen vorhanden?

5 Welches Bindewort ist nicht vertreten?

6 In welchen Sätzen könnte auch ein anderes Bindewort
verwendet werden?

●●● **3** Schreibe drei eigene Sätze auf, in denen Aufzählungen mit *oder*
verbunden werden.

Bau des zusammengesetzten Satzes

 1 Svenja und Paul wollen in der Schulzeitung über das Zirkusprojekt ihrer Klasse berichten.

a Lest den Beginn ihres Entwurfs und tauscht euch über euren ersten Eindruck aus.

Zuerst mussten wir viele Ideen sammeln. Alle wollten mitmachen. Danach haben wir gemeinsam das Programm zusammengestellt. Zwei Clowns hatten die Gäste begrüßt. Dann kam Tommy mit seinem Mäusezirkus. Das war auch sehr lustig. Eine Maus wollte immer ausreißen. Nadja hat getanzt. Das Publikum war begeistert. Kurt hat …

TIPP
Beim Verbinden müsst ihr die Sätze ein wenig verändern.

b Überarbeitet den Text, indem ihr folgende Sätze sinnvoll miteinander verbindet. Wählt dazu ein passendes Bindewort aus.

denn – als – nachdem – weil

1 Zuerst mussten wir viele Ideen sammeln. Alle wollten mitmachen.
2 Zwei Clowns hatten die Gäste begrüßt. Dann kam Tommy mit seinem Mäusezirkus.
3 Das war auch sehr lustig. Eine Maus wollte immer ausreißen.
4 Nadja hat getanzt. Das Publikum war begeistert.

1. Zuerst mussten wir viele Ideen sammeln, denn alle …
2. …

 Kurze Sätze, die inhaltlich eng zusammengehören, kannst du zu einem **zusammengesetzten Satz** verbinden. Dazu brauchst du ein **Bindewort**, z. B.: *denn, weil, nachdem, als, dass, sodass, wenn, da.* Die Teilsätze eines zusammengesetzten Satzes musst du in der Regel an der Bindestelle durch **Komma** voneinander abgrenzen, z. B.:
Wir bastelten bunte Hüte, denn alle wollten lustig aussehen.
Als die Clowns geschickt jonglierten, staunten die Zuschauer.

2

a Schreibe die zusammengesetzten Sätze aus Aufgabe 1b in dein Heft. Achte auf die Kommasetzung und rahme die Bindewörter ein.

b Lest euch eure zusammengesetzten Sätze laut vor. Beobachtet, ob man beim Sprechen hören kann, wo ein Teilsatz endet.

 Teilsätze eines zusammengesetzten Satzes kann man auch an der **Stimmführung** beim Sprechen erkennen. Nach dem ersten Teilsatz (dort, wo das Komma steht) machen wir eine Sprechpause, ohne dabei die Stimme zu senken.

TIPP
Achte auf die Kommasetzung.

a Bilde zusammengesetzte Sätze mithilfe der in Klammern stehenden Bindewörter. Schreibe die Sätze auf und rahme die Bindewörter ein.

1 Alle waren ganz still. Karlo zauberte. (während)

2 Die Turner hatten mit tollen Sprüngen begeistert. Endlich war unsere Flötengruppe dran. (nachdem)

3 Einmal ging etwas schief. Niemand lachte die Artisten aus. (wenn)

4 Am Ende freuten sich alle. Einiges war nicht gelungen. (obwohl)

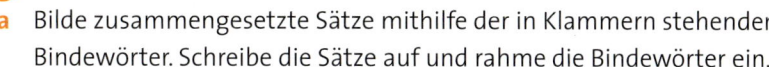

1. Alle waren ganz still, | während | ...

b Lies deine Sätze halblaut und achte auf die Stimmführung.

c Untersuche deine Sätze aus Aufgabe a jetzt genauer.
• Unterstreiche die finiten (gebeugten) Verbformen.
• Vergleiche die Stellung der finiten (gebeugten) Verbformen in den einzelnen Teilsätzen.
• Welche Gemeinsamkeiten und welche Unterschiede erkennst du?

 Ein zusammengesetzter Satz besteht oft aus einem **Hauptsatz** und einem **Nebensatz**.
Die meisten **Nebensätze** erkennst du an folgenden Merkmalen:
• Die finite (gebeugte) Verbform steht an letzter Stelle.
• Sie beginnen mit einem **Einleitewort**.
Zusammengesetzte Sätze, die aus Haupt- und Nebensätzen bestehen, nennt man **Satzgefüge**. Sie können so gebildet werden:
Am Ende strahlten alle glücklich, | obwohl | *einiges nicht gelungen war.*

| HAUPTSATZ | , | NEBENSATZ | .

| Wenn | *einmal etwas schiefging, lachte niemand die Artisten aus.*

| NEBENSATZ | , | HAUPTSATZ | .

4

a Lies die folgenden Satzgefüge und nenne die Nebensätze.
Begründe deine Entscheidungen.

1 Besonders die Fußballfans waren begeistert,
als Marek seine Kunststücke mit dem Ball zeigte.
2 Weil Larissas Kaninchen sich nicht aus dem Stall traute,
musste sie es mit frischem Gras locken.
3 Moritz führte seine Kartentricks so perfekt vor, dass wir staunten.
4 Als Tim mit seinem lustigen Hund auftrat, mussten alle lachen.
5 Obwohl Clown Timo seine rote Nase verloren hatte,
sprang und tanzte er fröhlich durch die Manege.

b Bilde selbst Satzgefüge. Verbinde die folgenden Sätze mithilfe
der Einleitewörter. Achte auf die Kommasetzung.

weil – bis – als – dass – während – nachdem

1 Kurt wollte zuerst nicht auftreten. Er hatte sich beim Training verletzt.
2 Lucy und ihr Hamster warteten aufgeregt. Es ging endlich los.
3 Karen spielte auf ihrer Geige. Ganz still war es.
4 Jenny machte sich Sorgen. Ihr Kostüm wird nicht rechtzeitig fertig.
5 Die Clowns sangen. Einige hielten sich die Ohren zu.
6 Die Seilspringer waren fertig. Selina kam mit ihrem Einrad.

> **TIPP**
> Fertigt eine Liste mit bei Nebensätzen häufig vorkommenden Einleitewörtern an und hängt sie im Klassenraum aus.

 **5** Denke dir aus, was noch im Klassenzirkus aufgeführt werden könnte,
und bilde weitere zusammengesetzte Sätze.

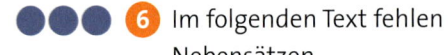 **6** Im folgenden Text fehlen die Kommas zwischen Haupt- und
Nebensätzen.
Begründe, an welchen Stellen ein Komma gesetzt werden muss.

Achtung, Fehler!

Weil unser Klassenzirkus allen so gut gefallen hat wollen wir
weitermachen. Wir haben schon einige Ideen was noch verbessert
werden könnte. Bis die nächste Aufführung starten kann muss
aber noch viel geübt werden. Wenn alles klappt heißt es
im Frühjahr wieder »Manege frei!«. Habt ihr einen Vorschlag
wo unsere Manege dann aufgebaut werden sollte?
Außerdem könnt ihr euch auch bei uns melden falls ihr selbst
etwas Tolles vorführen wollt.

Zeichensetzung bei der direkten (wörtlichen) Rede

1 Hans Manz hat die beiden folgenden Gedichte geschrieben.

a Lies die Gedichte. Tausche dich mit deinen Mitschülerinnen und Mitschülern über ihren Inhalt aus.

Ein, kein oder mehrere Geschwister

Ein Kind sagt: Ich bin das jüngere.
Eines sagt: Ich bin das jüngste.
Eines sagt: Ich bin sowohl das älteste
wie das jüngste.
Eines sagt: Ich bin weder das älteste
noch das jüngste.

Gleichungen

Wie das Kind
dem Vater gleicht!
sagte die Tante.

Ach, wie das Kind
der Mutter gleicht!
sagte der Onkel.

Nein, nein,
dem Großvater gleicht es,
sagte die Großmutter.

Wie sich doch
die Erwachsenen gleichen!
dachte das Kind.

b Du weißt, Gedichte zeichnen sich durch eine besondere Form und Sprache aus. Nenne Besonderheiten dieser beiden Gedichte.

c Lies die Gedichte laut vor. Achte besonders auf die Gestaltung der wörtlichen Rede.

TIPP
Probiere verschiedene Möglichkeiten aus.

d In diesen Gedichten kommt viel wörtliche Rede vor, die jedoch nicht eindeutig erkennbar ist. Wiederhole, wie wörtliche Rede in Texten normalerweise gekennzeichnet wird.

! Um wiederzugeben, was jemand wörtlich sagt oder gesagt hat, verwendet man **direkte (wörtliche) Rede.** Damit dies für den Leser deutlich erkennbar ist, kennzeichnet man in schriftlichen Texten den Beginn und das Ende der direkten Rede mit **Anführungszeichen.**
Oft steht vor, zwischen oder nach der direkten Rede ein **Begleitsatz,** in dem die Sprecherin oder der Sprecher genannt werden, z.B.:
Sie sagte: »Ich werde lieber früher gehen, damit ich pünktlich bin.«
Er rief aus dem Nebenzimmer: »Ich komme auch gleich!«
»Wie lange brauchen wir bis zum Sportplatz?«, *fragte sie.* »Ich weiß nicht genau«, *antwortete er,* »wir brauchen etwa 10 Minuten.«

2 Untersuche die Zeichensetzung bei direkter Rede genauer. Betrachte dazu die Beispiele im Merkkasten und beantworte folgende Fragen.

1 Womit endet der Begleitsatz, wenn er vor der direkten Rede steht?
2 Wie wird der Begleitsatz abgegrenzt, wenn er der direkten Rede folgt oder eingeschoben ist?
3 Wo stehen die Satzschlusszeichen?

3 Schreibe die Gedichte (S. 207) mit vollständiger Zeichensetzung auf.

! Steht der Begleitsatz vor der direkten Rede, folgt ihm ein **Doppelpunkt.** Steht der Begleitsatz nach der direkten Rede oder ist er eingeschoben, wird er durch **Kommas** abgegrenzt.
Ausrufe- oder Fragezeichen, die zur direkten Rede gehören, stehen innerhalb der Anführungszeichen.

→ S. 219 Wortfeld

4 Was in Gedichten erlaubt ist, sollte in anderen Texten möglichst vermieden werden: die häufige Wiederholung von *sagen.* Durch welche Wörter kannst du das Verb ersetzen? Bilde ein Wortfeld.

sagen: sprechen, rufen, …

5 Denke dir zum Gedicht »Gleichungen« eine kleine Geschichte aus und erzähle sie. Verwende direkte Rede, achte auf abwechslungsreiche Begleitsätze.

Wortbildung

1 Wie erweitert sich unser Wortschatz?

a Welche Ideen hast du? Tausche dich mit deinen Mitschülerinnen und Mitschülern darüber aus.

b Löse die folgende Aufgabe schriftlich und vergleiche deine Ergebnisse mit den Lösungen der anderen.

1 Lange, dünne, schnurartige Teigwaren nennt man ▬▬▬.
2 Per Internet Nachrichten versenden nennt man ▬▬▬.
3 Ein Drucker, der Farben wiedergibt, ist ein ▬▬▬.
4 Eine Schokolade mit Nüssen nennt man ▬▬▬.
5 Ein Kommissar, der Kriminalfälle löst, ist ein ▬▬▬.
6 Den Vorgang des Wareneinladens in einen Lkw nennt man auch ▬▬▬laden.

> **!** Unser **Wortschatz erweitert sich** ständig, z.B. durch
> - Wortbildung mithilfe von Zusammensetzung oder Ableitung, z.B.:
>   - Zusammensetzung aus zwei und mehr selbstständigen Wörtern:
>   *Farbe + Drucker* → *Farbdrucker, aus + drucken* → *ausdrucken*,
>   - Ableitung mithilfe von Präfixen (Vorsilben) und Suffixen (Nachsilben):
>   *ver- + schreiben* → *(sich) verschreiben, Farbe + -ig* → *farbig*.
> - Übernahme von Wörtern aus anderen Sprachen, z.B.:
>   - aus dem Englischen: *scannen, lasern, Homepage, Shampoo*,
>   - aus dem Italienischen: *Pizza, Broccoli, Zucchini*.

2

→ S. 210 Merkkasten

a Bilde aus folgenden Wörtern und Wortbestandteilen so viele Wörter wie möglich und schreibe sie auf. Achte auf die Wortart der neu gebildeten Wörter.

FEST	KIND	KLEID	TAG	TAFEL	ZEIT	AN	AUS	AUF

-lich	-keit	-heit	-ung	-en	-n	-ig	-isch	be-	ver-

●●● **b** Markiere in deinem Heft alle zusammengesetzten und alle abgeleiteten Wörter mit zwei unterschiedlichen Farben.

Zusammengesetzte Nomen/Substantive

1 Du kannst neue Wörter aus zwei oder mehr Bestandteilen zusammensetzen.

> **TIPP**
> Oft musst du -*(e)s-*, -*(e)n-* oder -*er-* zwischen die Wortbestandteile schieben, z.B.: *der Geburt-s-tag*.

a Bilde mit den vorgegebenen Nomen so viele Zusammensetzungen wie möglich. Schreibe sie mit dem bestimmten Artikel in dein Heft.

die Feier   der Tag   das Kind   die Ferien   das Lied

die Geburt   der Gast   das Geschenk   die Schule

b Nenne die Wortbestandteile, aus denen deine Zusammensetzungen bestehen. Trenne sie durch senkrechte Striche voneinander ab.

der Feier|tag, ...

! Zusammensetzungen bestehen aus einem **Bestimmungswort** und einem **Grundwort**. Das Bestimmungswort kann selbst noch einmal eine Zusammensetzung sein.
Manchmal musst du ein **Fugenelement**, z.B. -*(e)s-*, -*(e)n-*, -*er-*, zwischen Bestimmungs- und Grundwort einfügen, z.B.:

Bestimmungswort	+ Grundwort	= zusammengesetztes Wort
die Küche	*der Tisch*	*der Küchentisch*
das Kind	*das Fest*	*das Kinderfest*
die Geburt	*der Tag*	*der Geburtstag*
der Geburt|s|tag	*die Torte*	*die Geburtstagstorte*

2

a Vergleiche in den Beispielen im Merkkasten die Artikel von Bestimmungswort, Grundwort und dem daraus zusammengesetzten Wort.

b Ergänze den folgenden Merksatz und schreibe ihn in dein Heft.

Bei zusammengesetzten Nomen bestimmt das ▬▬ das Geschlecht, z.B.: ▬▬ *Gartentor*, aber: ▬▬ *Gartentür*.

● ● ●   c Suche Beispiele für Zusammensetzungen aus mehr als zwei Bestandteilen. Überprüfe, ob dabei die Regel aus Aufgabe b auch gilt.

3 Das folgende Gedicht hat Franz Fühmann geschrieben.

a Lies das Gedicht. Wie viele zusammengesetzte Nomen erkennst du?

In der Kuchenfabrik

Im Streuselkuchen ist Streusel,
im Pflaumenkuchen sind Pflaum',
im Marzipankuchen ist Marzipan,
im Baumkuchen ist ein Baum.

5 Im Kirschkuchen sind Kirschen,
im Obstkuchen ist Obst,
im Reibekuchen eine Küchenreibe,
ich hoffe, dass du ihn lobst.

Im Käsekuchen ist Käse,
10 im Hundekuchen ein Hund,
und wenn der Jens so weiterfrisst,
wird er noch kugelrund.

b Erkläre, was der Baumkuchen mit einem Baum, der Reibekuchen
mit einer Reibe und der Hundekuchen mit einem Hund zu tun hat.

c Nenne die zusammengesetzten Nomen, in denen das Wort *Kuchen*
als Grundwort auftritt.

d Nenne das Nomen, in dem das Wort *Kuchen* als Bestimmungswort
auftritt.

e Das Gedicht enthält auch zwei zusammengesetzte Wörter,
die keine Nomen sind. Suche sie und bestimme ihre Wortart.

4 Benenne die Dinge jeweils mit einem Wort.

1 Ein Pullover mit einer Kapuze ist ein ▬▬▬.
2 Ein Buch, das von Abenteuern handelt, ist ein ▬▬▬.
3 Ein Spiel, für das man viel Geduld braucht, ist ein ▬▬▬.
4 Ein Anhänger für die Schlüssel ist ein ▬▬▬.
5 Eine Tasche, die man am Gürtel befestigen kann, ist eine ▬▬▬.

1. Kapuzenpullover, 2. ...

5 Bilde Zusammensetzungen und schreibe sie mit dem bestimmten Artikel auf. Nenne die Wortart, zu der sie gehören.

1 lang – Lauf   **2** leicht – Athletik   **3** blau – Licht
4 spielen – Platz   **5** schwimmen – Flosse   **6** starten – Bahn

! Das **Grundwort** eines zusammengesetzten Wortes bestimmt, zu welcher Wortart das zusammengesetzte Wort gehört und welches grammatische Geschlecht es hat.

Bestimmungswort	Grundwort	Zusammensetzung
rennen	*das Rad*	*das Rennrad*
der Geburtstag	*die Karte*	*die Geburtstagskarte*

6 Schreibe die folgenden Wörter in dein Heft. Achte auf die Groß- bzw. Kleinschreibung.

WINDSCHIEF – KNÖCHELTIEF – APFELBAUM – KAFFEEBRAUN – STARKSTROMLEITUNG – STANGENFÖRMIG – BÄRENSTARK

7 Jenny möchte ihren Geburtstag feiern.

a Lies Jennys Entwurf für eine Einladungskarte.

> Liebe Leslie, lieber Oleg, lieber Janosch,
> ich lade euch zu meiner Feier zu meinem Geburtstag am Samstag, dem 1. 7., um 15 Uhr ein. Der Punkt unseres Treffens ist der neue Platz zum Spielen hinter unserer Schule. Wenn die Sonne scheint, feiern wir draußen. Bringt ein paar Ideen für Spiele mit.
> Ich freue mich auf euch!   Jenny

TIPP
Wenn das Buch nicht dir gehört, lege zum Arbeiten eine Folie über den Text.

→ S. 52 Einen Text überarbeiten

b Markiere, wo Jenny den Text kürzer und einfacher formulieren kann.

c Überarbeite den Text. Ersetze umständlich formulierte Stellen durch ein zusammengesetztes Wort und schreibe es auf.

zu meiner Geburtstagsfeier, …

Zusammengesetzte Adjektive

1 Suche bildhafte Farbbezeichnungen. Verwende das Farbadjektiv als Grundwort. Die Bilder weisen auf geeignete Bestimmungswörter hin.

grün – rot – blau

uniformgrün, ...

> **!** Mithilfe **zusammengesetzter Adjektive** kannst du Dinge und Situationen genauer, aussagekräftiger und bildhaft beschreiben, z. B.: *Zum* <u>zitronengelben</u> *T-Shirt trug Inga ihre* <u>flaschengrüne</u> *Hose.*

2

a Lies Silvios Beschreibung eines Wintertages.

Es war ein sehr kalter Wintertag. Der Schnee auf dem Fußweg lag sehr hoch, die Straße war sehr glatt. Im Licht der Straßenlaternen war es sehr hell.

TIPP
Überlege dir, wie kalt, wie hoch, wie glatt, wie hell etwas sein kann.

b Ersetze das eintönige *sehr* durch bildhafte zusammengesetzte Adjektive.

Es war ein hundekalter Wintertag. Der ...

3 Steigere die Wirkung der folgenden Überschriften durch bildhafte zusammengesetzte Adjektive.

Insel von hohen Wellen überschwemmt

Unwetter mit großen Hagelkörnern

Haus von schwerem Meteoritenteil zerstört

... von meterhohen Wellen ..., ...

4 Bilde zusammengesetzte Adjektive und diktiere die Wortgruppen deiner Lernpartnerin / deinem Lernpartner.

1 ein ▨▨▨ (der Knochen – hart) Kuchen **2** ein ▨▨▨ (die Feder – leicht) Kind **3** mit ▨▨▨ (das Blei – schwer) Fuß **4** mit ▨▨▨ (der Winter – fest) Kleidung

Abgeleitete Nomen/Substantive

1 Aus welchen Wortbestandteilen sind die folgenden Nomen gebildet? Übertrage die Tabelle in dein Heft und ergänze sie.

die Gemeinschaft – die Klugheit – der Reichtum – die Heiterkeit – die Finsternis – die Leitung – die Erfindung – das Hindernis – der Irrtum

Wortstamm	Suffix (Nachsilbe)
gemein	-schaft
…	…

! An **Suffixen** (Nachsilben), wie *-heit, -keit, -ung, -schaft, -nis, -tum,* kannst du ein Nomen/Substantiv erkennen, z.B.: *schön – die Schönheit, tapfer – die Tapferkeit, leiten – die Leitung, eigen – die Eigenschaft – das Eigentum, hindern – das Hindernis.*

TIPP
Achte auf die Großschreibung.

2 Bilde aus Adjektiven und Verben abgeleitete Nomen und schreibe sie mit dem bestimmten Artikel auf. Nutze dazu die passenden Suffixe aus dem Merkkasten.

frei – gleich – umleiten – kostbar – entfernen – selten – irren – verwandt – erleben – neu – geheim – heimlich – gemein

3 Welches Suffix aus dem Merkkasten passt zu welcher Reihe? Bilde abgeleitete Nomen und schreibe sie in dein Heft.

1 prüfen, rechnen, erwarten, rüsten, füttern
2 erleben, kennen, verstehen, wagen
3 berühmt, dunkel, mehr, Kind
4 bitter, brauchbar, biegsam, ewig
5 gemein, gefangen, Freund, Feind

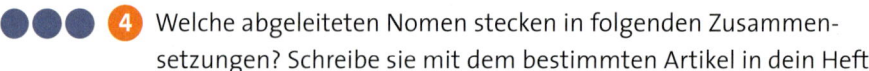 **4** Welche abgeleiteten Nomen stecken in folgenden Zusammensetzungen? Schreibe sie mit dem bestimmten Artikel in dein Heft.

Weltmeisterschaftstitel – Freundschaftsspiel – Sicherheitstraining – Berührungsängste – Zeugnisausgabe – Schönheitswettbewerb

Abgeleitete Verben

1 Hier stimmt etwas nicht. Welches Präfix (Vorsilbe) wäre richtig?
Schreibe die Lösung in dein Heft. Trenne das Präfix
durch einen senkrechten Strich vom Wortstamm ab.

1 Lilly hätte beinah ihren Hamster verdrückt.

2 Malek hat zehn Pfannkuchen zerdrückt.

3 Der Hut hat Großmutters Haare erdrückt.

4 Aishes Bruder hat ihren Wecker erlegt.

5 Katjas Vater hat ein Wildschwein verlegt.

6 Und mein Großvater hat wieder seine Brille zerlegt.

1. er|drückt, 2. …

> **!** Verben verändern ihre Bedeutung durch das Anfügen von **Präfixen**
> (Vorsilben) wie *be-, er-, ent-, ver-, zer-*, z.B.:
> *raten – beraten – erraten – verraten – missraten,*
> *reißen – entreißen – zerreißen.*

2 Bilde so viele abgeleitete Verben wie möglich
und schreibe sie in dein Heft.

antworten	be-	er-	arbeiten
schlagen	ver-	zer-	sorgen
richten			handeln
achten	miss-	ent-	reisen

TIPP
Das Präfix *miss-*
wird immer mit *ss*
geschrieben.

3 Drücke mithilfe eines Präfixes das Gegenteil aus.

1 Der erste Versuch war gelungen.

2 Er versteht mich immer.

3 Dein Benehmen gefällt mir.

4 Die Schüler achten die Regeln.

5 Der Test war geglückt.

6 Carla gönnt ihm das Geschenk.

7 Seine Eltern billigen sein Verhalten.

8 Die Großeltern vertrauen ihrer Enkelin.

9 Sie hat uns verstanden.

Abgeleitete Adjektive

a Leite aus den Nomen in Klammern Adjektive ab und vervollständige den Wetterbericht.

1 Das ▬▬ (Herbst) Wetter wird im Norden Deutschlands anhalten.
2 In den frühen Morgenstunden ist ▬▬ (Ort) mit Nebelfeldern zu rechnen.
3 Für Aufheiterungen sorgen ▬▬ (Sturm) Winde aus Südwest.
4 Im Süden ist es ▬▬ (Sonne), im Westen dagegen ▬▬ (Regen).
5 In höheren Lagen kann es zu ▬▬ (Gefahr) Glatteisbildung kommen.

b Übertrage die Tabelle in dein Heft und ergänze die abgeleiteten Adjektive aus Aufgabe a.

-ig	-lich	-isch
...	herbstlich	...

> **!** An den **Suffixen** (Nachsilben) *-ig, -lich, -isch, -haft, -bar, -sam* erkennst du ein Adjektiv, z. B.:
> *Saft – saftig, Tag – täglich, Kritik – kritisch, Traum – traumhaft, Furcht – furchtbar – furchtsam.*

 Wie werden die Suffixe (Nachsilben) *-ig* und *-lich* am Wortende und in der Wortmitte ausgesprochen? Lies die Wörter laut vor. Formuliere eine Regel.

1 einmalig – eine einmalige Sache; ehrlich – eine ehrliche Antwort
2 stachlig – stachlige Früchte; stündlich – stündliche Verbindungen
3 wellig – welliges Haar; westlich – westliche Länder

> **!** Das **Suffix -ig** spricht man am Wortende wie *-ich* [ich] aus.
> Zur Prüfung, ob ein Wort auf das Suffix *-ig* oder *-lich* endet, eignet sich die **Verlängerungsprobe**. Verlängere das Wort um ein *-e* und sprich es laut aus, z. B.:
> *well-i▬   well-ig-e* → *well-ig.*
> Endet der Wortstamm auf *-l*, folgt immer das Suffix *-ig*, z. B.:
> *mehl-ig,* aber: *herz-lich.*

3 *-ig* oder *-lich*?

a Bilde Adjektive und schreibe sie auf. Trenne Wortstamm und Suffix
durch einen senkrechten Strich voneinander ab.

wackeln – rund – Frieden – rot – eilen – grün – zart – Ekel – Winkel –
Schreck – Absicht – Herr – Hügel – Macht – Wolle – mehrere Stellen

wackel|ig, ...

b Wählt jeweils fünf Adjektive aus der Aufgabe a aus
und diktiert sie euch gegenseitig.

Wortfamilien

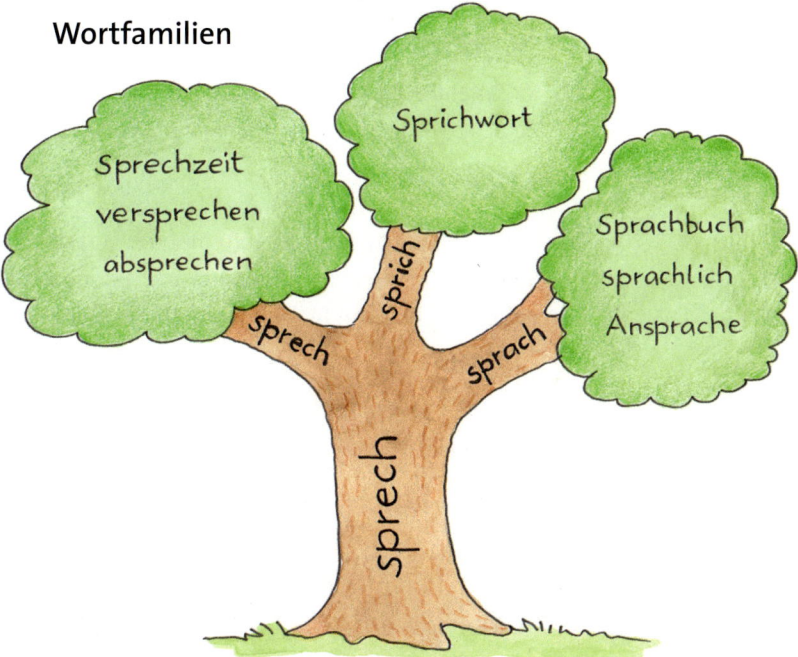

1 Betrachte den Wörterbaum.

a Wie heißt der gemeinsame Wortstamm?

b In welchen Teil des Wörterbaums gehören folgende Wörter?
Ordne sie zu.

Fremdsprache – vorsprechen – aussprechen – Sprechprobe –
sprichwörtlich – gesprächig – Nachrichtensprecher

! Jede **Wortfamilie** hat einen gemeinsamen Wortstamm.
Er bestimmt die Schreibung. Wortfamilien entstehen durch
Ableitung und Zusammensetzung, z.B.:

Sprach - e	Mutter - sprache
sprach - lich	Fremd - sprache
sprech - en	ab - sprechen
Sprech - er	Sprech - zeiten
Be - sprech - ung	
ver - sprech - en	

TIPP
In den Beispielen
stecken zwei
Wortfamilien.

2 Ordne die folgenden Beispiele nach Wortfamilien.
Schreibe sie auf und unterstreiche jeweils den Wortstamm der Familie.

Radurlaub – Rathaus – radwandern – ratlos – ratsam – Radtour –
Ratschlag – Ratskeller – Radsportler – Radweg

3 Suche die Wortpaare, die miteinander verwandt sind.
Schreibe sie nebeneinander auf und markiere alle Stammvokale.
Begründe, warum du manchmal *ä* und manchmal *e* schreibst.

einschärfen – scharf – kräftig – wendig – Gemälde – Ernährung –
anmelden – verändern – malen – Kraft – anders – Nahrung –
Meldung – Wende

einschärfen ← scharf, …

●●● **4** Welche Wörter sind aus einer Ableitung entstanden,
welche aus einer Zusammensetzung?
Übertrage die Tabelle in dein Heft und ordne die Wörter
in die richtige Spalte ein.

TIPP
Grund- und
Bestimmungs-
wort einer
Zusammen-
setzung können
selbst eine
Ableitung oder
Zusammen-
setzung sein.

Krafttraining – Elfmeter – Erklärung – behandeln – energisch –
blitzschnell – Hallenhandball – Elfmeterpunkt – Sportbekleidung –
Rettungsstation – Wintersportort – Verkaufspreis

Ableitung	Zusammensetzung
…	…

Wortbedeutung

1 Nenne das Wort, das nicht in die Reihe folgender Begriffe gehört. Begründe, warum das »schwarze Schaf« nicht zu den anderen Wörtern passt.

1 Spitzer, Bleistift, Kugelschreiber, Füller, Filzstift
2 Lastwagen, Auto, Motorrad, Flugzeug, Bus, Fahrrad
3 Fuchs, Hirsch, Luchs, Wildschwein, Elefant, Hase
4 Rose, Tulpe, Nelke, Tanne, Veilchen, Schneeglöckchen
5 Hacke, Rasenmäher, Spaten, Harke, Gartenschere, Föhn
6 Käsekuchen, Schwarzbrot, Pfannkuchen, Erdbeertorte, Bienenstich
7 Bäcker, Gärtner, Koch, Bruder, Lehrer, Kraftfahrer
8 Trompete, Posaune, Flöte, Klarinette, Geige

! Bedeutungsgleiche oder -ähnliche Wörter bilden ein **Wortfeld**. Du kannst sie in **Oberbegriffe** mit allgemeiner Bedeutung und **Unterbegriffe** mit spezieller Bedeutung einteilen, z.B.:

Oberbegriff: *Fahrzeug*

Unterbegriffe: *Lastwagen   Auto   Motorrad   Bus   Fahrrad*

In Form von Tabellen und Übersichten kannst du Oberbegriffen Unterbegriffe zuordnen und umgekehrt.

---

2 Suche zu folgenden Wortreihen einen Oberbegriff.

1 Korb, Tasche, Kiste, Beutel, Dose, Tüte, Kasten, Tank
2 Rock, Hose, Pulli, Jacke, Bluse, Weste, Kleid, Hemd
3 Sandaletten, Gummistiefel, Holzlatschen, Turnschuhe
4 Teller, Untertasse, Tasse, Schale, Suppentasse, Soßenkännchen
5 Teddy, Kranauto, Bausteine, Indianerfiguren, Puppenhaus
6 Elster, Spatz, Amsel, Krähe, Taube, Meise, Rotkehlchen

3 Auch Verben und Adjektive können Wortfelder bilden.

a Übertrage die folgende Tabelle in dein Heft und suche
die fehlenden Oberbegriffe.

sprechen	...	schön	...
reden	gehen	hübsch	rundlich
quasseln	stolzieren	niedlich	mopplig
schwatzen	marschieren	...	...
...	...		

b Ergänze weitere Unterbegriffe.

4 Suche aus dem »Wortsalat« die drei Oberbegriffe heraus
und ordne jeweils die dazugehörigen Unterbegriffe zu.

Weinglas – Gebäck – Sofa – Apfeltasche – Bett – Gläser – Pfannkuchen –
Stuhl – Colaglas – Möbel – Plätzchen – Schreibtisch – Rührkuchen –
Bierglas – Waffeln – Brauseglas – Tisch – Streuselkuchen – Sessel –
Sektglas – Schrank – Schnapsglas

5 Suche den passenden Oberbegriff und ergänze den Satz.

1 Brustschwimmen, Kraulen und Rückenschwimmen
bezeichnet man allgemein als ▬▬▬.
2 Karpfen, Hecht und Aal sind ▬▬▬.
In Ozeanen und Meeren gibt es auch noch ▬▬▬.
3 Äpfel, Birnen, Pflaumen und Erdbeeren bezeichnen wir als ▬▬▬.
Außerdem kenne ich noch ▬▬▬. Dazu gehören zum Beispiel
Möhren, Kohlrabi und Spargel.
4 Hund, Katze, Kaninchen und Hamster gehören zu den ▬▬▬.
Aber Löwe, Tiger, Nashorn und Elefant sind ▬▬▬.
5 In Europa wachsen verschiedene Baumarten.
Kiefer, Tanne, Fichte gehören zu den ▬▬▬.
Dagegen sind Eiche, Kastanie und Buche ▬▬▬.

6 Die folgende Übersicht zeigt dir, dass ein Oberbegriff mehrere Unterbegriffe haben kann und diese durch weitere Unterbegriffe näher erläutert werden. Übertrage die Übersicht in dein Heft und ergänze sie.

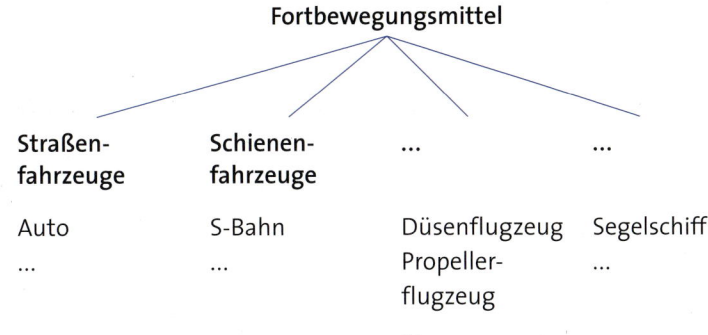

7 Suche zu den folgenden Oberbegriffen möglichst viele Unterbegriffe. Fertige dazu jeweils eine Übersicht nach dem Muster an.

Niederschlag – Getränke – Insekten – Organe

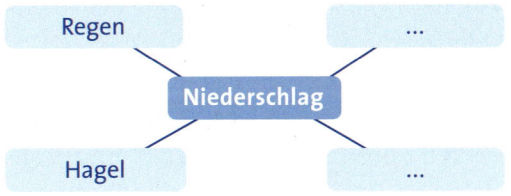

→ S. 92 Märchen lesen und verstehen

8 Stelle dir vor, du hast für einen Vortrag über Märchen diese ungeordneten Notizen gemacht. Ordne sie nach Ober- und Unterbegriffen. Entscheide dich selbst für eine geeignete Form (z. B. Tabelle, Übersicht). Ergänze weitere Unterbegriffe.

Figuren – gut und böse – Märchen – sehr alt – Aschenputtel – weltweit – Hänsel und Gretel – sprechende Tiere – die Bremer Stadtmusikanten – mündlich weitergegeben – Besonderheiten – Bestrafung und Belohnung – Entstehung – der gestiefelte Kater – oft verändert – Zahlen und Symbole – Schneewittchen – Beginn: »Es war einmal …«

1 Schreibe den folgenden Text ab (eventuell am Computer).

a Setze in den Absätzen 2 und 3, die Satzschlusszeichen.
Achte auf die Großschreibung am Satzanfang.

Interessantes aus der Welt des Zirkus

1 Weißt du, wer als der Begründer des klassischen Zirkus gilt?
Er heißt Philipp Astley. Der Engländer lebte von 1742 bis 1814.
Weil er in einem Kavallerieregiment gedient hatte, konnte er
vorzüglich reiten. Nach seiner Entlassung aus dem Armeedienst
mietete er 1768 in London ein Feld, auf dem er Zuschauertribünen
errichten ließ. Dort zeigte er zusammen mit anderen Reitern dem
begeisterten Publikum waghalsige Kunststücke und Akrobatik
auf Pferden.
2 Bis zum modernen Zirkus war es aber noch ein langer Weg
kennst du die Namen der berühmtesten Zirkusse dazu gehören
Renz Busch Sarrasani und Roncalli ganz besonders beliebt sind
auch die russischen und chinesischen Zirkuskünstler hast du z. B.
schon einmal etwas von dem weltbekannten Clown Oleg Popow
gehört er konnte die Zuschauer nicht nur zum Lachen bringen,
sondern war auch als Artist auf dem Schlappseil ein wahrer
Meister
3 Bei den Zirkusfans ist heute der Zirkus »Roncalli« besonders
beliebt er wurde im Jahr 1976 gegründet in seinen Programmen
treten Künstler aus vielen Ländern auf sie kommen z. B. aus der
Ukraine aus Russland Amerika Tschechien Italien und Spanien
hier begeistern atemberaubende Luftartisten biegsame Schlangen-
frauen oder blitzschnelle Magier das Publikum aber erst die
harmonische Einheit von Artistik und Musik macht das
Programm perfekt

Achtung,
Fehler!

Oleg Popow

b Suche die Aufzählungen und setze die fehlenden Kommas.

2

a Bestimme, aus wie vielen Satzgliedern die folgenden Sätze bestehen.

  1 Einzelne Zirkusfamilien bestimmten die Geschichte des Zirkus.
  2 In seiner Entwicklung hat der Zirkus Wandlungen durchgemacht.
  3 Den Zirkus lieben viele Menschen.

b Schreibe aus dem ersten Absatz des Textes in Aufgabe 1a die Subjekte
und Prädikate heraus.

c   Bestimme, welche der Prädikate aus Aufgabe 2 b mehrteilig sind.

d   Schreibe aus dem zweiten Absatz des Textes zwei Beispiele
für prädikative Rahmen heraus.

e   Schreibe aus den folgenden Sätzen die Objekte mit den dazugehörigen Prädikaten heraus und bestimme ihren Fall.

1 Er zeigte dem Publikum waghalsige Kunststücke. **2** Die Artisten
begeistern die Leute. **3** Die Musik gefällt den meisten Besuchern.

f   Schreibe aus dem Text je drei Adverbialbestimmungen des Ortes
und der Zeit heraus.

3

a   Untersuche die Wortgruppen. Unterstreiche die Nomen und ihre
Begleiter mit unterschiedlichen Farben. Bestimme den Fall der Nomen.

den festen Zirkusbau – mit anderen Reitern – auf dem Schlappseil –
dem weltbekannten Clown – den großen modernen Zirkus

b   Suche ein Adjektiv im Text von Aufgabe 1a und notiere alle
drei Steigerungsstufen.

c   Bestimme die Zeitform der folgenden Verben.

erzählt – mietete – ließ – hat gehört – treten auf

d   Ordne die Verben aus Aufgabe c nach starken und schwachen.

4

a   Schreibe die folgenden Zusammensetzungen auf, markiere das
Grundwort und bestimme die Wortart. Suche je ein weiteres Beispiel.

Zirkusfamilie – Armeedienst – zahlreich – weltbekannt

b   Schreibe die folgenden Ableitungen auf. Trenne Präfix bzw. Suffix
vom Wortstamm ab.
Suche zu jeder Wortart ein weiteres Beispiel aus dem Text.

Begründer – erzählen – vorzüglich

Fehler erkennen – Fehler korrigieren

1 Den folgenden Brief hat Bastian gleich zu Beginn seines ersten Schuljahres geschrieben, als er noch kaum etwas über die Schreibung von Wörtern wusste.

a Versuche, den Brief zu entziffern.

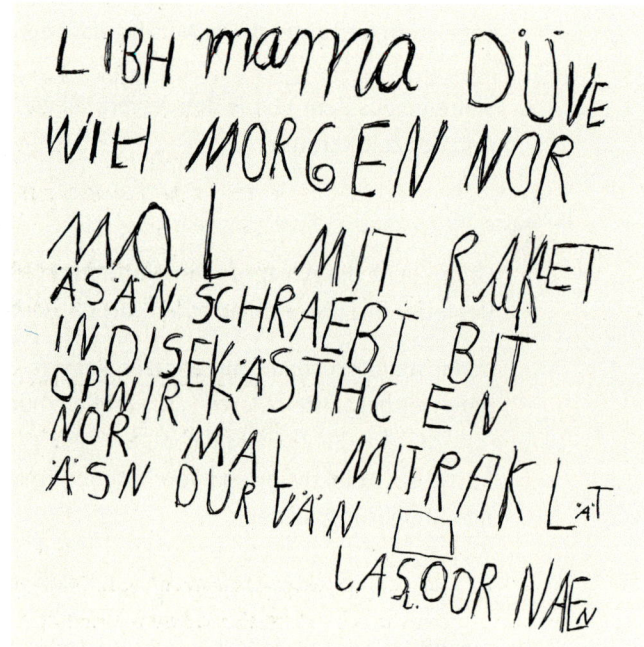

TIPP
1. RAKET / RAK Lät meint »Raclette« – ein besonderes Käsegericht.
2. LAŞOOR NAEN heißt »ja oder nein«.

b Kannst du erklären, warum der Schulanfänger die Wörter so geschrieben hat? Was wusste er alles noch nicht?

c Schreibe den Brief richtig auf, achte auf die übliche Groß- und Kleinschreibung.

d Welcher der folgenden Aussagen stimmst du zu? Begründe deine Meinung.

    1 Der Rat »Schreib, wie du sprichst« ist eine zuverlässige Rechtschreibhilfe.

    2 Der Rat »Schreib, wie du sprichst« trifft nur für bestimmte Schreibungen zu.

 **2** Probiert einmal Folgendes aus: Tippe Bastians Brief so in den Computer, wie er ihn geschrieben hat, aber in der üblichen Groß- und Kleinschreibung (statt *DÜVE* also *düve*).

a Welche Korrekturen schlägt dir das Rechtschreibprogramm vor?

b Warum verbessert das Rechtschreibprogramm so viele Falsch-schreibungen nicht?

3 Bei der Untersuchung sehr vieler Diktate und Schüleraufsätze wurde festgestellt: Die meisten Schülerinnen und Schüler können in der 5. Klasse schon gut und richtig schreiben. Es gibt aber einige Recht-schreibklippen, bei denen immer wieder Fehler gemacht werden. Fünf dieser schwierigen Fälle stehen auf der nächsten Seite. Du kannst dich anhand der Beispielwörter selbst überprüfen: Wo bin ich sicher? Welches sind meine Rechtschreibklippen?

TIPP
Verwende ein Wörterbuch zum Nachschlagen.

a Gehe die folgenden Schritte.

1. Lege ein A4-Blatt nach dem Muster auf S. 226 an und übertrage alle fett gedruckten Angaben. Du kannst dazu auch den Computer nutzen.
2. Dann schreibst du – möglichst richtig ergänzt bzw. richtig groß- oder kleingeschrieben – die Lückenwörter auf.

3. Überprüft anschließend gemeinsam, ob ihr richtig eingesetzt habt.
4. Verbessere deine Fehler und notiere hinter jeder Gruppe die Fehlerzahl.
5. Nun erkennst du: Das sind meine Stärken, aber andere Schreibungen muss ich noch üben.

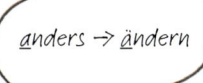 **b** Tauscht euch über eure Ergebnisse aus und sprecht auch über die folgenden Fragen.

1 Welche Rechtschreibhilfen verwendet ihr in Zweifelsfällen, um über die richtige Schreibung zu entscheiden?
2 Wer hat mit einer bestimmten Übungsmethode gute Erfahrungen gemacht?

anders → ändern

Überprüfe dich selbst und erkenne deine Fehler	Fehlerzahl
1. *d* oder *t*? *b* oder *p*? *g* oder *k*? am frühen Aben_ auf dem Spor_platz, hunder_ Läufer, auf den Star_schuss war_en, lan_sam loslaufen, durch den Par_, zur Bur_, viel Lau_ auf dem Waldwe_, nicht stol_ern, ein gutes Erge_nis, in einer hal_en Stunde	
2. langer Stammvokal (Selbstlaut): mit oder ohne *h*? **Mit *ie* oder *i*?** Musik war zu hö_ren, laute, schrille Tö_ne, von der Bü_ne, soga_r bis in unsere Wo_nung, der Text wa_r nur ungefä_r zu verste_en, es ging um eine Kr_se in einer zi_mlich schwi_rigen Fam_lie	
3. doppelter Konsonant (Mitlaut) oder nicht? Die Kreuzung war gesper_t. Wir mus_ten anhal_ten und den Warnblinker einschal_ten. Die nachfol_genden Autos stop_ten ebenfal_s. Was kon_te pas_iert sein? Wir stel_ten Vermutungen an. Wir blickten verwir_t nach links. Eine Kirche rol_te auf der Gegenfahrbahn her_an.	
4. *s* oder *ss* oder *ß*? im Se_el sitzen, die Augen geschlo_en, von einer gro_en Rei_e träumen, der Koffer lä_t sich nicht öffnen, der Schlü_el ist nicht zu finden, die Abfahrt verpa_t, den Auswei_ verge_en, aber alles blo_ ein bö_er Traum	
5. groß oder klein? JONAS HÖRT MAN HÄUFIG KLAGEN, IHM GEFÄLLT SO MANCHES NICHT: STILL SITZEN, GEHORCHEN, GEDICHTE AUFSAGEN, MÜLLEIMER LEEREN, EIN SCHARFES GERICHT. ER MAG VOR ALLEM BEWEGUNG UND SPIELE, KÄMPFE, WIDERSPRUCH UND STREIT. GEHT MAN RICHTIG MIT IHM UM, IST ER AUCH ZUM NACHGEBEN BEREIT.	

In einem Wörterbuch nachschlagen

1 Wenn du nicht genau weißt, wie ein Wort geschrieben wird oder was es bedeutet, solltest du in einem Wörterbuch nachschlagen.

a Lies den folgenden Brief, den Nick an Emily geschrieben hat.

Achtung, Fehler!

Hallo, Emily,
wir sind gestern auf einer ganz kleinen Insel gewesen.
Die Insel heißt <u>Hallig</u>, und in der Halligschule gibt es
meistens nur einen oder zwei Schüler. Die Schule sieht
wie ein ganz normales Wohnhaus aus. Es gibt keinen
Schulhof und keine Turnhalle, auch keine <u>Tischreien</u>
und keine Wandtafel in dem <u>gemühtlichen</u> Klassen-
raum. In diesem Jahr ist Sven der einzige Schüler.
Sein bisheriger <u>Schulkamarad</u> hat die Schule Anfang
des Sommers abgeschlossen. Wenn bei Sturmflut die
Hallig unter Wasser steht, muss Sven zu Hause lernen.
Ich wäre da gern. Du auch?
Dein Nick

b Emily sind beim Lesen des Briefes einige Schreibungen komisch vorgekommen. Sie hat diese Wörter unterstrichen. Überprüfe die Schreibung der gekennzeichneten Wörter in einem Wörterbuch. Schreibe die falsch geschriebenen untereinander richtig auf.

c Ergänze zu jedem Wort zwei verwandte Wörter.

2 Man muss das Alphabet gut können, wenn man ein Wort möglichst schnell finden will. Trainiert das Aufsagen des Alphabets. Stellt fest, wer es am schnellsten kann.

3
a Nennt der Reihe nach zu jedem Buchstaben des Alphabets ein Wort.

Arm, Bein, Computer, ...

b Probiert eine schwierigere Variante aus:
Nennt in der zweiten Runde nur Vornamen oder nur Verben
oder nur Adjektive in alphabetischer Reihenfolge.

4 Welche Buchstaben fehlen auf den Handy-Tasten?

5 Schreibe die folgenden Wörter alphabetisch geordnet in dein Heft.

immer – nötig – Blut – folgen – jung – Zelt – Chip – Kalender – Paket –
Ypsilon – achtzig – denken – richtig – Weide – Erfolg – Lineal – Osten –
schwierig – gestern – Maß – Tal – voll – heiß – Quelle – unter – Xylophon

achtzig, …

6 Stellt füreinander eine Wortliste zusammen, die nach dem Alphabet
geordnet werden soll. Wählt Städte-, Tier- oder Pflanzennamen,
Sportarten oder Lieblingsgerichte für die Liste aus.

7 Alle folgenden Wörter haben den gleichen Anfangsbuchstaben.

a Schreibe sie in alphabetischer Reihenfolge auf.
Ordne hier nach dem zweiten Buchstaben.

fertig – Foto – Fach – Futter – Filter

Fach, …

b Ordne die folgenden Wörter nach dem dritten bzw. vierten
Buchstaben.

Fluss – fliehen – flach – Fleck – Flosse
aushalten – Ausbildung – Ausgleich – ausstellen – ausweiten

flach, …   *Ausbildung, …*

8 Sieh dir diesen kurzen Ausschnitt aus einem Wörterbuch an.

a Wodurch wird die Orientierung auf dieser Seite erleichtert?

b Die fett gedruckten Wörter auf dem oberen Rand jeder Seite heißen Seitenleitwörter. Sie sind sehr nützlich beim Nachschlagen. Warum?

c Schreibe die folgenden Wörter untereinander auf.
Suche sie im Wörterbuch und notiere hinter jedem die Bedeutung sowie das Seitenleitwort.

Vers – Strophe – Song

9 Überprüfe dich selbst. Wähle eine der folgenden Zeilen aus.
Stoppe mit der Uhr, wie lange du brauchst, um
- alle drei Wörter in einem Wörterbuch nachzuschlagen und ihre Schreibung zu überprüfen und
- alle drei Wörter richtig aufzuschreiben.

1 Bühne – Höhrer – Gefahr
2 Falle – Rollbahn – Halltung
3 Gärtchen – hundert – abents

Häufig vorkommende Wortstämme richtig schreiben

Wörter mit *b, d, g* und *p, t, k* am Stammende

Rechtschreibhilfe: Wörter verlängern

1 Einer liest eine Wortreihe vor, alle anderen lesen mit und achten auf die Aussprache des Konsonanten (Mitlauts) am Wortende. Was stellt ihr fest?

1 das Sieb – der Typ – das Lob – er hob – das Mikroskop
2 der Wald – kalt – die Naht – der Pfad – das Geld – die Welt
3 das Werk – der Berg – der Schlag – der Vertrag – das Geschenk

> Im Auslaut werden *b, d, g* wie *p, t, k* gesprochen. Wenn du die Wörter aber verlängerst (**Verlängerungsprobe**), dann sprichst und hörst du deutlich *b, d, g*, und diese Buchstaben musst du auch schreiben, z.B.: *Ba■ – Bäder* → *Bad*.

2 Nomen kannst du verlängern, indem du die Pluralform bildest.

Rechtschreibhilfe: Verlängerungsprobe

a Übertrage die folgende Tabelle in dein Heft und ergänze die Pluralformen in der mittleren Spalte.

Nomen	Plural	zusammengesetztes Nomen
der Zweig	die Zweige	die Zweigstelle
der Schla■		
der Ta■		
der We■		
der Zu■		
der Flu■		

b Ergänze nun jeweils ein zusammengesetztes Nomen in der rechten Spalte. Du kannst dazu die folgenden Grundwörter nutzen:

-stelle   -platz   -sahne   -luft   -kreuzung   -traum

c Markiere den Buchstaben *g* in allen Beispielen.

3 Welchen Buchstaben musst du ergänzen?

a Verlängere die finite (gebeugte) Verbform, indem du den Infinitiv bildest.

1 Er glau▪te an eine Täuschung. *glauben*

2 Verwundert ho▪ er den Kopf und rie▪ sich die Augen.

3 Helle Lichter schwe▪ten in der Dunkelheit langsam heran.

4 Er scho▪ einen Stuhl beiseite und holte sein Fernglas.

5 Hastig schrau▪te er an dem Gerät herum.

6 Da verschwan▪ die Erscheinung hinter dem Turm.

7 Am Montag fan▪ er eine Erklärung in der Zeitung.

b Schreibe die Sätze in dein Heft und markiere die eingesetzten Buchstaben.

1. Er glau<u>b</u>te an eine Täuschung. (glauben)

4

a Verlängere hier so: Verwende die Adjektive aus dem großen **A** mit einem der Nomen aus dem großen **N** und schreibe die Beispiele auf.

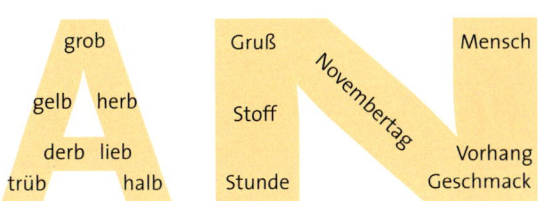

grob · Gruß · Mensch · gelb · herb · Stoff · Novembertag · derb · lieb · Vorhang · trüb · halb · Stunde · Geschmack

ein gel<u>b</u>er Vorhang, ...

b Markiere in allen Adjektiven den Buchstaben *b*.

5 *b* oder *p, d* oder *t, g* oder *k*? Schreibe den Text ab und fülle die Lücken aus. Verlängere beim Aufschreiben die Lückenwörter in Gedanken.

1 Mein kleiner Bruder he▪t alles auf und brin▪t die ungewöhnlichsten Dinge mit nach Hause. **2** Kürzlich fan▪ er in Opas Keller ein altes kleines Fläschchen. **3** Es war ganz verstau▪t und fest verschrau▪t. **4** Es enthielt eine graue Flüssi▪keit. **5** Papa war etwas aufgere▪t, als ihm dieser Fun▪ gezei▪t wurde. **6** »Mö▪licherweise Quecksilber«, sagte er, »das muss entsor▪t werden. **7** Ich bringe es am Sonnaben▪ zum Scha▪stoffmobil.«

Wörter mit kurzem Stammvokal

Rechtschreibhilfe: Wörter in Sprechsilben zerlegen

1

a Lies die Wortpaare laut. Man muss hören, dass der Stammvokal in allen Beispielen kurz ist.

Tanne – Tante	Wolle – Wolke	Puppe – Pumpe	Falle – Falte
Kappe – Kapsel	Rosse – rosten	fassen – fasten	Kanne – Kante

b Untersuche die Wortpaare und versuche, eine Regel zu finden. Wann wird der Konsonant (Mitlaut) verdoppelt, wann nicht?

> **!** Folgt nach einem kurzen betonten Vokal (Selbstlaut) im Wortstamm nur **ein Konsonant** (Mitlaut), dann wird dieser **verdoppelt**, z.B.:
> *die Tanne, die Wolle, die Puppe.*

2 Zerlege die Wörter aus Aufgabe 1a in Sprechsilben. Warum ist dieses Zerlegen eine Rechtschreibhilfe?

> **!** Beim Zerlegen in Sprechsilben (**Zerlegeprobe**) erkennst du, ob ein Wort mit zwei gleichen oder zwei verschiedenen Konsonanten geschrieben wird, z.B.:
> *Fal le, aber: Fal te, Ros se, aber: ros ten.*

Rechtschreibhilfe: Zerlegeprobe

3 Übertrage die Tabelle in dein Heft und ordne die folgenden Wörter richtig ein. Kennzeichne auch die Sprechsilben.

die Halle – halten – die Karten – der Karren – entlassen – entlasten – die Rente – rennen – die Spaltung – die Spannung – schalten – schallen – öfters – offen

Wörter mit Doppelkonsonanten	Wörter mit zwei verschiedenen Konsonanten
die Hal le	hal ten
...	...

4

a Reimschmiede: Schreibe ab und ergänze die Reimwörter.

Bald ist es hell, das geht ganz schn▆▆▆, dann bin ich zur St▆▆▆'.	Alles ging glatt, doch ich war zu s▆▆▆ und deshalb ziemlich pl▆▆▆ und etwas m▆▆▆.	Es stimmt, er wird getr▆▆▆ und schw▆▆▆ wie ein Delfin.

b Denke dir selbst solche Schnellreime aus und diktiere sie deinen Mitschülerinnen und Mitschülern.

5 Wortlisten-Rekord: Lara hat 47 Wörter mit *tt* aufgeschrieben.

a Wer findet noch mehr?

b Übertrage folgende Listen in dein Heft und ergänze sie. Jede sollte mindestens zehn Beispiele enthalten.

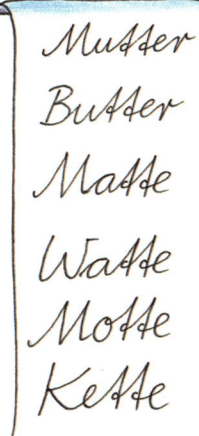

Mutter
Butter
Matte
Watte
Motte
Kette
. . .

ff	*ll*	*mm*	*nn*
schaffen Koffer ...	alle allein ...	Gramm kommen ...	beginnen Mann ...

pp	*rr*	*ss*	*tt*
doppelt Teppich ...	Herr Geschirr ...	besser flüssig ...	Drittel glatt ...

6 Paul war beim letzten Diktat unsicher, ob die Wörter *Kup(p)lung* und *wol(l)te* mit Doppelkonsonant geschrieben werden oder nicht. Er zerlegte die Wörter in Sprechsilben, aber er wurde nicht sicherer. Gib ihm einen Rat, was man in solchen Fällen tun muss.

! Wenn durch Zerlegen in Sprechsilben der Doppelkonsonant nicht eindeutig zu erkennen ist, dann hilft die **Verwandtschaftsprobe**: Suche ein verwandtes zweisilbiges Wort und zerlege dieses in Sprechsilben, z.B.: *Verdopplung*, weil: *dop pelt*.

Rechtschreibhilfe:
Verwandtschafts-
probe

a Suche zu den Beispielen in jeder Zeile ein verwandtes zweisilbiges
Wort. Zerlege dieses Wort in Sprechsilben, dann erkennst du,
wie alle anderen Verwandten geschrieben werden müssen.

of fen	Öffnung	Öffnungszeiten	öf■nen
…	Sam■lung	Versam■lung	Sam■ler
…	Ken■tnisse	Ken■zeichen	geken■zeichnet
…	Tref■punkt	vortref■lich	tref■sicher
…	Sper■ung	Sper■zone	gesper■t

b Schreibe alle Beispiele richtig in dein Heft.

8 Wer findet am schnellsten die richtige Bezeichnung?
Schreibe die Lösungswörter auf. Sie enthalten alle einen
Doppelkonsonanten.

süße Nachspeise	kurzes Ruder	hebt Erde aus	röhrenförmige Nudel
Krankheit mit Husten und Schnupfen	steifes, papierähnliches Material	weicher, wärmender Fußbodenbelag	Sportler, die gemeinsam gegen andere kämpfen
Arbeitsraum eines Handwerkers	dort kann man Benzin zapfen	die Zeit von 14 bis 17 Uhr	dort kann man essen und trinken
Abschnitt einer Rundfahrt	Leistungsvergleich von Sportlern	null Uhr	man kann sich dort etwas ansehen

Wörter mit langem Stammvokal

Rechtschreibhilfe: Wortschreibungen einprägen

1

a Schreibe den Text ab. Achte besonders auf die fett gedruckten Wörter.

Eine **Fahrt** in den **Frühling**
Es **war** an einem **klaren** Februar**tag** im letzten **Jahr**. Wir **fuhren**
ins **Rautal**. Über eine Wiese **kamen** wir zu einem Buchenwald.
Unter den **hohen** Bäumen lagen noch ein **paar** schmutzige
Schneereste. Aber wir **sahen** auch **schon** das gelbe Blumen**meer**
aus **unzähligen Blüten.** Viele Leute bestaunten diese **Frühblüher**,
die Winterlinge heißen und unter Naturschutz **stehen**.

b Stelle fest, wie der Stammvokal in den fett gedruckten Wörtern
gesprochen und wie er geschrieben wird.

c Übertrage die folgende Tabelle in dein Heft und ordne die Wörter
mit langem Stammvokal in die richtige Spalte ein.

ohne *h*	mit *h*	mit *aa, ee, oo*
war	Fahrt	Schnee
…	…	…

> **!**
>
> **Lang gesprochene Vokale** werden unterschiedlich geschrieben:
> - die meisten Wörter mit einem einfachen Vokal, z. B.: *klar, Tal, leben;*
> - manche Wörter mit *h*, z. B.: *Fahrt, Mühle, stehen;*
> - einige Wörter mit doppeltem Vokal, z. B.: *Saal, Beere, Moos.*
> Die **Schreibung** muss man sich durch Üben **einprägen**.

 2 Reimwörter sind eine gute Einprägehilfe. Ergänze die Listen
der Reimwörter, die alle ohne *h* geschrieben werden.

das Tal	er hört	gekürt	geboren
der Sch▬▬	er st▬▬	gesp▬▬	gesch▬▬
die Qu▬▬	er schw▬▬	gesch▬▬	geschw▬▬
der W▬▬	er geh▬▬	geschn▬▬	geg▬▬

Rechtschreibhilfe: Wortschreibungen einprägen

3 Elf Wörter, die nicht mit *h* geschrieben werden dürfen

a Suche sie aus dem Wortgitter heraus und schreibe sie in der richtigen Groß- und Kleinschreibung untereinander in dein Heft.

S	T	R	O	M	S	P	Ü	R	E	N
Q	U	Z	X	S	C	H	A	L	E	F
S	P	U	L	E	H	Ö	R	E	N	W
N	A	M	E	H	O	L	E	N	U	P
S	P	A	R	E	N	W	A	R	E	Z

b Schreibe zu jedem Wort zwei oder drei verwandte Wörter auf.

Strom: Stromleitung, Strömung, strömen

c Bei welchen Wörtern warst du unsicher? Schreibe sie auf ein extra Blatt unter der Überschrift »Meine Merkwörter«.

4 In jede der folgenden Wortfamilien hat sich ein Fehler eingeschlichen. Suche diese Fehler und schreibe alle Beispiele richtig auf.

Achtung, Fehler!

1 er hört – die Zuhöhrer – das Gehör – gehörlos – unerhört
2 die Spuren – gespurt – spurlos – die Spurensuche – die Fuchsspuhr
3 die Schere – scheren – geschoren – die Schafschuhr – die Schurwolle

5 Seltsam, seltsam!

a Vertausche die Adjektive, dann ergeben sich sinnvolle Wortgruppen. Schreibe sie auf.

mit langsamen Augen – der grausame Stromverbrauch –
eine sparsame Geschichte – ein wachsames Fahrzeug –
ein wirksamer Weg – eine mühsame Hütte – ein einsamer Hustensaft

mit wachsamen Augen, ...

b Kennzeichne in allen Adjektiven die Nachsilbe *-sam*, die immer ohne *h* geschrieben wird.

6 Jeweils zwei der folgenden Wörter sind stammverwandt.

a Suche sie und schreibe sie nebeneinander auf.

Mühe	froh	drehen	Annäherung	wehleidig
Wehmut	glühen	Höhe	Reihenhaus	Sehstörung
Reihe	beruhigen	sehen	Glühlampe	Ruhe
Drehtür	Nähe	mühelos	fröhlich	Höhenzug

Mühe – mühelos, …

b Vergrößere die Wortfamilien, indem du jeweils ein drittes verwandtes Wort hinzufügst.

Mühe – mühelos – mühsam, …

> **!** Es gibt Wörter, in denen du das *h* hören kannst, wenn du sie in Sprechsilben zerlegst, z. B.:
> gehen – ge hen, stehen – ste hen, frohe – fro he.
> Das *h* steht auch in den einsilbigen Formen, z. B.:
> du gehst, du stehst, froh.

7 Schreibe die finiten Verbformen mit ihrem Infinitiv auf und markiere das *h* in allen Beispielen.

es entsteht – sie gesteht – ihr begeht – es verweht –
sie ruht aus – man sieht – du fliehst – es blüht – es zieht –
er versprüht – sie droht – sie näht – man dreht

es entsteht – entstehen, …

8
a Ergänze die folgenden Wörter und schreibe sie in dein Heft.

Fests▪l – M▪rbad – Eism▪r – M▪spflanze – w▪gerecht –
S▪rose – L▪rlauf – Motorb▪t – Auss▪t – T▪tasse – Liebesp▪r –
Briefw▪ge – Kl▪blatt – Streichelz▪ – Pulverschn▪

b In welche drei Gruppen lassen sie sich ordnen?

! Im Deutschen wird das **lang gesprochene *i*** meist als *ie* geschrieben. Es bleibt auch in allen verwandten Wörtern erhalten, z. B.: *verdienen, sie verdienten, unverdient, der Verdienst.*

9 Wähle aus der Wortliste die Wörter mit *ie* aus, die in die Lücken passen, und schreibe den vollständigen Text in dein Heft. Kennzeichne das eingesetzte *ie* in allen Wörtern.

Immer wieder gehen Besucher ___ durch unsere Straße, in der ___ Häuser ___ dicht nebeneinanderstehen. Zwischen sechs von ihnen gibt es fast keinen ___. Alle haben ein blaugraues ___dach und eine hübsch ___ Vorderfront. Ganz oben im ___ steht das Baujahr. Ein Baumeister hat sie einstmals für seine Kinder errichtet. Er hatte sehr ___ Geld ___.	viel sieben neugierig ziemlich Unterschied Giebel Schiefer verzierte verdient

10 Präge dir die Schreibung der Wörter mit *ie* gut ein. Setze ein und schreibe auf.

schließlich: ___ abfliegen – ___ besiegen – ___ verlieren
vielleicht: ___ spielen – ___ wegziehen – ___ schließen
ziemlich: ___ schief – ___ tief – ___ schwierig – ___ viel
neugierig: ___ Mieter – ___ Ziegen – ___ Tiere
niedrig: ___ Giebel – ___ Energieverbrauch – ___ Verdienst

●●● **11** Sätze aus lauter Wörtern mit *i*

a Wähle zwei Sätze aus, präge dir die verschiedenen *i*-Schreibungen gut ein.

1 Wir bieten dir ziemlich viel Sicherheit.
2 Wie viele Mieter ziehen in dieses niedliche Ziegelhaus?
3 Mit ihrem geschienten Knie lief Lissy bis ins Ziel.
4 Sie widerspricht ihm nie wieder.
5 Im Riesengebirge fiel im Winter viel Niederschlag.

b Schreibe deine Sätze aus dem Gedächtnis fehlerlos auf.

Typische Buchstabenverbindungen

Rechtschreibhilfe: Wortschreibungen einprägen

1 In jeder Zeile gibt es eine andere schwierige Buchstabenverbindung.

a Lies die Zeilen und nenne jeweils die Buchstabenverbindung.

1 überqueren – Quälgeist – unbequem – Quadrat
2 Eidechse – Hinterachse – Blechbüchse – verwechseln
3 Hüpfburg – Klopfzeichen – kopflos – Apfelsine
4 Startbahn – Sternchen – aussteigen – Herbststurm
5 Beispiel – verspeisen – Sportler – Fußspur
6 plötzlich – trotzdem – Blitz – Verletzung – Spatz
7 erschrecken – glücklich – entdecken – Blickpunkt

Rechtschreibhilfe:
Wortschreibungen
einprägen

b Schreibe die Wörter zeilenweise ab und achte auf die jeweils
schwierige Buchstabenverbindung. Kreise diese anschließend ein.

c Suche dir zwei Buchstabenverbindungen aus und schreibe
noch möglichst viele andere Wörter mit diesen Buchstabenverbindungen auf.

→ S. 47
Eine Geschichte
erfinden

d Verfasse ein Gedicht oder schreibe eine Geschichte mit einigen
dieser Wörter, z. B. ein *tz*-Gedicht oder eine *ck*-Geschichte.

> Im Deutschen gibt es **typische Buchstabenverbindungen**, z. B.: *qu, chs,*
> *pf, st, sp, tz, ck,* wie in *Quirl, Wachs, Topf, Stamm, Spur, Spitze, Zweck.*
> Andere Buchstabenverbindungen dagegen sind aber **nicht** möglich,
> z. B.:
> Nach *l, n, r,* das merke ja, steht **nie** *tz* und **nie** *ck*:
> *stürzen, tanzen, stärken.*

2 Wörter mit *pfl*

a Schreibe die folgenden Wörter nach dem Alphabet geordnet
untereinander auf.

Pflicht – Pflaume – Pflaster – Pflanze – Pflug – Pflege

b Füge in jeder Zeile drei verwandte Wörter hinzu.

3 In den folgenden Wörtern fehlt immer die Buchstabenverbindung *mpf*. Sie bereitet vielen beim Schreiben Schwierigkeiten. Beobachte, wie es dir beim Aufschreiben ergeht.

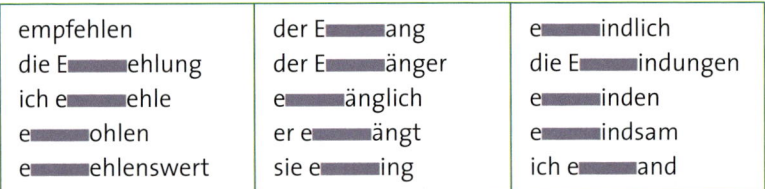

empfehlen	der E▇▇▇ang	e▇▇▇indlich
die E▇▇▇ehlung	der E▇▇▇änger	die E▇▇▇indungen
ich e▇▇▇ehle	e▇▇▇änglich	e▇▇▇inden
e▇▇▇ohlen	er e▇▇▇ängt	e▇▇▇indsam
e▇▇▇ehlenswert	sie e▇▇▇ing	ich e▇▇▇and

4 Wörter mit *lz, nz, rz* und *lk, nk, rk*

a Schreibe alle Wörter auf, die sich aus den Wortbausteinen in den Kreisen bilden lassen. Achte auf die Groß- und Kleinschreibung.

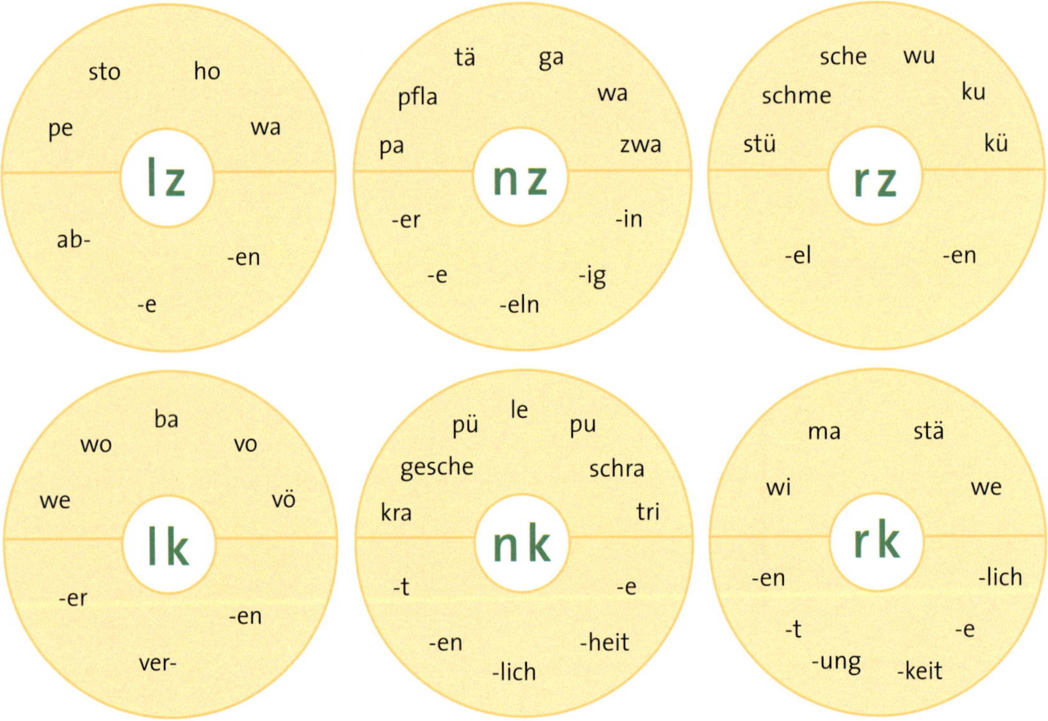

lz
sto   ho
pe   wa
ab-
        -en
    -e

nz
        tä   ga
pfla   wa
pa   zwa
-er   -in
    -e   -ig
        -eln

rz
        sche   wu
schme   ku
stü   kü
        -el   -en

lk
        ba
wo   vo
we   vö
-er
        -en
    ver-

nk
        pü le pu
gesche   schra
kra   tri
-t   -e
    -en   -heit
        -lich

rk
        ma   stä
wi   we
-en   -lich
    -t   -e
    -ung -keit

stolz, abholzen, …

 b Wählt zehn Beispiele aus und diktiert sie euch gegenseitig. Kontrolliert die Schreibung anschließend gemeinsam.

Wörter mit s, ss, ß im Wortstamm

Rechtschreibhilfe: Wörter deutlich sprechen und Regeln anwenden

 In Wörtern mit **langem Stammvokal** oder **Zwielaut** *(au, ei, ai, eu, äu)* schreibt man s, wenn der s-Laut stimmhaft (summend) gesprochen wird, z. B.:
lösen, rieseln, Eisen.

1 Sprich bei den folgenden Wörtern den s-Laut deutlich stimmhaft (summend).

lesen – schmusen – kreisen – losen – säuseln – leise –
Nase – Pause – Reise – Bremse – Felsen – Hülse – Wiese

2 Übe die folgenden Wörter mit stimmhaftem (summendem) s-Laut.

Rechtschreibhilfe: Wörter deutlich sprechen

a Schreibe alle Verben in dein Heft und neben jeden Infinitiv die 1. Person Singular Präsens. Sprich jeweils beide Formen deutlich aus.

rasen – dösen – lösen – hinweisen – verreisen – kreisen – beweisen –
aufbrausen – sausen – schmausen – bremsen – pinseln

rasen – ich rase, ...

→ S. 210
Zusammengesetzte Nomen/Substantive

b Verwende die Nomen aus dem Dreieck als Bestimmungswörter und setze sie mit einem passenden Grundwort aus dem Kreis zusammen. Sprich das s in den Bestimmungswörtern deutlich stimmhaft (summend).

Faser
Rose
Dose   Gemüse
Rasen   Eisen
Speise   Schleuse

Pfand
Strauch   Stoff
Mäher   Werk
Suppe   Wärter
Karte

Faserstoff, ...

Rechtschreibhilfe:
Verwandtschafts-
probe

3 Übertrage die Wortfamilie *lesen* in dein Heft. Achte beim Ergänzen
der Beispiele darauf, dass alle Verwandten mit *s* geschrieben werden.

lesen	gelesen	Leser
ich le▬▬e	abge▬▬en	▬▬brief
du lie▬▬t	▬▬bar	Schnell▬▬
er lie▬▬t	un▬▬erlich	Vor▬▬
er verla▬▬ sich	▬▬enswert	▬▬meinung

TIPP
Beachte, dass
man alle Ver-
wandten dieser
Wortfamilien
mit *s* schreibt.

4 Reiselustige Reisende vor ihrer Abreise
Schreibe möglichst viele Verwandte der Wortfamilie *reisen* (*verreisen*) auf.

●●● **5** Achtung! In die Wortfamilie *weisen* hat sich ein »schwarzes Schaf«
eingeschlichen. Welches Wort gehört nicht zu dieser Wortfamilie?
Zu welcher Wortfamilie gehört es?

Achtung,
Fehler!

weisen: der Ausweis – der Wegweiser – die Einweisung – er bewies –
der Beweis – beweisen – der Nachweis – verweisen – nachweislich –
beweisbar – ich weiß nichts – nachweisbar – er beweist – sie bewiesen

6 Auch die folgenden Wörter werden mit *s* geschrieben.

● **a** Schreibe den Text ab und setze die Wörter an der richtigen Stelle ein.

meisten – bereits – fast – Rätsel – Bus – Geheimnis

Die 5 c hatte heute ▬▬ nach der vierten Stunde Unterrichtsausfall.
Die ▬▬ Schüler freuten sich und gingen nach Hause. Einige
warteten auf ihren ▬▬. Sie machten im Lesezimmer ihre Hausaufgaben. Sophie und Hanna lösten ein Sudoku-▬▬. Sophie gab
nach kurzer Zeit schimpfend auf. Aber Hanna hatte es schon ▬▬
geschafft. Paul und Lukas schlichen sich unauffällig davon. Sie
hatten ein ▬▬.

b Schreibe die Geschichte weiter.

In Wörtern mit **langem Stammvokal** oder mit **Zwielaut** schreibt man ß, wenn der s-Laut stimmlos (zischend) gesprochen wird, z.B.: *fließen, gießen, grüßen.*

7

Rechtschreibhilfe: Wörter deutlich sprechen

a Sprich die folgenden Wörter leise vor dich hin. Man muss hören, dass der Stammvokal oder Zwielaut lang ist und dass das ß stimmlos (zischend) gesprochen wird.

außen – außerhalb – bloß – draußen – dreißig – abfließen – schweißen – der Ruß – der Kinderfuß – die Größenordnung – Hefeklöße – schließlich – das Ausmaß – der Strauß – heißen – die Tomatensoße – die Reißzwecke

 b Diktiert euch gegenseitig die Wörter aus Aufgabe a.

 Bei manchen Wörtern ist nicht zu hören, ob nach langem Stammvokal oder Zwielaut am Wortende s oder ß geschrieben werden muss. Nutze dann die **Verlängerungsprobe**, z.B.:
Ohne Flei■ kein Prei■.   fleißig → Fleiß   preisen → Preis

8

Rechtschreibhilfe: Verlängerungsprobe

a Verlängere die Wörter in den Kästen, um den s-Laut deutlicher zu hören.

Kasten 1	Kasten 2
das Gla■ – die Glä■er	der Spa■ – spa■ig
das Los■ – die ▬▬▬	der Flei■ – flei■ig
der Prei■ – die ▬▬▬	sü■ – sü■er
die Mau■ – die ▬▬▬	gro■ – grö■er
das Ei■ – ei■ig	er schlie■t – schlie■en
das Gra■ – gra■en	es flie■t – flie■en

b Welche Aussage trifft für Kasten 1 zu, welche für Kasten 2?

1 Hört man in der verlängerten Form einen stimmlosen (zischenden) s-Laut, dann wird nach langem Stammvokal am Wort- oder Stammende ß geschrieben.

2 Hört man in der verlängerten Form einen stimmhaften (summenden) s-Laut, dann wird nach langem Stammvokal am Wort- oder Stammende s geschrieben.

Rechtschreibhilfe:
Regeln anwenden

c Schreibe die Aussagen aus Aufgabe 8 b und die dazu passenden Beispiele aus der Aufgabe 8 a in dein Heft. Vervollständige die Wörter mit dem richtigen s-Laut.

 9

a In den beiden folgenden Wörtern wird der s-Laut stimmlos gesprochen, aber unterschiedlich bezeichnet. Prüfe, ob der Stammvokal oder Zwielaut lang oder kurz ist. Formuliere eine Regel zur Schreibung von ss.

beißen – der Biss

b Sprich die folgenden Wörter deutlich und entscheide, ob sie mit ß oder ss geschrieben werden.

hei▪en – Kla▪e – Schlö▪er – Fü▪e – grü▪en – Ki▪en – be▪er – schlie▪en – sto▪en – Wa▪er – Schlü▪el – mittelmä▪ig

c Übertrage die Tabelle in dein Heft und ordne die Wörter richtig ein.

Wörter mit ß	Wörter mit ss
heißen …	Klasse …

Rechtschreibhilfe:
Regeln anwenden

10 Welche Wörter mit ss passen in die Lücken? Schreibe alle Sätze auf.

1 a Klara ▬▬▬ nichts zu Mittag. **b** Das ▬▬▬ schmeckt ihr nicht.	**4 a** Bitte, l▬▬▬ Sie mich hinein. **b** Du l▬▬▬ niemanden herein!
2 a Die beiden wollten zuf▬▬▬. **b** Der Dieb wurde gef▬▬▬.	**5 a** Beinahe hätte ich es verg▬▬▬! **b** Max verg▬▬▬ alles.
3 a Das darf keiner ▬▬▬. **b** Hast du das nicht ge▬▬▬?	**6 a** Du hast nicht gut aufgep▬▬▬! **b** Es p▬▬▬ alles ganz genau.

Rechtschreibhilfe:
Regeln anwenden

 11

a Begründe die Schreibung der s-Laute in den fett gedruckten Wörtern.

sich auf jemanden **verlassen**, mit gutem **Gewissen**, eine lange **Straße**, die Zitrone **auspressen**, einen Fehler **verbessern**, die Saat regelmäßig **bewässern**, **Maßnahmen** ergreifen, heute **geschlossen**, die Kugel weit **stoßen**, raue, **rissige** Hände, eine **riesige** Müllhalde, **dreißig** Kilometer

b Schreibe die Wortgruppen nacheinander aus dem Gedächtnis auf.

Worttrennung

1 Das Zerlegen in Sprechsilben hilft dir auch bei der Worttrennung. Lies die folgenden Wörter langsam und in Silben zerlegt vor.

fragen – lesen – denken – Lehrer – lange – schnurren – klettern – Katze – krachen – basteln – Wäsche – wecken – kämpfen – überholt – Vater – neidisch – heißen – Rastplatz – Haustür – nachweisbar

> **!** Wenn man beim Schreiben den Platz bestmöglich nutzen muss, dann **trennt** man am Zeilenende mehrsilbige Wörter **nach Sprechsilben**, z. B.:
> *Schwer-punkt, greif-bar, bau-en, kön-nen, mit-spie-len.*

2 Übertrage die vier wichtigsten Trennungsregeln in dein Heft und ordne ihnen die Beispiele aus Aufgabe 1 zu.

1. Wenn an der Silbengrenze nur ein Konsonant (Mitlaut) steht, so kommt er auf die neue Zeile, z. B.: *fra-gen*, …
2. Stehen zwei oder mehr Konsonanten an der Silbengrenze, dann kommt nur der letzte auf die neue Zeile, z. B.: *den-ken*, …
3. Buchstabenverbindungen, wie *ck, ch, sch, th* oder *ph*, werden nicht getrennt, z. B.: *we-cken*, …
4. In Zusammensetzungen und Wörtern mit Präfix (Vorsilbe) trennt man nach Wortbauteilen, z. B.: *über-holt*, …

Rechtschreibhilfe: Regeln anwenden

3 Schreibe die folgenden Wörter auf und kennzeichne alle Trennungsmöglichkeiten.

lachen – Belastung – Decke – Menschen – ausrutschen – rannte – hoffte – Sonne – Karpfen – Sonntag – Kälzchen – Bastelladen – Rücken – Fernheizung – Konsonanten – Vorratsschrank – wissenswert

la-chen, …

Achtung, Fehler!

● ● ● **4** In Zeitungstexten gibt es manchmal Fehler bei der Worttrennung. Schreibe die Wörter auf und kennzeichne die richtige Trennstelle. Nimm ein Wörterbuch zu Hilfe.

Han-dlung – aufsch-reiben – Ert-rag – dreiteil-ig – zweifens-trig

Groß- und Kleinschreibung

Rechtschreibhilfe: Die Artikelprobe machen

****

a Lies den folgenden Text.

Zwei jungen sitzen im wartezimmer eines arztes und sind schon ganz zappelig von der warterei. »Was fehlt euch denn?«, fragt eine frau. »Ich habe eine murmel verschluckt, der doktor muss sie rausholen.« »Und du bist wohl der freund oder der begleiter?« »Nein, das nicht, mir gehört die murmel.«

b Konntest du den Text schnell und ohne Mühe lesen?

2 Nur im Deutschen werden Nomen großgeschrieben. Beim Lesen ist diese Großschreibung vorteilhaft, aber beim Schreiben gibt es einige Schwierigkeiten.

a Welche Wörter im Text der Aufgabe 1a erkennst du trotz der Kleinschreibung leicht als Nomen? Woran? Schreibe sie mit ihrem Artikel auf.

ein(es) Arzt(es), ...

b Warum sind die beiden ersten Nomen des Textes nicht so leicht zu erkennen? Ergänze sie mit dem Artikel in deiner Liste.

3 Überprüfe, was du über die Großschreibung weißt. Welche Aussage ist falsch?

1 Satzanfänge schreibt man groß.
2 Nomen nennt man auch Substantive.
3 Nur Wörter für Lebewesen und Gegenstände, die man anfassen kann, werden großgeschrieben. Alle anderen Wörter, wie z.B. *mut, kraft, angst,* werden kleingeschrieben.
4 Zu jedem Nomen gehört ein Artikel: *der, die, das, ein, eine, ein.*
5 Ein Wort, das sich mit einem Artikel verwenden lässt, wird großgeschrieben.

 **4** Schreibe den Text aus Aufgabe 1 (S. 246) in richtiger Groß- und Kleinschreibung auf.

5 Finde heraus, welche der folgenden Wörter einen Artikel haben können und deshalb großgeschrieben werden. Schreibe sie mit Artikel auf.

Achtung, Fehler!

freude – trauer – glücklich – glück – mitleid – ärger – zufrieden – schmerz – lieb – wut – kummer – neidisch

die Freude, …

 Wenn du nicht weißt, ob du ein Wort groß- oder kleinschreiben musst, dann verwende die **Artikelprobe**.
Stelle fest: Steht bei dem Wort ein Artikel oder lässt sich das Wort mit einem Artikel verwenden?
Wenn ja, dann ist das Wort ein Nomen/Substantiv und wird großgeschrieben, z. B.:
Drei (die) Mädchen gucken aus dem Fenster.

Rechtschreibhilfe: Artikelprobe

6 Trainiere die Artikelprobe.

a Ermittle aus der folgenden Tabelle alle Wörter, die einen Artikel haben und großgeschrieben werden.

Hat das Wort einen Artikel?

Wenn ja, dann groß. Wenn nein, dann klein.

...	...	...
HOCHSPRUNG	REGEN	GEKLINGELT
LANGLAUF	GLATTEIS	DIREKTORIN
START	ERWÄRMUNG	LÄRM
UNGÜLTIG	STÜRMISCH	DIKTAT
AUSDAUER	ABGEKÜHLT	HOFPAUSE
TRAINING	HOCHDRUCK	SPÄTER

→ S. 219 Wortfeld

b Übertrage die Tabelle in dein Heft. Schreibe in die Kopfzeile der Tabelle über jede Spalte den passenden Oberbegriff. Trage darunter die jeweiligen Nomen mit ihrem Artikel ein.

c Ergänze in jeder Gruppe drei weitere Nomen mit unterschiedlichem Artikel, die zu dem Oberbegriff passen.

Rechtschreibhilfe:
Artikelprobe

7 Die Wortfamilie *lieb* mit groß- und kleingeschriebenen Verwandten: Übertrage die Tabelle in dein Heft und ordne die Wörter richtig ein.

LIEBE – VERLIEBT – LIEBLING – LIEBEVOLL – LIEBLOS – TIERLIEB – MUTTERLIEBE – LIEBESPERLEN – AM LIEBSTEN – GELIEBT

Kleinschreibung	Großschreibung
...	die Liebe

> **!** Das musst du bei der **Artikelprobe** beachten:
> Im Satz steht der Artikel oft nicht direkt vor seinem Nomen.
> Zwischen Artikel und Nomen können andere Wörter eingeschoben sein, z. B.:
> *die Jeans, die* <u>*neuen*</u> *Jeans, die* <u>*neuen schwarzen*</u> *Jeans.*

Rechtschreibhilfe:
Artikelprobe

8 Suche den Artikel, der zum fett gedruckten Nomen gehört. Schreibe die ganze Wortgruppe auf.

Eine süße **Verführung**
Zunächst hatte es der nette **Gartennachbar** mit einem Scherz versucht. Dann warnte er eindringlich davor, auf den Baum mit den reifen **Pfirsichen** zu steigen. Aber der übermütige **Bursche** kletterte doch hinauf. Dem verlockenden **Duft** konnte er einfach nicht widerstehen. Schon vor dem ersten **Biss** lief ihm das Wasser im Munde zusammen. Doch kaum hatte er nach der gelben **Frucht** gegriffen, da spürte er einen fürchterlich schmerzenden **Stich** im Mittelfinger.

eine süße Verführung, ...

● ● ● **9**

a Hier sind einige Fehler passiert. Kannst du dir denken, warum?

Wie man sich bei einem Bienenstich verhalten sollte
1. den Stachel der Biene wegkratzen **2.** dadurch das Weitere eindringen des Giftes in den Körper verhindern **3.** die Geschwollene Stelle kühlen **4.** bei einer Übergroßen Schwellung sofort einen Erfahrenen Arzt aufsuchen

Achtung, Fehler!

b Schreibe alle Ratschläge richtig in dein Heft.

Schreibung der Anredepronomen

1 Leo hat zwei Anfragen an Betreiber von Internetseiten geschrieben.

a Lies die beiden E-Mails.

Anjas Pinguin-Homepage (www.anjaspinguine.de)	pinguine.net (www.pinguine.net)
Hallo, Anja, deine Homepage ist wirklich große Klasse, und ich möchte mich dafür bei dir bedanken. Was meinst du, in welchen Tierpark sollte ich fahren, um die schönsten Pinguine zu sehen? Dein Leo S.	Lieber Redakteur, ich habe viel über Pinguine gelesen, aber nicht alles verstanden, was Sie geschrieben haben. Deshalb möchte ich Ihnen zwei Fragen stellen. Können Sie mir genauer erklären, ... Ihr Leo S.

b Mit welchen Pronomen redet Leo die beiden Homepage-Verfasser an? Welche Unterschiede in der Schreibung gibt es?

> Du weißt, normalerweise werden Pronomen kleingeschrieben, z. B.: *ich, er, mein.* Aber in Briefen und E-Mails können **Anredepronomen** auch großgeschrieben werden, z. B.: *du/Du, dein/Dein, ihr/Ihr, euer/Euer.* Die Pronomen *Sie* und *Ihr* und alle ihre Formen **musst** du in der höflichen Anrede **immer großschreiben**, z. B.: *Bitte senden Sie mir Ihre Antwort möglichst bald.*

2 Schau dir die beiden Homepages an, die in Aufgabe 1a genannt werden.

→ S. 22 Eine E-Mail schreiben

a Schreibe selbst eine Meinungsäußerung zu den Fotos auf Anjas Pinguin-Homepage.

b Verfasse ein Schreiben an den Redakteur von pinguine.net und frage, was du gern genauer über die Pinguine wissen möchtest.

Rechtschreibhilfe:
Verlängerungs-
probe

1 Schreibe ab und ergänze die zehn Beispiele fehlerlos.
Entscheide, ob du am Stammende *b, d, g* oder *p, t, k* schreiben musst.

der Heimwe■ – die Zu■vögel – die Schil■laus – das Stän■chen –
du schie■st – er verrie■ die Farbe – trü■sinnig – die Gel■sucht –
er errä■ das leicht – er zei■t nach rechts

Rechtschreibhilfe:
Verwandtschafts-
probe

2 Doppelkonsonant *ll, nn, ff* oder nicht?
Suche vor dem Aufschreiben der Lückenwörter ein zwei- oder
dreisilbiges verwandtes Wort.

1 Die Fa■schirmspringer bereiten sich auf den Absprung vor.
2 Alle sind vo■ konzentriert. **3** Einige haben den Blick zu Boden
gese■kt. **4** Andere schauen wie geba■t zur Decke. **5** Als das
Kommando ertönt, ste■t sich der erste Springer an die Luke.
6 Sein Sprung begi■t. **7** Er fä■t in die Tiefe. **8** Nach kurzer Zeit
ö■net sich der Schirm. **9** Wenige Minuten später haben es alle
gescha■t. **10** Jedes Mitglied der Sta■el ist im markierten Kreis gelandet.

Rechtschreibhilfe:
Wortschreibungen
einprägen

3 Wörter mit langem Stammvokal
Schreibe den Text fehlerfrei ab. Achte auf die Wörter mit *i/ie/ieh*.

Kaum ist der Regen vorbei, sieht man die Bienen wieder fliegen.
Ihr Ziel ist die Flur von Niederwiesel. Hier gibt es in diesen
Wochen ziemlich viele Rapsfelder. Die riesigen, gelben Flächen
locken nicht nur die Tiere an, sie ziehen auch die Blicke der
Menschen auf sich.

4 Auf typische Buchstabenverbindungen achten
Die folgenden Wörter müsst ihr fehlerlos schreiben können.
Diktiert sie euch gegenseitig.

Querkopf – Pflanzenpflege – unempfindlich – Glückspilz –
abstürzen – Sitzplatz – Herzschmerzen – glänzen – Wirklichkeit –
pünktlich

Rechtschreibhilfe:
Regeln anwenden

5 Übertrage die Tabelle in dein Heft. Entscheide, ob du die folgenden Wörter mit *s*, *ss* oder *ß* schreiben musst, und ordne sie in die richtige Spalte ein.

Verschlu – abgie■en – Brillenglä■er – Eiwei■ – prei■wert – Verfa■ung – Fu■gänger – weggela■en – Türschlo■ – Le■ezeichen – Versto■ – Auswei■

Wörter mit *s*	Wörter mit *ss*	Wörter mit *ß*
...	...	...

6

Rechtschreibhilfe:
Artikelprobe

a Schreibe die fett gedruckten Wortgruppen in der richtigen Groß- und Kleinschreibung auf.

GANZ HARTE KERLE
WENN **DIE MEISTEN MENSCHEN** VOR KÄLTE BIBBERN,
NEHMEN DIE PINGUINE **EIN BAD** IM EISKALTEN MEER.
DIE NATUR HAT IHNEN **EINEN AUSGEZEICHNETEN FROSTSCHUTZ**
MITGEGEBEN. DIREKT **AUF DER HAUT** HABEN SIE **EIN DICKES
DAUNENFEDERKLEID,** DAS REGELMÄSSIG **MIT EINER SPEZIELLEN
FLÜSSIGKEIT** GEÖLT WIRD. DADURCH KOMMT DAS WASSER
NICHT AN DIE HAUT, DIE KÄLTE DRINGT NICHT **IN DEN KÖRPER.**
EINE DICKE FETTSCHICHT UNTER DER HAUT SORGT DAFÜR,
DASS **DIE KÖRPERWÄRME** NICHT VERLORENGEHT. ABER KALTE
FÜSSE MÜSSEN DIE PINGUINE IMMER HABEN. WER WEISS,
WARUM DAS SO IST?

b Suche die Wörter mit *ss* und überprüfe ihre Schreibung.
Wo ist *ss* richtig, wo musst du *ß* schreiben?
Wodurch sind die Fehler entstanden?

Merkwissen

Ableitung → S. 214, 215, 216	Mithilfe von **Suffixen** (Nachsilben) und **Präfixen** (Vorsilben) werden aus vorhandenen Wörtern neue mit etwas veränderter Bedeutung gebildet. Typische Suffixe für Nomen sind z.B.: *-heit, -keit, -ung, -nis*. Typische Suffixe für Adjektive sind z.B.: *-ig, -lich, -isch*. Durch das Anfügen von Präfixen, wie *be-, er-, ent-, ver-*, verändern Verben ihre Bedeutung, z.B.: *achten – missachten*.
Adjektiv → S. 184, 186	Adjektive bezeichnen **Eigenschaften** und **Merkmale**. Stehen Adjektive vor Nomen/Substantiven, passen sie ihre Form in Fall (Kasus), Zahl (Numerus) und Geschlecht (Genus) dem Nomen an. Dabei werden sie **dekliniert** (gebeugt), z.B.: *ein schönes Buch, mit schönen Bildern*. Die meisten Adjektive lassen sich **steigern** und haben dafür drei Formen: ■ Positiv (Grundstufe), z.B.: *klein*, ■ Komparativ (Mehrstufe), z.B.: *kleiner*, ■ Superlativ (Meiststufe), z.B.: *am kleinsten*.
Adverbial-bestimmung → S. 199, 200	Adverbialbestimmungen sind Satzglieder. Um z.B. Zeit- oder Ortsangaben zu machen, wird das Prädikat durch eine **Adverbialbestimmung der Zeit** (Temporalbestimmung, Fragen: *Wann? Wie lange? Bis wann? Seit wann?*) oder eine **Adverbialbestimmung des Ortes** (Lokalbestimmung, Fragen: *Wo? Woher? Wohin?*) ergänzt, z.B.: *Ich bin ab 15 Uhr zu Hause*.
Aktiv zuhören → S. 18	Um einen Gesprächspartner richtig verstehen zu können, ist aufmerksames und genaues Zuhören wichtig.
Anredepronomen → S. 21, 249	Die Anredepronomen *du/dein, ihr/euer* können in Briefen und E-Mails klein- oder großgeschrieben werden. Die Anredepronomen *Sie* und *Ihr* und alle ihre Formen musst du in der **höflichen Anrede immer großschreiben**.
Artikel → S. 173	Nomen/Substantive können als **Begleiter** Artikel bei sich haben. Sie verdeutlichen Fall, Zahl und Geschlecht des Nomens und lassen sich deklinieren, z.B.: *das Haus, dem Haus, des Hauses, eine Straße, (in) einer Straße*. **Unbestimmte Artikel** (*ein, eine, einer*) verwendest du, um Lebewesen oder Gegenstände neu ins Gespräch oder in den Text einzuführen. **Bestimmte Artikel** (*der, die, das*) verwendest du für Lebewesen oder Gegenstände, die schon bekannt oder im Text bereits eingeführt worden sind, z.B.: *Sie hat ein neues Fahrrad. Das alte Rad war zu klein*.

Artikelprobe → S. 247, 248	Mithilfe der Artikelprobe kannst du feststellen, ob ein Wort ein Nomen/Substantiv ist oder nicht, ob es groß- oder kleingeschrieben werden muss. Prüfe: Steht bei dem Wort ein Artikel oder lässt sich das Wort mit einem Artikel verwenden? Wenn ja, dann ist das Wort ein Nomen und wird großgeschrieben.
Attribut → S. 202	Attribute (Beifügungen) **bestimmen Nomen/Substantive näher**. Du kannst sie mit *Welche(-r, -s)?* oder *Was für ein(e)?* erfragen. Attribute können nicht allein umgestellt werden. Sie bleiben immer bei dem Nomen, zu dem sie gehören, und sind ein Teil dieses Satzgliedes, z.B.: *ein lustiger Film, im Zimmer seines Bruders*. Sie werden deshalb auch **Satzgliedteil** genannt.
Aufzählung → S. 203	Manche Sätze enthalten Aufzählungen in Form von Wörtern oder Wortgruppen. Zwischen den einzelnen Gliedern einer Aufzählung muss ein **Komma** gesetzt werden, wenn diese nicht durch die Bindewörter *und, oder, sowie, sowohl ... als auch* verbunden sind.
Autor, Autorin → S. 74, 129	(lat. *auctor* – Urheber, Verfasser) Der Autor ist der Verfasser von literarischen (erzählenden, lyrischen, dramatischen) Texten, aber auch von Drehbüchern, Fernsehspielen oder Sachtexten (Fachbuch-, Lehrbuch-, Sachbuchautor).
auswendig lernen → S. 85	Willst du ein Gedicht auswendig lernen, befasse dich zuerst mit dem Inhalt, den Reimen und dem Rhythmus des Gedichts. Lerne es danach Vers für Vers und Strophe für Strophe auswendig. Wiederhole das Gelernte regelmäßig.
Berichten → S. 24, 27	Ein Bericht soll Leser oder Hörer möglichst **knapp, sachlich** und **in der richtigen Reihenfolge** über ein Ereignis informieren: *Was geschah? Wann? Wo? Warum? Wer war beteiligt? Welche Folgen ergaben sich?* Die Auswahl der Informationen hängt vom Zweck, vom Anlass und vom Empfänger des Berichts ab. **Schriftliche Berichte** werden meist im Präteritum verfasst. In **mündlichen Berichten** kann man das Präteritum oder das Perfekt verwenden.
Beschreiben → S. 61, 62, 63, 66	Beim Beschreiben informierst du andere über etwas, was sie anhand deiner Angaben erkennen sollen. Welche Merkmale für die Beschreibung besonders wichtig sind, hängt davon ab, für wen und warum du etwas beschreibst. **Allgemeine Merkmale** sind Merkmale, die Gegenstände der gleichen Art gemeinsam haben. **Besondere Merkmale** treffen nur auf einzelne Gegenstände zu (Größe, Form, Material, Farbe, Besonderheiten).

Bildgeschichte → S.147	Eine Bildgeschichte ist eine Folge von gezeichneten Bildern ohne Worte oder mit kurzen Bildunterschriften, wie z. B. bei Wilhelm Busch.
Brainstorming → S.56	Brainstorming (engl. *brain* – Gehirn, engl. *storm* – Sturm) ist eine **Methode zur Ideenfindung**. Ausgehend von einem Bild, einem Begriff, einer Fragestellung oder einem Problem werden möglichst schnell, ohne nachzudenken, damit verbundene Gedanken, Gefühle oder Erlebnisse geäußert und notiert.
Deklination → S.171, 173, 174, 175, 184	Die Deklination ist die **Beugung** von Nomen/Substantiven, Artikeln, Adjektiven und Pronomen, z. B.: Nominativ: *das neue Haus*　　　Dativ: *dem neuen Haus* Genitiv: *des neuen Hauses*　　　Akkusativ: *das neue Haus*
Dialog → S.8, 9, 13, 14, 15, 145	(griech. *dialogos* – Wechselrede, Zwiegespräch) Ein Dialog ist eine Unterredung zwischen zwei oder mehreren Personen und unterscheidet sich vom Monolog (Selbstgespräch). Theaterstücke bestehen fast ausschließlich aus Dialogen, diese kommen aber auch in allen anderen literarischen Textsorten vor.
Elfchen → S.88	Ein kurzes Gedicht, das aus 11 Wörtern besteht, heißt Elfchen. Die Wörter werden nach einem festgelegten Muster auf 5 Zeilen verteilt: 1. Zeile: 1 Wort, 2. Zeile: 2 Wörter, 3. Zeile: 3 Wörter, 4. Zeile: 4 Wörter, 5. Zeile: 1 Wort.
Erzähler, Ich-Erzähler → S.46	Der Erzähler ist eine vom Autor geschaffene Figur, die die Geschichte erzählt, d. h., Autor und Erzähler sind immer zu unterscheiden. Eine Autorin kann z. B. einen männlichen Erzähler die Geschichte vortragen lassen oder ein erwachsener Autor kann aus der Sicht eines Kindes schreiben. Schildert eine Figur in der **Ich-Form**, wie sich die Dinge aus ihrer Perspektive (Sicht) zugetragen haben, dann handelt es sich um einen Ich-Erzähler.
Erzählperspektive → S.46	Die Erzählperspektive ist die Sicht, aus der ein Geschehen erzählt wird. Der **Ich-Erzähler** ist am Geschehen selbst beteiligt. Er erzählt aus seiner Sicht und gibt seine Gedanken und Gefühle wieder. Die **Sie-Erzählerin**/ Der **Er-Erzähler** ist nicht selbst beteiligt, sondern beobachtet von außen.
Fabel → S.37	(lat. *fabula* – Erzählung) Eine Fabel ist eine kurze Geschichte, mit der eine Lehre oder Moral vermittelt wird. Meist handeln und sprechen Tiere, die menschliche Eigenschaften verkörpern, z. B. der listige Fuchs, der gierige Wolf, die faule Grille.

Figur → S.41, 98, 120, 148	(lat. *figura* – Gestalt, Wuchs) Alle in einem literarischen Text handelnden bzw. vorkommenden Menschen, Tiere und Fantasiewesen sind Figuren.
Gedicht → S.81, 82, 83, 85	In einem Gedicht drückt der Autor seine Gedanken und Gefühle aus, dabei verwendet er oft sprachliche Bilder. Gedichte kannst du in **Strophen** unterteilen, die aus mehreren **Versen** (Gedichtzeilen) bestehen. Gedichte haben einen bestimmten **Rhythmus** und können sich nach einem bestimmten Schema **reimen**.
Genus → S.169, 173, 184	Das Genus bezeichnet das grammatische **Geschlecht** eines Nomens/Substantivs oder eines Adjektivs: **männlich, weiblich** oder **sächlich**. Das grammatische Geschlecht erkennst du am Artikel (*der/einer, die/eine, das/ein*).
Geschichten erfinden → S.49, 51	Um eine Geschichte zu schreiben, solltest du zuerst **Ideen sammeln und ordnen**. Dazu kannst du ein Brainstorming, eine Reizwortkette oder Bilder als Anregungen nutzen. Halte deine Ideen in einer übersichtlichen **Stoffsammlung** fest. Schreibe anschließend einen **Entwurf** deiner Geschichte. Achte dabei besonders auf einen ansprechenden **Beginn**. Verwende **wörtliche Rede** und **anschauliche Adjektive und Verben**, um deine Geschichte lebendig zu gestalten. **Überarbeite** deinen Text sorgfältig und schreibe zum Schluss eine **Endfassung**.
Geschichten nacherzählen → S.45	Vor dem Nacherzählen musst du die Geschichte genau lesen oder beim Vorlesen gut zuhören. Teile sie in **Abschnitte** ein und notiere dir zu jedem Abschnitt **Stichpunkte** zum Inhalt. Achte beim Nacherzählen besonders auf die zeitliche Abfolge der Handlung, auf den Ort und auf die Gedanken und Gefühle der handelnden Personen.
Gesprächsregeln beachten → S.17	In Gesprächen solltest du einige Regeln beachten, damit die Verständigung gelingt, z.B. sachlich und freundlich bleiben, andere zu Wort kommen lassen und gut zuhören.
Gestik → S.139	Die Gestik bezeichnet Körperbewegungen, mit denen du Aussagen unterstützen oder dich ohne Worte verständigen kannst.
Gruppenarbeit → S.19	Wenn ihr in einer Gruppe (4–6 Schüler/Schülerinnen) arbeitet, müsst ihr bestimmte Regeln beachten, damit ihr erfolgreich seid, z.B. die Aufgaben planen und verteilen und aktiv mitarbeiten.
Informationen suchen → S.129, 130, 131, 132, 133	Wenn du in der **Bibliothek** ein bestimmtes Buch ausleihen möchtest, suchst du es am besten im **alphabetischen Katalog**. Wenn du ein Thema hast und noch keinen genauen Buchtitel kennst, nutzt du den **systematischen Katalog**.

	Die meisten großen Bibliotheken verfügen über einen **Onlinekatalog im Internet**. Hier kannst du sowohl nach Schlagworten als auch nach Autoren und Titeln von Büchern suchen. Im **Internet** erleichtert dir eine **Suchmaschine** die Suche nach Informationen. Viele Suchmaschinen bieten auch **Web-Kataloge** an. Das sind Sammlungen von Internetadressen, die bereits nach bestimmten Themen oder Sachgebieten sortiert sind.
Kasus → S.171, 173, 174, 175, 184	Der Kasus bezeichnet den **Fall** eines deklinierbaren Wortes (Nomen/Substantiv, Artikel, Adjektiv, Pronomen). Es gibt vier Fälle: Nominativ: *Wer? Was?*　　　Dativ: *Wem?* Genitiv: *Wessen?* Akkusativ:　*Wen? Was?*
Konjugation → S.178	Die Konjugation ist die **Beugung** von Verben, z. B.: *(ich) schreibe, (du) schreibst, (er) schrieb.*
Lesetagebuch → S.146	Ein Lesetagebuch ist ein persönliches Heft, in das du beim Lesen eines Buches deine Gedanken, Fragen und Gefühle schreibst. Außerdem notierst du wichtige Informationen zur Handlung und zu den Personen. **Vor dem Lesen** solltest du das Deckblatt schreiben und deine Vorüberlegungen festhalten. **Beim Lesen** solltest du notieren, was passiert und wie es auf dich wirkt. **Nach dem Lesen** solltest du aufschreiben, wie dir das Buch gefallen hat, und deine Meinung begründen.
Literatur → S.143	(lat. *litterātūra* – Buchstabenschrift, Schrifttum) Als Literatur können alle aufgezeichneten und veröffentlichten Texte bezeichnet werden. Meist sind mit Literatur die von Schriftstellern erfundenen, inhaltlich und sprachlich besonders gestalteten Texte gemeint, wie z. B. Erzählungen und Gedichte.
Märchen → S.94, 97, 98	Viele Märchen sind an folgenden **Merkmalen** zu erkennen: gleicher oder ähnlicher Beginn, gleicher oder ähnlicher Schluss, Gegensatzpaare, magische Zahlen, Fantasiewesen, wiederkehrende Sprüche, Verwandlungen, Zaubereien, meist siegt das Gute über das Böse. **Volksmärchen** wurden meist mündlich überliefert. Der Autor sowie Zeit und Ort des Entstehens lassen sich nicht mehr eindeutig feststellen. **Kunstmärchen** sind die Schöpfung eines Dichters.
Medien → S.141	Medien sind Mittel zur Verständigung der Menschen untereinander, wie z. B. Zeitung, Zeitschrift, Hörfunk, Film und Fernsehen, Computer. Es werden Medien zum Lesen (**Printmedien**) und Medien zum Hören und Sehen (**audiovisuelle Medien**) unterschieden.

Meinungen äußern → S.11	Du kannst zu Aussagen deiner Gesprächspartner deine Meinung äußern, das heißt, du kannst **zustimmen, ablehnen** oder einen **Kompromiss** vorschlagen: eine Ausweichlösung oder eine Bedingung für deine Zustimmung nennen.
Meinung begründen → S.14	Willst du jemanden von deiner Meinung überzeugen, dann musst du deine Sichtweise begründen. Bleibe **sachlich** und nenne **Beispiele**.
Mimik → S.139	Die Mimik (auch Miene oder Mienenspiel) bezeichnet den Gesichtsausdruck. Sowohl im Alltag als auch auf der Bühne oder im Film kannst du an der Mimik die Gefühle eines Menschen ablesen.
Mitteilungen verfassen → S.20, 21, 23	Überlege genau, **an wen** die Mitteilung gerichtet ist, **aus welchem Anlass** du schreibst und **welches Ziel** du verfolgst. Danach richtet sich, ob du mit der Hand oder mit dem Computer schreibst, ob du eine SMS bzw. eine E-Mail verschickst oder eine Karte bzw. einen Brief, wie du die Person anredest, ob du ausführlich und anschaulich oder kurz und sachlich schreibst.
Nachschlagen im Wörterbuch → S.227	Wenn du wissen willst, wie man ein Wort schreibt oder was es bedeutet, kannst du im Wörterbuch nachschlagen. Um ein Wort schnell zu finden, musst du das Alphabet gut können. Das Suchen von Wörtern im Wörterbuch solltest du üben.
Nomen/ Substantiv → S.169, 170, 171	Nomen/Substantive bezeichnen **Lebewesen, Gegenstände, Orte, Ereignisse** und **Gefühle**. Sie haben ein grammatisches Geschlecht (Genus), das man am Artikel erkennen kann. Nomen können **dekliniert** werden. Sie treten in einer bestimmten Zahl (Numerus) auf und können in einem bestimmten Fall (Kasus) verwendet werden, z.B.: *(das) Haus – (die) Häuser – (in den) Häusern.* Nomen schreibt man **mit großem Anfangsbuchstaben**.
Numerus → S.170, 173, 178, 184	Der Numerus bezeichnet die **Zahl** eines Nomens/Substantivs, Artikels, Adjektivs oder Pronomens. Es gibt eine Form für den **Singular** (Einzahl) und eine andere Form für den **Plural** (Mehrzahl), z.B.: *(das) Kind – (die) Kinder.*
Objekt → S.197	Das Objekt ist ein Satzglied, das das Prädikat ergänzt. Der Fall des Objekts ist vom Verb abhängig. Es werden **Dativobjekte** (Frage: *Wem?*) und **Akkusativobjekte** (Frage: *Wen? Was?*) unterschieden, z.B.: *Sie begegnet einer Freundin. Er liest ein Buch.*
Parallelgedicht → S.84	Ein Parallelgedicht übernimmt das Muster des Vorbilds und füllt es mit neuem Inhalt, z.B. „Herbstgewitter" zu Josef Guggenmos' „Wintergedicht" (S.84).

Prädikat → S.195, 196	Das Satzglied Prädikat ist die **Satzaussage**. Es sagt etwas über das Subjekt aus. Subjekt und Prädikat bilden den Satzkern. Wenn das Prädikat nur aus dem finiten (gebeugten) Verb besteht, nennt man es **einteiliges Prädikat**, z.B.: *(er) liest*. Das **mehrteilige Prädikat** besteht aus der finiten (gebeugten) Verbform und anderen, infiniten (ungebeugten) Verbformen (Partizip II, Infinitiv) oder weiteren Wörtern. Das mehrteilige Prädikat kann andere Satzglieder einrahmen. Dann bildet es einen **prädikativen Rahmen**, z.B.: *Er hat ein Buch gelesen*.
Präposition → S.188, 189	Wörter wie *in, aus, bei, mit, nach, vor, hinter, über, zu* sind Präpositionen. Sie drücken **räumliche, zeitliche** oder andere **Beziehungen** zwischen Wörtern und Wortgruppen aus. Sie stehen meist **vor dem Nomen/Substantiv** und seinen Begleitern und **fordern** einen **bestimmten Fall**.
Präsentieren → S.137, 139, 140	Einen **Vortrag** solltest du gründlich vorbereiten. Sammle dazu Informationen und Anschauungsmaterial, ordne es und notiere es übersichtlich auf Karteikarten. Achte beim Halten des Vortrags auf freies, langsames und deutliches Sprechen und halte Blickkontakt zu deinen Zuhörern.
Pronomen → S.174, 175	**Personalpronomen** als **Stellvertreter** von Nomen/Substantiven lassen sich **deklinieren**, das heißt, sie haben Formen für alle vier Fälle, z.B.: *ich, meiner, mir, mich; sie, ihrer, ihnen, sie.* Nomen können als **Begleiter Possessivpronomen** bei sich haben, die den Besitz anzeigen. Sie lassen sich **deklinieren** und passen sich im Fall dem Nomen an, z.B.: *meine Tasche, deines Bruders*.
Reim → S.81	Als Reim wird der Gleichklang von Wörtern (*Hut – gut*) bezeichnet. Die häufigste Reimform ist der **Endreim**, d. h., Wörter reimen sich am Ende zweier Verse. Endreime sind z.B. der Paar-, der Kreuz- und der umarmende Reim. Beim **Paarreim** reimen sich zwei Verse unmittelbar aufeinander (Form: aabb). Beim **Kreuzreim** reimt sich ein Vers jeweils mit dem übernächsten (Form: abab). Und beim **umarmenden Reim** wird ein Paarreim von einem anderen Reim umschlossen (Form: abba).
Sage → S.109	Sagen wurden von Generation zu Generation weitererzählt. Sie enthalten einen **wahren historischen Kern** (geschichtliche Begebenheiten, Personen, landschaftliche Eigenheiten, Gebäude und Naturerscheinungen). Es gibt **Orts-, Götter-** und **Heldensagen**.
Satzart → S.191	Es gibt drei Satzarten: **Aussagesatz, Fragesatz, Aufforderungssatz**. ■ Um etwas mitzuteilen, bildest du einen **Aussagesatz**, in dem die finite (gebeugte) Verbform in der Regel an zweiter Stelle steht. Satzschlusszeichen: Punkt

	- Um etwas zu erfahren, bildest du einen **Fragesatz**. Fragen beginnen meist mit einem Fragewort (z. B.: *wer, was, wie, wann, wo, warum*) oder mit einer finiten (gebeugten) Verbform. Satzschlusszeichen: Fragezeichen - Wenn du jemanden zum Handeln auffordern willst, bildest du einen **Aufforderungssatz**. Er kann einen Befehl oder eine Bitte ausdrücken. Diese Sätze beginnen meist mit der finiten (gebeugten) Verbform. Satzschlusszeichen: Ausrufezeichen oder Punkt
Satzglied → S. 192, 193	Subjekt, Prädikat, Objekt, Adverbialbestimmungen sind Satzglieder. Du kannst sie mithilfe der Umstellprobe ermitteln. Alle **Wörter, die sich im Satz zusammenhängend umstellen oder verschieben lassen**, bilden ein Satzglied, z. B.: *Die Kinder	warten	am Morgen	auf den Bus.*
Stegreifspiel → S. 123	Das Stegreifspiel ist ein kurzes Rollenspiel, das unvorbereitet in Szene gesetzt wird. Nur das Thema ist meist vorgegeben.
Strophe → S. 81	(griech. *strophe* – Wendung, Dehnung) Eine Strophe ist ein Abschnitt eines Gedichts, der sich aus mehreren Versen zusammensetzt.
Subjekt → S. 194	Das Satzglied Subjekt ist der **Satzgegenstand** des Satzes. Über das Subjekt wird etwas ausgesagt. Es steht in der Regel im **Nominativ**. Du kannst es mithilfe der Fragen *Wer?* oder *Was?* ermitteln. Subjekt und Prädikat bilden den Satzkern.
Szene → S. 120	(griech. *skene* – Zelt, Bühne) Eine Szene ist eine Sinneinheit innerhalb einer Handlung. Sie ist die kleinste Einheit eines Theaterstücks, oft werden mehrere Szenen zu einem Akt zusammengefasst.
szenischer Text → S. 120	Ein szenischer Text wird in Dialogen geschrieben, es gibt keinen Erzähler. Ziel ist es, den Text als Handlung zu spielen. Oft gibt es Regieanweisungen, die Hinweise zur Handlung oder zum Sprechen geben.
Texte überarbeiten → S. 52, 55, 58	Beim Überarbeiten von Texten solltest du folgende Schritte gehen: 1. den Inhalt überarbeiten, 2. die Wortwahl überprüfen, 3. den Satzbau kontrollieren, 4. die Rechtschreibung korrigieren.
Texte verfassen → S. 57	Beim Texteverfassen solltest du folgende Schritte gehen: 1. die Schreibaufgabe durchdenken, 2. den Text planen und gestalten, 3. einen Textentwurf schreiben, 4. den Textentwurf überarbeiten, 5. die Endfassung schreiben.

Umstellprobe → S.192	Die meisten Wörter oder Wortgruppen kannst du innerhalb eines Aussagesatzes umstellen. Eine Ausnahme macht nur die finite (gebeugte) Verbform, die immer an der zweiten Stelle steht. An der ersten Stelle, also vor der finiten Verbform, kann immer nur ein Satzglied stehen. Alle weiteren Satzglieder folgen nach der finiten Verbform. Die Umstellprobe hilft dir, die **Anzahl der Satzglieder eines Satzes** zu ermitteln.
Verb → S.177, 178, 179, 180, 182, 183	Verben bezeichnen **Tätigkeiten** (was jemand tut), **Vorgänge** (was geschieht) und **Zustände** (was ist). Verben haben eine Grundform, den **Infinitiv**, und Formen für die 1., 2. und 3. Person im Singular und im Plural, sie werden Personalformen oder **finite Verbformen** genannt. Die Veränderung der Verbformen heißt **Konjugation** (Beugung, Verb: konjugieren). Verben bilden **Zeitformen** (Tempusformen), die angeben, ob etwas (eine Tätigkeit, ein Vorgang, ein Zustand) schon abgeschlossen ist, noch andauert oder in der Zukunft stattfinden wird. Präsens und Präteritum sind **einfache Zeitformen**, sie bestehen aus einer einzigen Verbform. Perfekt, Plusquamperfekt und Futur sind **zusammengesetzte Zeitformen**, sie bestehen aus mindestens zwei Verbformen. Um alle Formen eines Verbs richtig bilden und schreiben zu können, kannst du dich an den drei **Leitformen** oder Stammformen orientieren. Diese sind: Infinitiv – Präteritum (1./3. Person Singular) – Partizip II, z.B.: *lesen – las – gelesen.* An den Leit-/Stammformen erkennst du starke und schwache Verben. Bei **starken Verben** ändert sich der Stammvokal, das Präteritum ist endungslos und das Partizip II endet auf *-en*, z.B.: *schwimmen – schwamm – geschwommen.* Bei **schwachen Verben** ändert sich der Stammvokal nicht, das Präteritum hat eine Endung *-t* und das Partizip II endet auf *-t*, z.B.: *lachen – lachte – gelacht.*
Verlängerungs- **probe** → S.230, 243	Verlängere das Wort, bei dessen Stammauslaut oder *s*-Laut du zweifelst. Bilde z.B. die Pluralform oder ein Adjektiv, z.B.: *das Gol▪ – golden, der Ku▪ – die Küsse.*
Vers → S.81	(lat. *versus* – Wendung, Linie) Ein Vers ist eine einzelne Gedichtzeile. Mehrere Verse ergeben eine Strophe.
Verwandtschafts- **probe** → S.233	Wenn du nicht sicher bist, wie ein Wort geschrieben wird, suche nach einem stammverwandten Wort aus der Wortfamilie, z.B.: *mahlen – Mehl – Mühle; Band – Bänder – binden; Biss – bissig.*

Wortart	Du kannst Wörter verschiedenen Wortarten zuordnen. Du kennst bereits: Nomen/Substantiv, Verb, Adjektiv, Personalpronomen, Possessivpronomen, Präposition und Artikel.
Wortfamilie → S. 218	Jede Wortfamilie hat einen **gemeinsamen Wortstamm**. Er bestimmt die Schreibung. Wortfamilien entstehen durch Ableitung und Zusammensetzung, z.B.: *lehren – Lehrer – Lehrbuch – Lehrling – ...*
Wortfeld → S. 64, 219	**Bedeutungsgleiche oder -ähnliche Wörter** bilden ein Wortfeld. Es gibt **Oberbegriffe** mit allgemeiner Bedeutung und **Unterbegriffe** mit spezieller Bedeutung, z.B.: *Pflanze: Baum – Birke, Buche, Fichte, ...*
Wortschatz-erweiterung → S. 209	Unser Wortschatz erweitert sich ständig, z.B. durch ▪ **Übernahme** von Wörtern aus anderen Sprachen, z.B.: *Pizza*, ▪ **Wortbildung** mithilfe von Zusammensetzung oder Ableitung, z.B.: *Hörbuch.*
Worttrennung → S. 245	Wenn du beim Schreiben den Platz bestmöglich nutzen musst, dann trenne am Zeilenende mehrsilbige Wörter **nach Sprechsilben**, z.B.: *be-ra-ten.*
Zerlegeprobe → S. 232	Beim Zerlegen **in Sprechsilben** erkennst du, ob ein Wort mit zwei gleichen oder zwei verschiedenen Konsonanten geschrieben wird, z.B.: *es-sen, lis-tig.* Du kannst Wörter auch in ihre **Bestandteile/Bauteile** zerlegen, um dir Sicherheit über deren Schreibung zu verschaffen, z.B.: *Ver-kauf, du nasch-st.*
Zusammen-setzung → S. 210, 212, 213	Zusammensetzungen bestehen aus einem **Bestimmungswort** und einem **Grundwort**. Manchmal ist ein **Fugenelement** eingefügt. Das Grundwort eines zusammengesetzten Wortes bestimmt, zu welcher Wortart das zusammengesetzte Wort gehört und welches Geschlecht es hat, z.B.: *die Mittag|s|zeit.*

Lösungen zu den Tests

Texte erschließen (S. 78–79)

1 Der Text handelt vom Thema »Allergien«.
Mögliche Überschrift: Allergien beim
Menschen

2

a Was will der Text leisten?
Wie entsteht eine Allergie?
Woran erkennt man eine Allergie?
Wie behandelt man eine Allergie?

b Der Autor will deutlich machen, an wen
der Text gerichtet ist und was er mit dem
Text leisten möchte.

3

a Allergie: weicht die Reaktion des Körpers
auf bestimmte körperfremde Stoffe vom
normalen Verhalten ab (Z. 6–7), allergie-
auslösende Stoffe nennt man Allergene
(Z. 7–8), Körper hält diese Allergene für
eine Bedrohung und wehrt sich (Z. 10–11),
eine krank machende Überempfindlichkeit
des Körpers auf bestimmte Allergene
(Z. 12–13)

b Eine Allergie ist eine krank machende
Überempfindlichkeit des Körpers auf
bestimmte Allergene.

c Die allergieauslösenden Stoffe nennt man
Allergene. (Z. 7–8)

4

a dritter Abschnitt (Eine Allergie zeigt sich ...,
Z. 14–24)

b Augen, Nase, Atmungsorgane, Haut,
Gelenke, Magen, Darm, Bauch

c/d

Körperteile	Beschwerden
Augen	tränen
Nase	läuft
Atmungs-organe	Atemnot
Haut	Ausschläge, Schwellungen und Juckreiz
Gelenke	Schwellungen, Schmerzen
Magen, Darm, Bauch	Übelkeit, Durchfälle

e 1. Vermeidung, 2. Medikamente,
3. Allergieimpfung

Über Sprache nachdenken (S. 222–223)

1 **Interessantes aus der Welt des Zirkus**
[...] Bis zum modernen Zirkus war es aber
noch ein langer Weg. Kennst du die
Namen der berühmtesten Zirkusse?
Dazu gehören <u>Renz, Busch, Sarrasani und
Roncalli</u>. Ganz besonders beliebt sind auch
die <u>russischen und chinesischen Zirkus-
künstler</u>. Hast du z. B. schon einmal etwas
von dem weltbekannten Clown Oleg
Popow gehört? Er konnte die Zuschauer
nicht nur zum Lachen bringen, sondern
war auch als Artist auf dem Schlappseil
ein wahrer Meister.
Bei den Zirkusfans ist heute der Zirkus
»Roncalli« besonders beliebt. Er wurde im
Jahr 1976 gegründet. In seinen

Programmen treten Künstler aus vielen Ländern auf. Sie kommen z.B. <u>aus der Ukraine, aus Russland, Amerika, Tschechien, Italien und Spanien</u>. Hier begeistern <u>atemberaubende Luftartisten, biegsame Schlangenfrauen</u> oder <u>blitzschnelle Magier</u> das Publikum.
Aber erst die harmonische Einheit von <u>Artistik und Musik</u> macht das Programm perfekt.

a Einzelne Zirkusfamilien | bestimmten | die Geschichte des Zirkus.
(3 Satzglieder)
In seiner Entwicklung | hat | der Zirkus | zahlreiche Wandlungen | durchgemacht.
(4 Satzglieder)
Den Zirkus | lieben | viele Menschen.
(3 Satzglieder)

b du weißt, wer gilt, er heißt, der Engländer lebte, er … gedient hatte, konnte er … reiten, mietete er, er … errichten ließ, zeigte er

c gedient hatte, konnte reiten, errichten ließ

d hast … gehört, konnte … bringen

e 1 zeigte dem Publikum (Dativ) waghalsige Kunststücke (Akkusativ)
    2 begeistern die Leute (Akkusativ)
    3 gefällt den meisten Besuchern (Dativ)

f **Ort:** in einem Kavallerieregiment, in London, auf dem (Feld), dort, bis zum modernen Zirkus, auf dem Schlappseil, in seinen Programmen, aus der Ukraine, aus Russland, Amerika, Tschechien, Italien und Spanien, hier
Zeit: von 1742 bis 1814, nach seiner Entlassung aus dem Armeedienst, 1768, einmal, heute, im Jahr 1976

3

a <u>den festen</u> Zirkusbau (Akk.)
<u>mit anderen</u> Reitern (Dat.)
<u>auf dem</u> Schlappseil (Dat.)
<u>dem weltbekannten</u> Clown (Dat.)
<u>den großen modernen</u> Zirkus (Akk.)

b z.B.:
vorzüglich – vorzüglicher – am vorzüglichsten,
modern – moderner – am modernsten,
lang – länger – am längsten,
berühmt – berühmter – am berühmtesten
…

c erzählt (Präsens) – mietete (Präteritum) – ließ (Präteritum) – hat gehört (Perfekt) – treten auf (Präsens)

d **starke Verben:** lassen, (auf)treten
schwache Verben: erzählen, mieten, hören

4

a **Nomen:** Zirkus<u>familie</u>, Armee<u>dienst</u>;
z.B.: Kavallerie<u>regiment</u>, Zuschauer<u>tribünen</u>, Kunst<u>stücke</u>, Zirkus<u>künstler</u> …
Adjektiv: zahl<u>reich</u>, welt<u>bekannt</u>;
z.B.: atem<u>beraubend</u>, blitz<u>schnell</u>

b **Nomen:** Be|gründ|er;
z.B.: Engländ|er, Reit|er, Ent|lass|ung, Artist|ik
Verb: er|zähl|en;
z.B.: er|richt|en, ge|hör|en, be|geist|ern
Adjektiv: vor|züg|lich;
z.B.: waghals|ig, russ|isch, bieg|sam, harmon|isch

Richtig schreiben (S. 250–251)

 der Heimweg – die Zugvögel –
die Schildlaus – das Ständchen –
du schiebst – er verrieb/verriet die Farbe –
trübsinnig – die Gelbsucht –
er errät das leicht – er zeigt nach rechts

2
1 Die Fallschirmspringer (fal-len) bereiten
sich auf den Absprung vor.
2 Alle sind voll (vol-le) konzentriert.
3 Einige haben den Blick zu Boden gesenkt
(sen-ken).
4 Andere schauen wie gebannt (ban-nen)
zur Decke.
5 Als das Kommando ertönt, stellt
(stel-len) sich der erste Springer an
die Luke.
6 Sein Sprung beginnt (begin-nen).
7 Er fällt (fal-len) in die Tiefe.
8 Nach kurzer Zeit öffnet (of-fen) sich
der Schirm.
9 Wenige Minuten später haben es alle
geschafft (schaf-fen).
10 Jedes Mitglied der Staffel ist im
markierten Kreis gelandet.

5

Wörter mit s	Wörter mit ss	Wörter mit ß
Brillen-gläser	Verschluss	abgießen
preiswert	Verfassung	Eiweiß
Lese-zeichen	weg-gelassen	Fußgänger
Ausweis	Türschloss	Verstoß

a die meisten Menschen, ein Bad, Die Natur,
einen ausgezeichneten Frostschutz,
auf der Haut, ein dickes Daunenfederkleid,
mit einer speziellen Flüssigkeit, in den
Körper, eine dicke Fettschicht, die
Körperwärme

b – regelmäßig, Flüssigkeit, Wasser, dass,
Füße, müssen, weiß

– Den Buchstaben ß gibt es nur als
Kleinbuchstaben.

Lösungen zu Aufgabe 1, S. 98

Märchenhaftes und Unglaubliches

a Tierischer Mörder im Haus der
Großmutter: *Rotkäppchen*

Militärangehöriger steigt mittels
Brennwerkzeug in den Adelsstand auf:
Der Soldat und das Feuerzeug

Produkt des Schuhmacherhandwerks hilft,
die richtige Braut zu finden: *Aschenputtel*

Mister Namenlos wird als Erpresser
gestellt: *Rumpelstilzchen*

Orientalischer Meilenläufer:
Der kleine Muck

Unbequemer Schlaf einer königlichen
Tochter: *Prinzessin auf der Erbse*

Kräftiger Haarwuchs verhilft zu
Liebesglück: *Rapunzel*

Leichte Handverletzung führt zum
Masseneinschlafen: *Dornröschen*

Quellenverzeichnis

Textquellen

6 Polen, Tschechien. Nach: http://www.kindernetz.de/
infonetz/thema/europa [18. 12. 2008] (Autorin: Yvonne
Unger) (leicht verändert). **30** Frank, Karlhans: Du und
ich. Aus: Bartholl, Silvia (Hg.): Texte dagegen. Auto-
rinnen und Autoren schreiben gegen Fremdenhass und
Rassismus. Weinheim, Basel: Beltz & Gelberg, 1993,
S. 174. **31** Manz, Hans: Freundschaften. Aus: Manz,
Hans: Kopfstehen macht stark. Weinheim, Basel: Beltz &
Gelberg, 1987. Manz, Hans: Fünf Freundinnen. Aus:
Manz, Hans: Kopfstehen macht stark. Weinheim, Basel:
Beltz & Gelberg, 1987. **32 f.** Ruck-Pauquèt, Gina:
Freunde. Aus: Kliewer, Heinz-Jürgen u. a. (Hg.): Der
Zauberkasten. Alte und neue Geschichten für Kinder.
Stuttgart: Philipp Reclam jun., 1992, S. 44 ff. **34 ff.** Phi-
lipps, Carolin: Mai-Linh. Wenn aus Feinden Freunde
werden. Wien: Ueberreuter Verlag, 2001, S. 31 ff.
37 Äsop: Der Löwe und die Maus. Aus: Mader, Ludwig
(Hg.): Antike Fabeln: Hesiod, Archilchos, Aesop, Ennius,
Horaz, Phaedrus, Babrios, Avianus, Romulus. Zürich:
Artemis & Winkler, 1951, S. 142 f. **38** Luther, Martin:
Vom Frosch und der Maus. Aus: Dr. Martin Luthers
Werke. In einer das Bedürfnis der Zeit berüksichti-
genden Auswahl. Dritter Teil. Hamburg: Friedrich
Perthes, 1827, S. 193. **40** La Fontaine, Jean de: Der
Frosch und der Ochse. Aus: Sommer, Ingrid/Sommer,
Klaus-Dieter: Der Ochse und das Harfenspiel. Fabeln aus
aller Welt. Berlin: Neues Leben, 1974, S. 104 f.
42 Luther, Martin: Vom Raben und Fuchs. Aus: Luthers
Fabeln. Nach seiner Handschrift und den Drucken neu
bearbeitet von E. Thiele. Reihe „Neudrucke deutscher
Literaturwerke". Bd. 76. Halle (Saale), 1911. **43** Äsop:
Der Wolf und das Lamm. Aus: Doderer, Klaus (Hg.):
Fabeln. Zürich: Atlantis Verlag, 1970. Lessing, Gotthold
Ephraim: Der Wolf und das Schaf. Aus: Lessing, Gotthold
Ephraim: Sämtliche Schriften. Bd. 1. Stuttgart, 1886.
44 f. Elend. Aus: Probst, Anneliese: Sagen und Märchen
aus dem Harz. Berlin: Altberliner Verlag, 1995, S. 55 ff.
59 f. DiCamillo, Kate: Winn-Dixie. Übersetzt v. Sabine
Ludwig. Hamburg: Cecilie Dressler Verlag, 2000, S. 7 ff.
© Deutscher Taschenbuch Verlag, München
68 Maikäfer. Nach: Hangen, Claudia: Maikäfer: Findige
Flugkünstler. Aus: http://www.geo.de/GEOlino/natur/
tiere [25. 02. 2010] (leicht verändert und gekürzt)
70 Perfekt angepasst an das Leben in der Wüste. Aus:
Berliner Morgenpost, 10. 10. 2009, S. 4 (Berliner Kinder-
post) **71** Kann man unter Wasser riechen? Aus: Märki-
sche Oderzeitung. 07. 03. 2008, S. 12. **72** Esel als Hirten
und Therapeuten. Aus: Ullrich, Lena: Esel: Wie stur sind
sie wirklich? Aus: http://www.geo.de/GEOlino/natur
[08. 10. 2009] (gekürzt) **73** Angefangen hat alles … Aus:
Wissen macht Ah! Das Magazin für Klugscheißer.
Nr. 2/2008, S. 16 f. **74** Die meisten Faultierarten … Nach:
Probier's mal mit Gemütlichkeit! Aus: GEOlino 02/2007,
S. 56–61. (leicht verändert) **76** Die Ringelnatter … Aus:
Löwenzahn Kinder Lexikon. München: Axel Juncker
Verlag, 2002, S.135. **77** Der Blauring-Krake. Nach:
Frances Jones: Gefährliche Tiere … zum Greifen nah.
Nürnberg: Tessloff, 2005, S.12 f. (gekürzt) **80** Fontane,
Theodor: Mittag. Aus: Fontanes Werke in fünf Bänden.
Bd. 1. Berlin, Weimar: Aufbau, 1964, S. 3 f. Mörike,
Eduard: Er ist's. Aus: Mörikes Werke in einem Band.
Berlin, Weimar: Aufbau, 1969, S. 53. Roth, Eugen: Der
Baum. Aus: Gelberg, Hans-Joachim. (Hg.): Der fliegende
Robert. Viertes Jahrbuch der Kinderliteratur. Weinheim,
Basel: Beltz & Gelberg, 1977, S. 285. **83** Guggenmos,
Josef: Wintergewitter. Aus: Guggenmos, Josef: Groß ist
die Welt. Die schönsten Gedichte. Weinheim: Beltz &
Gelberg, 2006, S. 101. **86** Busta, Christine: Wo holt sich
die Erde die himmlischen Kleider? Aus: Busta, Christine:
Die Sternenmühle. Salzburg: O. Müller, 1959, S. 29.
87 Bächler, Wolfgang: Der Nebel. Aus: Fuhrmann,
Joachim (Hg.): Gedichte für Anfänger. Reinbek: Rowohlt
Taschenbuch, 1980, S. 75. Schubiger, Jürg: Herbstgedicht.
Aus: Gelberg, Hans-Joachim (Hg.): Großer Ozean.
Gedichte für alle. Weinheim, Basel: Beltz & Gelberg,
2000, S. 184. **88** Borchert, Wolfgang: Winter. Aus:
Borchert, Wolfgang: Aus dem Nachlass. Reinbek:
Rowohlt Verlag. Kaléko, Mascha: Der Winter. Aus:
Kaléko, Mascha: Papagei und Mamagei. München: Deut-
scher Taschenbuch Verlag, 1986, S. 106. **89** Droste-
Hülshoff, Annette von: Der Frühling ist … Aus: Das
Ludwig-Richter-Frühlingsalbum. Die schönsten deut-
schen Lieder, Geschichten und Gedichte zur Osterzeit.
Leipzig: St. Benno Verlag, 2008, S. 64. Storm, Theodor:
April. Aus: Storm, Theodor: Sämtliche Werke in vier
Bänden. Bd. 1. Frankfurt/M.: Deutsche Klassiker, 1987.
90 Maiwald, Peter: Regentag. Aus: Gelberg, Hans-
Joachim (Hg.): Großer Ozean. Gedichte für alle. Wein-
heim, Basel: Beltz & Gelberg, 2000, S. 109. **91** Moser,
Erwin: Gewitter. Aus: Gelberg, Hans-Joachim (Hg.):

Überall und neben dir. Gedichte für Kinder in 7 Abteilungen. Weinheim, Basel: Beltz & Gelberg, 1989, S. 260. Petri, Walther: Der Blitz. Aus: Petri, Walther: Humburg ist eine Bahnstation. Gedichte an Kinder. Berlin: Kinderbuchverlag, 1978, S. 79. **92** Die Kinder- und Hausmärchen der Brüder Grimm. Berlin: Der Kinderbuchverlag, 1962. Band I, S. 49, 100, 146, 198. Das große Buch der Märchen. Heitersheim: Eurobooks Germany, 1999, S. 180. **93** Der süße Brei. Aus: Die Kinder- und Hausmärchen der Brüder Grimm. Berlin: Der Kinderbuch Verlag, 1962. Band II, S. 5. **95 f**. Die Teekanne. Aus: Andersen, Hans Christian: Sämtliche Märchen und Geschichten. Leipzig: Dieterich'sche Verlagsbuchhandlung, 1953, S. 418 ff. **99 f**. Grimm, Jacob und Wilhelm: Rumpelstilzchen. Aus: Uther, Hans-Jörg (Hg.): Deutsche Märchen und Sagen, CD-ROM. Berlin: Directmedia Publishing GmbH, 2003. **101** Der Wettlauf vom Strauß und der Schildkröte. Aus: Uther, Hans-Jörg (Hg.): Die schönsten Märchen der Weltliteratur. München: Eugen Diedrichs Verlag, 1996, S. 7. **102 ff**. Andersen, Hans Christian: Des Kaisers neue Kleider. Aus: Die schönsten Märchen von Hans Christian Andersen. Oldenburg: Lappan, 2001, S. 111 ff. **107 f**. Bockemühl, Erich: Die Weiber von Weinsberg. Aus: Deutsche Sagen. Berlin: Marhold, 1956. **108** Treue Weiber und Herren von Weinsberg. Aus: http://www.wikipedia.de [18. 12. 2008] (Autor: Rosenzweig). **109** Die Weiber zu Weinsperg. Aus: Brüder Grimm. Deutsche Sagen. Berlin: Rütten & Loening, 1983, S. 240. **111** Der Name von Köpenick und der große Krebs von Stralau. Aus: Neumann, Siegfried Armin: Berlin, Sagen und Geschichten. Schwerin: Demmler, 2004, S. 76. **112** Der Hünenstieg. Aus: Griepentrog, Gisela (Hg.): Die Spinnerin im Monde. Frauen in den Sagen der Mark Brandenburg und Berlins. Leipzig: Verlag für die Frau, 1991, S. 169 f. Die Entstehung der Insel Rügen. Aus: Zetzsche, Peter: Der vierköpfige Swantewit. Sagen und Geschichten von der Insel Rügen und Hiddensee. Regensburg: S. Roderer Verlag, 1989, S. 10. **113 f**. Die Rosstrappe. Nach Otmar. Aus: Trommer, Harry (Hg.): Deutsche Heimatsagen. Bd. I. Berlin: Der Kinderbuchverlag, 1963. **115** Elisabeth von Thüringen. Aus: Holler, Ernst: Zwei Jahrtausende in Sage und Anekdote. Stuttgart: Loewes 1961. **119 ff**. Das Waldhaus. Nach: Jacob und Wilhelm Grimm: Kinder- und Hausmärchen 1812/1815, Nr. 170. **125 ff**. Schwarz, Jewgeni: Der nackte König. Aus: Schwarz, Jewgeni: Stücke. Aus dem Russischen von Günther Janiche. Berlin: Henschelverlag, 1968. **135** Dresden war … Aus: Kästner, Erich: Als ich

ein kleiner Junge war. Hamburg: Cecilie Dressler Verlag, 1957, S. 51 ff. **141** Bei den Freizeitbeschäftigungen … Nach: Feierabend, Sabine/Rathgeb, Thomas: KIM-Studie 2006: Kinder und Medien, Computer und Internet. Basisuntersuchung zum Medienumgang 6- bis 13-Jähriger in Deutschland. Herausgegeben vom Medienpädagogischen Forschungsverbund Südwest. Stuttgart, 2007, S. 10 f. (gekürzt). www.mpfs.de **143 f**. Nöstlinger, Christine: Dicke Didi, fetter Felix. Düsseldorf: Dachs-Verlag, 1998, S. 9 ff. **145** Klappentext. Aus: Caspak, Victor/Lanois, Yves: Die Kurzhosengang. Hamburg: Carlsen Verlag, 2004. **151** Kožik, Christa: Moritz in der Litfaßsäule. Leipzig: leiv Leipziger Kinderbuchverlag, 2011, S. 114 f. **152 ff**. Caspak, Victor/Lanois, Yves (Zoran Drvenkar): Die Kurzhosengang. Hamburg: Carlsen Verlag, 2004, S. 15 ff. **159** Busch, Wilhelm: Die kluge Ratte: Aus: Busch, Wilhelm: Doch die Käfer, kritze, kratze … Berlin: Kinderbuchverlag, 1988, S. 547 ff. **161** Trantow, Thorsten: Schraubenproblem. Aus: Stuttgarter Nachrichten, 10. 03. 2007. **162** Gauß … Aus: Duden – Das große Vornamen-Lexikon. Bearb. von Rosa und Volker Kohlheim. Mannheim, Wien, Zürich, Leipzig: Dudenverlag, 1998, S. 54. **166** Anja … Aus: Naumann, Horst (Hg.): Das große Buch der Familiennamen: Alter, Herkunft, Bedeutung. Niedernhausen/Ts.: Falken Verlag, 1994, S. 115. **176** Früher mochte Mark … Nach: Tiere als Therapeuten. Aus: GEO, Nr. 3, März 2001, S. 100 ff. Ratten in US-amerikanischen Städten … Aus: Herrmann, Sebastian: Zehn Dinge, die Sie noch nicht wissen über Ratten. In: Süddeutsche Zeitung, 25. 01. 2008, S. 18. **181** Ein 16-jähriger Surfer … Nach: Hai tötet jungen Surfer. Aus: Berliner Zeitung, 09. 04. 2008, S. 32. **182** Ein Adlerrochen … Nach: Frau auf dem Schiff von Rochen erschlagen. Aus: Süddeutsche Zeitung, Nr. 69, 22./23./24. 03. 2008, S. 12. **185** Fast alle Szenen in den Potter-Filmen … Nach: Levine, Tom: Hübsch, aber dumm: Der Tiertrainer Gary Gero dressierte die Eulen für den Harry-Potter-Film. Aus: Berliner Zeitung, 16. 11. 2001, S. 10. **188** Während der Schulferien: Nach: Stolpe, Marika: Ein Elefant zum Freund. Aus: GEOlino 4/2007, S. 44 ff. **189** Einer der schwierigsten Kinofilme … Aus: Zick, Thomas: Tierische Filmstars. In: PM, Willi will's wissen, Nr. 06/2007, S. 10 ff. **207** Manz, Hans: Ein, kein oder mehrere Geschwister? Aus: Manz, Hans: Mit Wörtern fliegen. Neues Sprachbuch für Kinder und Neugierige. Weinheim, Basel: Beltz, 1995, S. 61. Manz, Hans: Gleichungen. Aus: ebenda, S. 60. **211** Fühmann, Franz: In der Kuchenfabrik. Aus:

Fühmann, Franz: Die dampfenden Hälse der Pferde im Turm von Babel. Berlin: Kinderbuchverlag, 1978, S. 60 f. **229** Auslandsreise – Auspuff. Aus: Dudenredaktion: Duden. Die deutsche Rechtschreibung, 25. Aufl. Weltbild Sonderausgabe. Mannheim, Leipzig, Wien, Zürich: Dudenverlag, 2009, S. 234.

Nicht in allen Fällen war es uns möglich, die Rechteinhaber ausfindig zu machen. Berechtigte Ansprüche werden selbstverständlich im Rahmen der üblichen Vereinbarungen abgegolten. Wir bitten um Verständnis.

Bildquellen

6 (Marienburg) © Andrea Seemann/fotolia.com; (Prager Burg) © Dreadlock/fotolia.com **10** *Buchcover:* © 2001 by Rowohlt Berlin GmbH **28** Petra Pönisch, Grüna **30** Thomas Schulz, Teupitz **34** *Buchcover:* Ueberreuter Verlag, Wien 2001 **45** picture-alliance/ZB, Frankfurt a. M. **47** Olaf Strässer/fotolia.com **56** Charly/fotolia **59** *Buchcover:* Deutscher Taschenbuch Verlag, München **64** (Pudel) Eric Isselée/fotolia.com, (Dalmatiner) Otto Durst/fotolia.com, (Dobermann) Kerioak/fotolia.com **68** beatuerk **70** Africa **72** EyeMark **73** picture-alliance/ZB, Frankfurt a. M. **74** Juniors Bildarchiv, Ruhpolding **75** Steve Gutz **76** © Kai Michael Neuhold/fotolia.com **77** © David Fleetham/Sea Tops/Okapia **78** godfer/fotolia.com **86** Helga Lade Fotoagentur, Frankfurt a. M. **88** Caro Fotoagentur, Berlin **89** Kevin page/fotolia.com **94** picture-alliance/dpa, Frankfurt a. M. **100** akg-images, Berlin **103**, **105 Aus :** H. C. Andersen. Die schönsten Märchen. Illustrationen: Christa Unzner. Altberliner Verlag, Berlin 1997 **108**, **109**, **113** picture-alliance/HB-Verlag, Frankfurt a. M. **114** picture-alliance/ZB, Frankfurt a. M. **116** Aus: Jacob, Georg: Geschichte des Schattentheaters im Morgen- und Abendland, 2. völlig umgearbeitete Auflage. Hannover, 1925 **116–118**, **120**, **122** Thomas Schulz, Teupitz **123** Visum/Gregor Schläger, Hamburg **124** Thomas Schulz, Teupitz **126** Altberliner Verlag, Berlin **128** *Buchcover:* Verlag Bussert & Stadeler, Jena 2011 **130** *Buchcover:* Hinstorff Verlag, Rostock 2005 **134** Rainer Schmittchen/fotolia.com **135** *Buchcover:* Dressler Verlag, Hamburg 1957 **138** Thomas Schulz, Teupitz **141** *Buchcover* (Wunschpunsch): Thienemann Verlag, Stuttgart, 2007; *Cover Hörbuch* (Die wilden Kerle): Baumhaus Verlag, Frankfurt a. M., 2006; *DVD-Cover* (Harry Potter und der Stein der Weisen): Warner Home Videos, 2004 **142** *Buchcover* (Andreas Steinhöfel. Rico, Oskar und die Tieferschatten): Carlsen Verlag, München 2008; *Buchcover* (TKKG – Die spannendsten Fälle): Bassermann Verlag, München, 2008; *Buchcover* (Herr der Diebe): Dressler Verlag, Hamburg, 2002 **144** *Buchcover:* Beltz & Gelberg in Verlagsgruppe Beltz, Weinheim, Basel 2000 **145** *Buchcover:* © Carlsen Verlag GmbH, Hamburg **149** *Cover* (GEOlino): Verlag Gruner + Jahr, Hamburg; *Cover* (Was ist was): Egmont Ehapa Verlag, Berlin; *Cover* (Stafette): Seiler Verlag, Nürnberg **151** *Buchcover:* Leiv Leipziger Kinderbuchverlag GmbH, 2005 **161** Thorsten Trantow, Kenzingen **162** Dudenverlag, Mannheim 2007 **165** iStockphoto.com **166** *Buchcover:* Bassermann Verlag, München **167** picture-alliance/ZB, Frankfurt a. M. **168** schmidt-buch-verlag.de **169** Buena Vista/Cinetext, Frankfurt a. M. **173** picture-alliance/dpa, Frankfurt a. M. **177** Kitch Bain/fotolia.com **178** picture-alliance/NHPA/photoshot, Frankfurt a. M. **181** Leito/fotolia.com **182** picture-alliance/dpa, Frankfurt a. M. **185** blickwinkel.de **186** *Filmfotos:* (Tom und Jerry): Cinetext, Frankfurt a. M., (Findet Nemo): Disney/Cinetext, Frankfurt a. M. **191** Til Sepke/fotalia.com **200** picture-alliance/dpa, Frankfurt a. M. **222** picture-alliance/dpa, Frankfurt a. M. **235** picture-alliance/dpa, Frankfurt a. M. **249** Galina Barskaya/fotolia.com **250** Thomas Stüber/fotolia.com

Sachregister

Zu diesem Buch gibt es ein passendes **Arbeitsheft** (ISBN 978-3-06-062991-6).

Autoren und Redaktion danken Renate Friedrich, Franziska Möder und Viola Oehme für wertvolle Anregungen und praktische Hinweise bei der Entwicklung des Manuskripts.

Redaktion: Christiane Fischer, Birgit Patzelt, Karin Unfried, Gabriella Wenzel
Bildrecherche: Angelika Wagener
Illustration: Katharina Knebel, Berlin: S. 33, 35, 83, 87, 90, 91, 111, 115, 147, 148, 153, 155, 156
Cleo-Petra Kurze, Berlin: S. 7, 8, 11, 13, 14, 15, 16, 19, 20, 22, 24, 43, 44, 46, 48, 50, 52, 53, 57, 58, 61, 62, 63, 65, 80, 81, 85, 92, 93, 95, 101, 136, 139, 142, 150, 163, 168, 170, 171, 174, 178, 179, 184, 187, 189, 190, 193, 194, 196, 198, 199, 201, 202, 204, 205, 207, 208, 209, 211, 212, 213, 215, 217, 219, 220, 224, 225, 228, 230, 231, 233, 237, 238, 239, 242, 245, 246, 247, 248, 251
Christa Unzner, Berlin: S. 37, 38, 40
Umschlaggestaltung: werkstatt für gebrauchsgrafik, Berlin
Umschlagillustration: Dorothee Mahnkopf, Diez a. d. Lahn
Layout und technische Umsetzung: Klein & Halm Grafikdesign, Berlin, nach Entwürfen von Farnschläder & Mahlstedt, Hamburg

www.cornelsen.de

Die Webseiten Dritter, deren Internetadressen in diesem Lehrwerk angegeben sind, wurden vor Drucklegung sorgfältig geprüft. Der Verlag übernimmt keine Gewähr für die Aktualität und den Inhalt dieser Seiten oder solcher, die mit ihnen verlinkt sind.

Dieses Werk berücksichtigt die Regeln der reformierten Rechtschreibung und Zeichensetzung. Bei den mit $\boxed{R}$ gekennzeichneten Texten haben die Rechteinhaber einer Anpassung widersprochen.

1. Auflage, 6. Druck 2023

Alle Drucke dieser Auflage sind inhaltlich unverändert und können im Unterricht nebeneinander verwendet werden.

© 2012 Cornelsen Verlag / Volk und Wissen Verlag, Berlin
© 2017 Cornelsen Verlag GmbH, Berlin

Druck: H. Heenemann, Berlin

ISBN 978-3-06-062985-5 (Schülerbuch)
ISBN 978-3-06-060301-5 (E-Book)

PEFC zertifiziert
Dieses Produkt stammt aus nachhaltig bewirtschafteten Wäldern und kontrollierten Quellen.

PEFC
PEFC/04-31-1156

www.pefc.de